MONTAIGNE
À CHEVAL

马背上的蒙田

〔法〕让·拉库蒂尔 著

JEAN
LACOUTURE

马振骋 译

人民文学出版社
PEOPLE'S LITERATURE PUBLISHING HOUSE

著作权合同登记号　图字 01-2019-4268

MONTAIGNE À CHEVAL
by Jean Lacouture
Copyright © Èditions du Seuil, 1996
Simplified Chinese edition copyright ©
Shanghai 99 Readers' Culture Co., Ltd., 2021
All rights reserved.

图书在版编目(CIP)数据

马背上的蒙田 /（法）让·拉库蒂尔著；马振骋译．—北京：人民文学出版社，2021
ISBN 978-7-02-014885-1

Ⅰ.①马… Ⅱ.①让… ②马… Ⅲ.①蒙台涅（Montaigne, Michel Eyquem Seigneur de 1533-1592)-传记 Ⅳ.①K835.655.1

中国版本图书馆 CIP 数据核字(2021)第 240653 号

责任编辑	朱卫净　张玉贞
装帧设计	汪佳诗
出版发行	人民文学出版社
社　　址	北京市朝内大街 166 号
邮政编码	100705
印　　刷	上海盛通时代印刷有限公司
经　　销	全国新华书店等
字　　数	224 千字
开　　本	720 毫米×1000 毫米　1/16
印　　张	20.5
版　　次	2021 年 12 月北京第 1 版
印　　次	2021 年 12 月第 1 次印刷
书　　号	978-7-02-014885-1
定　　价	78.00 元

如有印装质量问题，请与本社图书销售中心调换。电话：010-65233595

我以前只喜欢以马代步……如果命运允许我按照自己的心意过一生……我选择坐在马鞍上度过。

——米歇尔·德·蒙田

法兰西的大路是从加斯科涅走向巴黎的。

——阿尔贝·蒂博代《蒙田》

目　　录

前言　　*1*

第一章　初出家门　　*1*

第二章　在巴黎，世纪的中心　　*24*

第三章　正派女人与其他女人　　*45*

第四章　爱情终于来了，"这神圣的纽带"　　*60*

第五章　一件太长的官袍　　*89*

第六章　一把太短的剑……或者说鸡笼子战争　　*110*

第七章　眼观四路、耳听八方的隐士　　*131*

第八章　大屠杀：蒙田与马基雅维利　　*162*

第九章　"骑在马背上"穿越欧洲　　*186*

第十章　面对危机四伏的市长　　*224*

第十一章　参加三亨利的赌局　　*257*

第十二章　1588年的重大使命　　*282*

第十三章　向国王告别　　*304*

前　言

在波尔多文学院的大门厅里，蒙田的那口铜皮棺椁肃穆庄严，留在我们心头的印象挥之不去，引起我们对加斯科涅或波尔多的乡土自豪感，然而更多的还是对这种追慕虚荣的嘲笑。

为了对这位最透彻的人心窥测者表示敬意，是不是有必要建造这座浅褐色大理石陵墓，横卧着这尊石头偶像，全身戎装，戴头盔，佩长剑？难道要我们把蒙田看成夏尔·马特尔或者布莱兹·德·蒙吕克这类武将么？着实好笑。

这是我们错了，没有读懂《蒙田随笔集》，更没有读懂《蒙田意大利之旅》或这座城市的老市长的书信。我们只要读明白这位怕冷、爱啰嗦、不出门的庄园主发表的鸿论高见，只要潜心钻研下列这几章随笔，如《论身体力行》（第二卷六章）、《论盖世英雄》（第二卷三十六章）、《论功利与诚实》（第三卷一章）或《论阅历》（第三卷十三章），就可以感到蒙田是个干预历史的勇士，是世界公民，是在他那血肉横飞的世纪，经常参与第一线的争论，义无反顾地在敌对阵营之间调停劝和，为宽容而奋斗的先驱——宽容这个想法只是在他的朋友亨利四世登基后才渐渐得以实现的。

福图纳·斯特罗夫斯基向许多波尔多大学生（其中包括弗朗索瓦·莫里亚克）讲授蒙田，在编辑那部著名的《城市版蒙田随笔》时，对《随笔集》作者进行研究，从而能够在蒙田传记的开头写上这样的话：

"蒙田如今显出更清楚的面目。他不再是一位家财殷实的乡绅、谨小慎微的书蠹，而是一位重要人物，熟悉国王与亲王，时常被应召去商讨国事，像他父亲一样是个佩剑贵族，在王国内受到普遍尊敬。他的睿智在我看来不像是先天无意中造成的，而是一种意志与精神的修炼，克服焦虑不安、对死亡的恐惧……不用说这得需要多大的毅力。"

此后迁入阿基坦博物馆的蒙田陵墓，经过这一番全新的阐述，再也不显得怪诞。这身大理石盔甲不是一名历史逃兵的庄严护身符，而是对一位勇士的褒奖，他在这个借宗教名义进行混战的年代，担当了最危险的责任，表现出他的"美德"，那是古罗马枭雄和马基雅维利所谓的"勇"。

他的"美德"、他的政治意义呢？说得好听的还可以是他令人惊叹的政治担当。蒙田诞辰四百周年之际，1933年4月这期《新法兰西》杂志上，阿尔贝·蒂博代有精彩的表述："蒙田描绘的法国政治肖像，犹如苏格拉底描绘的雅典政治肖像。我说的是政治肖像，不是宗教、道德或文学肖像。在后面这些方面，有些论调是与蒙田有冲突的，跟他的对话形成对比。但是在政治上，他包含了真正的一切，甚至是针锋相对的，在今天要用不同的或者敌对的头脑去思想的一切。"

毫无疑问，蒙田首先是一部巨著的作者，内省法的创建人之一，行动中现实哲学的祖师爷——如同安德烈·纪德、阿尔贝·蒂博代、雨果·弗里德里克、斯蒂芬·茨威格、米歇尔·安德鲁·斯克里奇或让·斯塔罗宾斯基这样介绍他：虽则他被米舍莱那样雪藏在塔楼里，他依然不愧是西方情愫与文化的创造者之一。

因此恢复蒙田的历史地位并不是一件毫无意义的事，发现这位崇尚智慧与自由的大诗人，竟还是那个群魔乱舞、奇迹迭出的时代最活跃的历史人物之一。这位人物经过阿方斯·格伦、保尔·博纳丰和福图纳·斯特罗夫斯基，还有许多当代"蒙田学家"罗杰·特兰凯、柯莱特·弗勒雷、马德兰·拉扎尔和杰拉尔德·纳刚，把他棺椁上的绷带一条条剥去，使他得以复活，俨然成了一位引动大仲马和圣勃夫灵感的加斯科涅乡绅，而我尤其乐意让他坐在"马背上"给我写照，据他本人称坐上马鞍能让他的思维如天马行空……

加斯科涅人，是不是像人家爱说的那样呢？他既不夸夸其谈漫无边际，也不贪图口腹之欲，也不会想入非非，像他的同乡三剑客中的达达央或德·克拉克男爵。蒙田不是这样的人，他做事稳重，喜欢自我解嘲，谈到闺房之乐非常低调，对于饮食也不挑剔……

然而，这位生长在多尔多涅河边的公民，后来还当上了加龙河一座城市的市长，我们还是承认他本质上是个加斯科涅人，用的语言也是（"如果法语无从表达的话……"）；他听到亨利二世乱念阿基坦人的姓氏就生气，他拒绝他的朋友帕基耶的劝告，没把《随笔集》中的"加斯科涅土话"都删去；还有他对人文环境的强烈好奇心，诱使他去各地漫游，从莱茵河到托斯卡纳，了解印第安文化或新教宗教仪式，为了更好地认识与理解，他就挟了他的旅伴直至波兰和伯罗奔尼撒半岛。加斯科涅化的加斯科涅人，热爱做世界公民的加斯科涅人……

让·拉库蒂尔

第一章
初出家门

- 从蒙田到巴黎的路上
- 鲱鱼的气味
- "米肖"和法语
- 盐税案大暴乱
- "加斯科涅人来啦!"
- 慈父与厉母
- 巴黎,就是咱俩。

　　他跨上马背,顺着蒙特拉韦山坡,往下穿越森林——远处是葡萄园——经常是去追求那条河边或磨坊里的姑娘,他在那里很受人牵挂……

　　有时米歇尔——也称米肖,蒙田老爷的儿子——策马奔向西边和南边,朝着拉穆特或卡斯蒂荣,然后又是波尔多和居耶纳学院前往。但是当他在古尔松栗树林中驰骋时,兴致要差一些。这是因为他爱少女胜过爱教师吗?那还用说!此外这也是进入大城市的道路。

　　曾经有过两次,为了渡过多尔多涅河和加龙河,他不得不下马,推着坐骑上了一艘平底船,"忍受水上颠簸","船桨划动,船身轻轻晃动在脚下滑过去,我不知怎么会感到脑袋和胃一阵搅动"。幸好那时是春分或秋分时节，多尔多涅河和加龙河的褐色河水没有受到海水可怕的冲击而泛滥！晕船的人往往显出是好骑手。

但是那一天，这位少年不必费心去解决水运问题。米肖尽管踌躇满志，第一次出远门走的还是陆路：这次他要去发现的——即使不是去征服的——是巴黎。到达卢瓦尔以前，在旱季不用从东面绕河，蹚水也可以过去。这样朝着蒙蓬、绿色佩里戈尔、利穆赞、奥依地区，他可以骑着马走的。

这是夏天，还是冬天？走的是灰尘扑扑的道路，还是坑坑洼洼的泥地？这是1549年，还是1550年？父亲皮埃尔·埃康·德·蒙田是波尔多市市政官和副市长，当儿子在波尔多艺术学校学业结束，学习了初级逻辑学与伦理学之后，就把他送去上大学。进入社会或者政界时，米歇尔是十六岁，还是十七岁？

说实在的，没有人知道。蒙田幼年，他初生时的哭闹，少年时不习惯学校集体学习的坏脾气，从乡下来的保姆，早熟的性意识，童年最初的拉丁语情爱读物——那段时期关于蒙田的一切，我们都知道得事无巨细。就是后来这段时期，直到他1554年到佩里戈尔间接税最高法院任职为止，将近十年间的事情，我们一无所知。

他的童年就像小路易国王那样事事都有案可查，那位教拉丁语的德国教师姓甚名谁、早晨催起床的音乐，等等。然而到了少年时代，已是外省豪门望族、即将又是大城市市长之子，他反而无声无息了，岂不是不可思议？……我们只限于不多的几条线索，猜测他在图卢兹几度逗留，例如在波尔多花天酒地，在波纳法有过艳遇，在布列德诺森林打过猎……这方面的资料阙如实在太残酷了，因为正是这几年决定了人的一生——跟父亲和母亲的关系，在文化、立志、行为上的行事和表现。我们只是通过他的《随笔集》知道正在成长中的米肖，精神上既"萎靡不振"，看起来又傻又自负。

为了识破步入成年的蒙田，必须依靠想象的力量，《随笔集》作者对此是擅长的，第一卷第二十一章就是以此为题目，他反而嘱咐不要让想象变成脱缰之马。这方面的好建议，应该依据罗歇·特兰凯的作品《蒙田的青年时代》，在所有蒙田传记中谈到这段时期的，算它最令人信服——也因为它是最详细的么？还可依据的是雅克·德·费托的那些读来津津有味的研究。雅克·德·费托既是蒙田研究者，也是蒙田庄园附近圣埃米里翁的酒库主人。

我们不尽可信地让这个少年在1550年，走上多尔多涅河边山丘到圣杰纳维耶芙山的这些难走的路，主要是根据《蒙田的青年时代》的作者的假设。这些假设有坚实的根据，但与以前大多数说法是相违背的，以前的说法是皮埃尔·埃康的儿子那个时期在图卢兹读法律，然后从1554到1568年先在佩里格，后在波尔多如愿以偿地当上了法官。

种种论据使《蒙田的青年时代》的作者采用蒙田在巴黎读书的这个假设，而放弃他所谓"图卢兹读书的神话"；尤其这些论据皆参照《随笔集》文本。这里面缺乏他早年寄寓巴黎的经历，也对他在朗格多克首府可能上学一事保持沉默。当然，《随笔集》不是一部自传（即使是的部分也必须验证一下……）。书内不是什么都说，隐瞒的反而更多，偶尔还让人看出作者力图要人相信什么。但是《随笔集》总是一个信息来源。

关于蒙田不提自己学校学习一事，其中最明显的是他对学法律缄口不谈。他两次提到去图卢兹，他母亲的家庭在那里的影响，几乎与他父亲在波尔多享有的同样重要。虽则他去朗格多克大城市的旅行一般要走他讨厌的水路，他在1548到1560年间还是受到外祖父母家多次接待，这是毫无疑问的。

图卢兹那时有一所大学，威望要比波尔多的那所还要高，尤其在法学方面，这点无人反对。就是因为有这个好名声，让人怀疑少年米歇尔是不是在这里读过书。他这人很乐意炫耀他的关系、他的头衔、他的教师——对于在学校教过他的教师，如波尔多的戈维亚、巴黎的图尔纳斯，他都赞不绝口，而对图卢兹著名的法学家则默不作声。他提到让·德·科拉，那是在一件著名的诉讼案中才说起的；还有马丁·盖尔，那是在上述大学时期结束十多年后的事了。

怎么，对著名的居亚斯没有一句话？他可是图卢兹大学的殿堂级人物，全欧洲都向他请教，从博洛涅、奥格斯堡、萨拉曼卡都有人来听他的课。他对"他的"布坎南或"他的"西尔维乌斯推崇备至，怎么对那么德高望重的一位大师则又不吱一声了呢？对那个时期没有一句话，还有对以后成名成家的同学，如亨利·德·梅姆或居伊·德·皮布拉克也如此，他们在其他地方都有良好的名声。这可不像是多尔多涅这位小庄园主的作风。

米肖在波尔多结束学业，父亲好像允许他在庄园附近度过长假，之后骑马疾驰在前往巴黎的大路上，这是有正经得多的理由。

皮埃尔·埃康·德·蒙田在许多人眼里还是一个"暴发户"。他从祖父拉蒙和父亲格里蒙手里继承了蒙田这片土地。上两代是经营腌鱼、颜料与波尔多葡萄酒的商人，他自己还没有晋级当骑士，虽然他在意大利马里尼安和帕维亚之间打了将近十年的仗。"尊贵的皮埃尔·埃康"？"蒙田阁下"？当然可以这样称呼。但是于勒·恺撒·斯卡里杰，他从阿让不怀好意瞧着这位幸运的邻居飞黄腾达，还是把《随笔集》作者看作是"腌鱼商的儿子"——这本来是体面的职业，而且米歇尔的祖父早已放弃不做，只是鱼腥味还没有在门楣上完全褪尽而已。

波尔多市政官，不久又当上市长，大户人家，蒙田庄园主，波尔多大主教的附庸，殷实富足，耳边经常听到的还有：新兴贵族，是布尔乔亚而不像乡绅，是有钱而不是门第高贵。他的祖父当年买下一片地，建成"蒙田庄园"，他徒然命人在城堡四角建造塔楼，鱼腥味少了一点，但是流言蜚语则未必。

米肖在1533年诞生，之前有两个哥哥，但都在出生后不久夭折。皮埃尔要把他培养成神童，按照伟大的伊拉斯谟及其《童幼礼仪》教育法生产的标准样板：从小熟悉拉丁语，举止洒脱，精通实用艺术，与人交谈彬彬有礼。现在他要米肖在众人面前成为真正的乡绅、落落大方的贵胄，让他为家庭光宗耀祖。

但是怎么达到做贵族的目的呢？先把庄园修缮一新，扩充装点得富丽堂皇？皮埃尔在解甲归田以后走的就是这条道路。但是自幼养在乡下的宝贝儿子喜欢的只是牧羊女或者磨坊女，还有像他在《随笔集》承认的，他分不清白菜与生菜、葡萄枝与犬蔷薇、喜鹊与野鸽……

让他到蒙吕克或布朗托姆家当实习侍从，这是为了日后当军官，率领一个连、稍后又是一个团的傻大黑粗的加斯科涅小伙子？战争已不是弗朗索瓦一世时代的战争，那时在远方，又充满浪漫；少年米歇尔，萎靡不振，呆头呆脑，不像生来有当武夫的天分，更不会遵守纪律。（虽则他后来爱上了由他经手的战争的种种偶然性，但是要达到这点还要经历许多考验……）

长袍贵族呢？在贵族家庭，这是留着传给年幼男孩的爵位；一位新兴的乡绅，急于让儿子当贵族，又通过他让全家晋级，这要费点周折。远征意大利的军官的长子、加斯科涅或朗格多克法院的一名普通法官，又怎么样呢？在德国像这样的贵族家庭，若出了一个人穿上长袍，保证立刻获得平民出身的同仁的重视。但是皮埃尔·埃康，只是普通商人的继承人，以后只能忍气吞声让儿子当个普通法官。

剩下来的即是所谓的"民间高职"，受朝廷内某位高官显爵派遣执行政治或外交任务。在兵荒马乱的年代，这些差使络绎不断，意大利战争才近尾声，就要开始跟奥地利皇室谈判，宗教改革引起的骚乱愈演愈烈，既有政治上的也有宗教上的因素，面对没有子嗣的瓦罗亚王国，波旁家族与吉兹家族愈来愈不掩饰自己的野心，这方面要做的事情多着呢……

米歇尔不管如何散漫——追求姑娘，精神不振，四体不勤——人则是绝顶聪明。他就读的居耶纳中学延请的是当时最优秀的教师，讲授的是丰富的人文主义文化，他们的文史教育又恰逢当时宗教改革的论辩之风，内容精彩绝伦，这使他得益匪浅，心灵得到极大的滋养。

雨果·弗里德里克在《蒙田》一书中指出，那个时代的知识水平不是很高，法国贵族不同于意大利贵族，瞧不起像龙沙这样的诗人、杜·贝莱这样的文人。但是在皮埃尔·埃康·德·蒙田的心目中看重的也不是这个。"谈话的艺术"可以使他的儿子引人注目，不必要用于著书立说或课堂教学，而是让他得益于建议、影响和启发。抱着这样的雄心壮志，皮埃尔逼着他埋头苦读，随着皇家学院教师培养出的神圣大师到朝廷中服务。

是啊。但是蒙田一家又是怎样的呢？加斯科涅的小地主，家道殷实，不久前退出行伍，成为庄园主，这样的庄园在默兹与比利牛斯之间少说也有一千家……跟庇隆家，甚至就在附近的布朗托姆家相比，都不值一提。这是真的，但是皮埃尔·埃康知道把宝押在一个强有力的同盟上，跟他的邻居特朗侯爵关系融洽。这家的城堡在山岗上巍峨耸立，挡着蒙田家的北面地平线。侯爵对这些新贵人看不起么？然而他对皮埃尔则另眼看待，一切迹象令人想到，他答应他的勤劳的邻居，会把天资聪敏的小米歇尔置于自己的保护之下。

波尔多市市长这个职位原来是高等贵族的禁脔，皮埃尔·埃康·德·蒙田在1554年上任前不久，并不乐意培养儿子当什么高官显爵。他给儿子制订了一个十分复杂细致的培训计划，尚在襁褓中把他送往贫苦农民家寄养，后来又让他阅读最有名望的人文主义者的著作。这决不是为了让米歇尔将来去做个擅长养花或者精于解决财务纠纷的小贵族。

显然，对这个那么钟爱宝贝、精工细雕，一离开摇篮就学拉丁语的儿子，蒙特拉韦领主就是要按照圣伊拉斯谟教育法，把他培养成光宗耀祖的俊彦人物。他自己本人为了当贵族，把青春都牺牲在战争中了。米歇尔若在朝廷中，或者至少在运筹决策上能够出人头地，也就心满意足了。在那个时代，为了争夺米兰或那不勒斯，跟哈布斯堡王室动刀动枪的事也少了，而是愈来愈多地讲究外交狡黠、文化和知识。当时有一句话非常流行："叫武器给书籍让位。"于是对于一位乡绅来说，掌权之路是要通过知识来获得的。

米歇尔的巴黎之行，也是一次语言进修之旅。他虽则从小在语言根基上嫁接了拉丁语，但很难想象在小村子里跟放鸭子的村姑结结巴巴地讲拉丁语而不讲土话的情形。但是这里法语又处于什么地位呢？1539年，颁布了维莱尔-科特莱敕令，这可能是弗朗索瓦一世生平完成的最重要业绩，让法语成为王国的官方语言。再加上1549年杜·贝莱提出捍卫和弘扬法兰西语言，从此以后担任要职的人怎么可以不精通这门语言的运用呢？要做到这一步，去哪儿能比去巴黎学习更适当呢？跟宫廷官员、淑女贵妇、大学教授来往，使加斯科涅青年的口音与语言完全改了过来，驱除了老家鲱鱼的最后气息。

《随笔集》作者毫不讳言，他的父亲从"童年"起就给他灌输出人头地的思想。在这里与在其他场合对"童年"这个词的确实含义可以作一番探究。随笔大家常会把"童年"一词扩大使用，往往成为"青年"的同义词，延长到二十岁还不止。但是结合我们说到的语境下，这个学生在波尔多艺术学校毕业后，面对的职业选择是开放的，对这个十六七岁的"儿童"，父亲既希望他进入最有名声的大学，同时也急于让他离开本地城市。

　　急于让他离开？为什么这么慌张？不但是因为阿基坦首府不再能够给他的儿子提供适当的出路，完成他的雄心壮志，还是因为在1548年波尔多变成了一个各种各样骚乱的活动中心，一座被国王政府诅咒的城市，皮埃尔·埃康作为市长不计一切代价在国王面前息事宁人，同时认为不如趁早让前途如锦的儿子离开这块是非之地。

　　1548年春天，在夏朗德和圣东日，然后又延伸至居耶纳全境，爆发了渔民暴乱，这些衣衫褴褛、赤脚裸背的穷汉，比谁都深受重税之苦。在这些滨海省份，向中央政府缴付的盐税特别沉重，亨利二世这样做的目的是压榨这里的居民，来还清弗朗索瓦一世穷奢极欲所欠下的公共债务。从4月到7月，反盐税的暴动声势浩大，组织良好，武装齐备的程度令人惊讶，地区也从昂古莱姆发展到波尔多，那里财政压力已经非常沉重。7月暴乱者宣布成立公社，高呼"居耶纳！居耶纳！"，辱骂"法兰西"，规模超过了扎克雷农民起义，是后来朱安党反对王国中央政府起义的预演。这里是不是还可以看到新教徒——即使不是英国的——从拉罗歇尔那里蔓延过来的影响。可能。反正其中离不开政治。

　　8月7日，公社社员占领了波尔多大街小巷，波尔多的国王摄政官特里斯唐·德·莫昂束手无策，只得龟缩在四周设防的特隆佩特要塞里。这座要塞以国王的名义建造，不是为了保卫城市，而是保护国王的代表来镇压市民的。人民要求莫昂走出要塞，到波尔多老城中心的市政府里去，然后由他出面进行谈判。他同意这样做，结果被人拿下，挨了一顿痛揍，随同的几名盐税官遭到野蛮凌迟。

军队不久恢复了秩序。但是虽说是"冷处理",国王的复仇不可谓不可怕。两个月后,10月份,一支惩罚大军由安娜·德·蒙莫朗西兵马大元帅率领前来讨伐。历时几个星期,波尔多人生活在恐怖之中;有的贵族被斩首,有的布尔乔亚被烧死,几百名平民被肢解、被木桩戳身或被铅球锤死。这场纯然的恐怖,令人久久不能忘怀。以国王的名义,"这座城市的社团、集体和大学从此永久地在关税、自由、法律……方面被剥夺了一切特权"。市长任期减短至两年,同时也缩小了波尔多的权限与地位,城市资质只相当于王国内的一个代理人。这个措施影响到皮埃尔,随后也是米歇尔·德·蒙田的生活、行动和事业。

他对我们说,他目睹这些暴行,这类丧心病狂的镇压不会不在一个十五岁"儿童"心灵上留下印记,而他三十年后提到这件事,重点放在可怜的莫昂面对的维持秩序、行使权威问题,而较少放在恐怖与怜悯方面。他把问题摊了开来——我们稍后再谈——像个真正的掌权的人,采用马基雅维利的口吻。

这些可怕的日子过去两年后,小米肖策马走在多尔多涅与夏朗德的大道上,怎么会不在想呢?他知道他在这里朝着巴黎走去,不是单单因为父亲要送他上京,混在学问与权力的圈子里,也因为要这个他寄予厚望的独生子,远离一座正在受苦刑的城市。这个季节像往年一样,瘟疫随同其他一切苦难,随同在城里当家做主的丘八老爷任意抛弃的垃圾,随同纪龙德地区的酷热,在蔓延、在扩散。皮埃尔算计到白天愈来愈长，瘟疫也愈来愈严重，这时候把儿子送往巴黎，也使旅客走在泥地上少受车马劳顿之苦。

谁是"旅客"呢？蒙特拉韦领主不可能让儿子独自出门。他费了许多心思寻找一个配得上陪伴儿子的同伴。我们在《随笔集》里读到这位聪明的庄园主想出用"奖学金"的办法，招募一名仆人、一名队友、一名临时工陪同前往京城。

在那个时期是不是有一条现成的路线呢？第一张法国地图是让·若利韦画的，出版于1578年，那是二十多年以后的事。每次旅行不管怎么说都是有风险的，不久又是宗教战争使盗贼丛生，拦路打劫。1548年的那些暴动者也没有全部吊死，许多幸存者摇身一变当上了强盗，因而最好避免时局不太平的几个省份：夏朗德和圣东日。

不管往东还是往西，我们的旅客都不知道他们穿越的乡野，正处于一个黄金时代的黎明。在大部分地区，战争已经休止一个世纪，除了在东面和普罗旺斯偶有小规模冲突与入侵——法国农村享受着暂时的繁荣。人口明显增加，农产品价格提高，使农民大有裨益，只是将近1580年，在宗教战争打得最激烈时，农村经济进入衰退的怪圈。

当然，农民在掌玺大臣黎塞留的嘴里还是被称为"国家的毛驴"。当然，乡村还是出现成群结队的穷人、流浪汉和外乡人，他们贪婪而又野性难驯，贫困到处威胁着发展。但是在14世纪，葡萄种植在居耶纳取得长足进步，而在法兰西岛则是英国小麦的天下。我们这几位1550年的旅客所到之处，其乡镇的明朗倒是与这位佩里戈尔少年的乐观天性暂时相符合的。

第一遭出远门旅行，走在从加斯科涅到巴黎的大路上，可以看到性格尚未成形的米歇尔·德·蒙田的意识诞生，或者说觉醒。巴黎——按照蒂博代的说法——是蒙田的真正故乡，为了深入探讨这次旅行的意义，让我们借用安娜-玛丽·科屈拉一篇妙文中的几段描写。书里提到16世纪的旅客，从乡镇到乡镇，从城市到城市；这些城市四周有围墙，通过几处把守严密的暗道向乡野开放，到了夜里上锁关城门，城里人、乡下人到了日落时刻匆匆回家。村子都环绕教堂和城堡建立，这个格局说明人们永远处于焦虑状态，乡野中孤独厚实的城寨无不如此。

至于道路，在夏天满地灰尘，在冬天则坑坑洼洼，泥泞不堪。有钱人和商人骑马旅行，如同我们的主角，相遇的是富裕农民当作坐骑或者运货的毛驴拖拉的大车。穷人则是步行，背小包，手拿一根包铁的棍子，作为护身武器，驱逐野兽、野狗，还可能是狼，应付一切不幸的意外。大家很少交谈，鉴于人与人之间存在怀疑与不信任，不论纪龙德人和北方人，利穆赞人和贝里松人，天主教徒和胡格诺，他们之间都这样，再加上彼此语言不通，在克勒兹以北，所有加斯科涅人和利穆赞人都被认为讲的是不堪入耳的土话。

我们的旅客就是这样走着，当然想念留在身后的这个佩里戈尔-纪龙德。思念家乡么？米歇尔后来大谈他对巴黎的热爱，对童年情境则很少有深情的怀念，在他自传式的默想中并未提及那些美丽的村庄名字。这位小骑手跟母亲告别，背井离乡，也没有流露出多少惜别之情。

事实上当他沿着维也纳的河水跨过夏朗德的河水,把罗马式赭红色瓦顶的建筑抛在身后时,米歇尔感觉他越过了一条边境,换了一个国家。他像两年前的反叛者,对居耶纳与法国还是有所区别的。他现在身处奥依语区——使用习惯法,说话尖声尖气,再加上灰色板瓦顶,怎么会不让人觉得身处异乡呢?多少加斯科涅少年都感到了同样的震动。但是米歇尔是居耶纳中学的小天才,他揣有另一张护照——他的拉丁语,后来他走到哪儿,都可以在权贵、神职人员和法官面前亮个相。

这个拉丁语,他从小是由一位德国教师喂的,就像他的奶是由帕勃苏斯奶妈喂的一样。学了拉丁语让他得到前所未有的信心,从而奠定了知识基础和一定程度的权力,也使他最初得到了赏心悦目的阅读体验。当他的混蛋同学马克-安东尼·缪莱偷偷抚摸他(小米歇尔向他暗示这不是他的兴趣所在),然后又见他把奥维德读物借给他看(作为补偿?)。从此在中学漫长的晚自修中间,伶俐的米肖少年沉浸在阅读的喜悦中。

如今他骑在马上,一步步走近卢瓦尔,不可能不回忆起他在学校演戏的美妙时刻,布坎南的《耶弗他》、缪莱的《恺撒》(他演的是主角吗?)让自己的本性完全释放,他对古代英雄和美丽拉丁语的爱好尽情显露。这是极好的机会,隐藏在迟钝外表下的天才终究给父亲挖掘了出来。

即使没对蒙田有所研究的人,也看出米歇尔谈到皮埃尔·埃康,总说自己有个最好的父亲。他十五年间把儿子像软蜡那样塑造,让奶娘跟他说拉丁语,聘请条顿族家庭教师,等等。他不停地赞扬儿子的机智、善意，对蒙特拉韦的庄园与宅邸的修建工作精益求精，对公益事业也一片热心，米歇尔甚至不怕拿自己的生性懒散与管理无能来作对比，更显出父亲的高尚。他有一章专门写这类关系，他也选择《论父子情》作为这一章的题目。

我们可以回头再议论这段陈述，还有他为什么只谈父亲而对母亲几乎不置一词。目前不妨记住，这里谈到的亲情都来自他三十年后的回忆，是对先人的缅怀，不过无论如何，两人的感情是有反复的。这是几年以后他们之间才出现的纠葛，一般说来是他指责做父亲的吝啬，但是也可以归之于皮埃尔·埃康在1561年那份惹是生非的遗嘱，但后来得到了修改。

《随笔集》对于父亲最初的安排举措并未提出任何抗争。在那些针对居耶纳中学学校纪律和教师粗暴方面，他言辞激烈，然而对待他的约束还是比其他身份较低或无知的同学要宽松得多，他对于父亲负责为他选择这样的教育也没有多大怨言。

少年骑士朝着卢瓦尔走了一段时间，从钟楼到旅店，每天早晨不是他自己上鞍子，他自己也说做不好这样的事。这些都是由仆人侍候，然后也是仆人在一旁沿着碎石嶙峋的道路走，要蹚水时由仆人拉着缰绳，到了晚上必须在粮仓里过夜时搜集麦秆——这时他想起皮埃尔·埃康，想起他的童年得到的关怀和享受的自由，这时候他必然对父亲是一片温情与满怀敬意。

我们自然不可能忘记，米肖对父亲强加于他身上的教育制度不是毫无保留地赞同。"当今的父辈花费心血与金钱，其实只是在让我们的头脑灌满知识。至于判断力与品德则很少关注。"这个父亲，他当然钦佩，在历次意大利战争中打过仗，是布莱兹·德·蒙吕克的前辈，人文主义者的朋友；苏格兰人乔治·布坎南是蒙田最好的恩师，大家认为他过于接近宗教改革而被波尔多中学开除，虽然这个罪名不无道理，皮埃尔却有胆量留他在庄园避难。

他是好天主教徒，宽容；是优秀木工；不论家里与家外都是能干的管理者；全能运动员；身材挺拔；是模范丈夫；精于狩猎；是优秀骑士、好剑手、难对付的马背武士。短小精悍的皮埃尔·埃康·德·蒙田在当波尔多市长之前，已经是性格较为软弱、身体较为单薄的儿子的心中偶像。然而父亲节俭，儿子挥霍；父亲做事都似乎有准绳，而儿子则生活漫无目标。

在那个世纪的大路上，这位少年的敬仰心理还是胜过家人对他不理解、失望、敦促他去赶考法律引起的怨恨。然而他也没有忘记1561年那份令人不快的遗嘱，其目的无非是剥夺他的继承权，不管怎样要把这个浪子置于母亲的监管之下。这次凌辱事件后来总算得到了改正。十年过去，时光也抚平了一切，《随笔集》作者对于已故的父亲、城堡主人做出了这番动人的描述：

> 我从父亲那里听到了许多在他那个时代的贞节故事，……他的天性和风度很讨女人欢心；他话不多，说来娓娓动听，时而穿插几句主要从西班牙通俗小说中看来的花哨话。西班牙小说中他引用最

多的是马库斯·奥里利乌斯。他外表庄重，但是温和、谦逊、平易近人，不论步行还是骑马，他全身穿着讲究、朴实得体。他绝对看重诺言，做事情细致、自觉，倾向于迷信而不走极端。他身材不高，但是挺拔匀称，充满精力。面孔好看，皮肤带棕色。贵族玩的技艺无不精通。我看到过他的灌铅的手杖，据说是锻炼胳臂准备投石、弄棒、舞剑用的。我还看到过他穿上练习跑步和跳高的铁底鞋。至今人们还记得他惊人的跳跃本领：他已六十开外，嘲笑我们这些人手脚不利落，穿了棉袍飞身上马，撑在一根大拇指上纵身跳过桌子，一步三四个台阶登楼走进他的房间。

忧郁的思绪一波波袭上米歇尔的心头，他天性快乐，这时也变得阴沉沉的，在默想中感到阵阵刺痛。我们相信年轻的骑士想到与母亲安多纳特、严厉的蒙特韦尔女庄园主的奇异与难以理清的关系，并不能完全释怀。

一位和善、富有同情心的作家，人类之友、不倾向反抗的人，竟会有这样的母子关系，在文学史上这样的例子多吗？双方的敌意竟到了这个地步，以致《蒙田之友协会学报》(1984) 登载一篇严谨的文章《随笔集中的缺席者》，作者弗朗索瓦兹·夏邦蒂埃谈到安多纳特·德·卢普对她长子的感情时竟然两次用了"憎恨"一词。

《随笔集中的缺席者》的作者主要强调皮埃尔·埃康在 1567 年修改他第一份遗嘱条款时谨慎细心到了极致；第一份遗嘱对安多纳特保有诸

多利益，长子对此非常恼火。父亲即将不久于人世，在他的主导下，母子之间签订了一份真正不再争执的共处条约。夏邦蒂埃女士写道："从这些预防措施来看，母子之间自始至终明显存在怨气和紧张。遗嘱内严格规定安多纳特的权益，她在城堡内的活动范围、菜园布局、收益分配……"令人唏嘘……还有安多纳特的遗嘱，她也不让米歇尔唯一的女儿莱奥诺继承任何遗物，因为她认为莱奥诺已经太富有了。这是她的孙女啊……这又是在报复什么呢？

《随笔集》作者说到父亲的话很多，在女人面前，不论正派的还是非正派的、明媒正娶的还是风月场上的，他都谈笑风生。唯独对母亲，他只提到两次，而且还是一笔带过的生活轶事，这部书内容包罗万象，尤其第三卷内有一章在许多方面不啻是自画像，里面还是没有母亲的影子，这真叫人摸不着头脑。为了解释这里面的道理，有人主张说蒙田不许自己在书里提到尚在人世的人。但是人家举出许多例子，首先是亨利·德·那瓦尔，还有他的这个或那个弟弟。不，母亲被放逐在《随笔集》之外，应该有其他的理由，很难弄清来龙去脉，更难说得完整。

为了尝试做到这一点，让我们谈一谈这位奇异人物。《伯特尔》——蒙田的家庭纪事册，用宫廷拉丁语书写——提到1529年"彼得罗·蒙塔诺与安多尼娅·卢佩西娅成婚"。这是图卢兹一位富商的女儿，父亲安东尼·德·卢普·德·维尔纳夫，在波尔多有联系，是亚拉冈犹太商人的一支后裔，最初可能操旧货收购业。到了15世纪中叶，社会地位上升，促使他改成一个较为普通的姓氏洛佩兹，然而又是洛佩兹·德·维尔纳夫。旧货商帕萨贡的后代发迹变成萨拉戈萨名人，也改奉（自由地？）天主教。

　　他们是不是"马拉纳"呢？这是对"新基督教徒"的称呼，暗中（冒着极大风险）祭拜最初的原始宗教。好像不是。他们到法国来定居，不是为了躲避"宗教裁判所"（这个机构在萨拉戈萨充满杀机），不然他们不会选择在图卢兹安身，因为图卢兹是多明我派的中心，在法国宗教裁判所行动最积极的城市。

　　不管怎么样，15世纪末，洛佩兹·德·维尔纳夫一家定居在那里了。他们的颜料生意兴旺发达，以致安多纳特的一位叔伯当选为城市商会代表。可能在那时候的一次商务旅行中，皮埃尔·埃康遇见了那位千金（非常年轻，因为她在婚后三十年还生了个儿子）。图卢兹的公证档案中还保存着一份1528年12月12日的结婚证书，缔结双方是"高贵的皮埃尔·埃康，骑士，蒙田庄园领主与安多纳特·德·洛佩兹"，从姓名来看，好像只有这个家族的波尔多一脉改成了法国化姓名。宗教仪式在两个月后举行。

　　这是一场利益婚姻吗？绝对不能这样说。带给皮埃尔的嫁妆是四百里弗尔，据专家说，这颇为平常。蒙特拉韦领主看来是个好丈夫，从这桩婚姻中得到不少好处，跟有声望的商人结成亲家——他们受人尊敬，非常勤奋，不但在图卢兹和波尔多，而且在安特卫普甚至伦敦都有商行。

　　米歇尔从母亲一脉来说是犹太血统，好像得到了证实。但是洛佩兹家族有不少次跟基督教家庭有姻亲关系，其中有安多纳特的母亲，吉罗特（或奥诺莱特）·德·普依，奥什的布尔乔亚。这是不是说他的犹太成分被改变了、被稀释了、被取消了呢？要有资格回答这个问题，必须同样熟悉犹太教教规和教会法。这点是清楚的，米歇尔母亲的行为一点也没有受到她的犹太出身的限制与影响，她也没有做出什么显示她跟犹太教还有来往的事情。保尔·库尔托，著名波尔多历史学家，1935年在波尔多发表一篇文章，关于《随笔集》作者的母亲，他提出结论说安多纳特·德·卢普没有在暗中举行她的祖先的宗教仪式。有的人认为她更倾向于宗教改革；她的两个儿子还是在家中受到她的鼓励去改信加尔文教派的。

　　对于我们来说更为重要的是，米歇尔·德·蒙田在谈到犹太教时（如谈到希伯来的悲惨历史和叙述他参观犹太会堂），在谈到除自己以外的宗教时，无不抱有这样的态度：同情与宽容。他若揭露犹太人的苦难史，说话的口吻跟提到印第安人遭遇不公平时一模一样。这种与事情保持适当距离的态度令人猜测不透。当他看到天主教教门中的信徒犯下不宽容、极端、残酷或被逐出教门的罪行时勃然大怒，并不见得一定事关犹太社团——虽然他们那时日子不好过。当他在意大利旅行时，他还对加在犹太人身上无耻的迫害不动声色地描述了一番。他是不是对于母亲复杂的出身并不知情呢？

　　即使他知情——这较为可能——也不能说这是儿子对母亲嫌恶疏远的原因。这个假定一提出就遭到抛弃：这是误解了《随笔集》作者天生的豁达，他对他人都是无限地包容——无论人格、文化、种族、信仰……

　　事实既简单又悲哀，米歇尔不爱他的母亲，他的母亲更不爱他。这难道可以说是一种精致的厌恶女人的教育形成的么？罗马式斯多葛教育中确有几条要防止女人掺和对青年人的教育。还是由于父亲的行为，他实在过于溺爱他的长子，使妻子把爱都放在几个小儿子身上？还是因为安多纳特同情新教教义，促使她站在拥护宗教改革的孩子托马和雅娜一边？也可能对米歇尔的反感一部分是由于她的儿媳弗朗索瓦兹·德·拉·夏塞尼，她把庄园的管理权从自己手里接收了过去。

这个性格怪异的女子，1601 年死于波尔多，远离自家的城堡，留下一张遗嘱，对她的长子、弗朗索瓦兹和他们的女儿莱奥诺的怨恨表露无遗，可以看作是为自己持家有方的一份辩护状。

"毋庸置疑，我随着我的丈夫在蒙田庄园工作了四十年，以致这个家由于我的辛劳照顾，管理得井井有条，价值倍增，尤使我的已故儿子米歇尔·德·蒙田受惠于我的付出与许可过着舒适的生活……"

"辛劳""付出""许可"……这些词汇里感觉不出家庭的温暖。但是在 1550 年，当米歇尔离开城堡上京城去，安多纳特是不是已经是这样的家庭悍妇？看到儿子挥霍成性不可能不加深这些尖刻的成见。又有谁知道这位少年骑在马上沿着卢瓦尔河，要在奥尔良或克莱里这边寻找关口时，已经在打算激怒"管家妇"，把从 1529 年以来经过安多纳特经营而大幅度增值的大量埃居，从藏在佩里戈尔大房子的银箱里取出来，高高兴兴地花掉？

这里面还涉及一个可疑的妊娠问题——米歇尔很肯定他是在母胎十一个月后出生的，这使得某个评论家说他是私生子，这是他与母亲关系紧张的原因……我们觉得应该从利益攸关的事件上来寻找这种异常敌对感情的根源。一个吝啬鬼看到自己辛辛苦苦积攒的金钱，被一个浪子任意挥霍，这种恨是难以衡量的。就像莫里哀戏剧中的父亲，蒙田的母亲好像也有过这样的时刻。大家知道莫里哀的儿子对守财奴是不带温情的。

在这幕苦涩的悲喜剧中，米歇尔反正从来没有得到过母爱，感觉上没有，实际上也没有。在城堡里共同生活了半个世纪……他所做的、所写的、所感觉的一切，都不能不令人感到这个可怕的缺失。他自称天性爱嬉闹，然而还有什么更加清楚地印证他的忧郁的来源呢？

那么小骑士在这个大巴黎又能看到什么呢？他能不能想方设法溜进宫廷？三年来坐在御座上的是亨利二世，他没有父亲魁梧，但是他结实、肌肉发达，一表人才，能说会道。为了进入卢浮宫，米歇尔相信可以依靠他的有权有势的邻居日耳曼·加斯东·德·弗瓦–康达尔、居尔松伯爵、特朗侯爵、弗莱克斯庄园主、国王御前会议大臣。然而抱着这样美丽梦想的不是只有加斯科涅人一个。其他来自内拉克、贡同、马尔芒德或奥泰兹的青年，外表更神气，门路更多，腿更长，佩剑更华丽，族徽更古老……

自从弗朗索瓦老国王驾崩以后，"文艺"不再吃香。对奥维德作品的援引、泰伦提乌斯的箴言录、维吉尔的引言，在新国王周围再也不像从前那样悦耳动听；跟着他——据说——最好是舞棍使棒，玩弄一些"法国式的惊险武艺"，这是小米肖不大爱好的，那么选择跳舞吧，他又太矮，缩手缩脚，不擅此道。这是怎么一回事？刚走出佩里戈尔的栗树林，在波尔多当时最早的人文主义者戈维亚、布坎南、维内面前出足风头，为什么就不能迷倒这个瓦罗亚朝廷呢？他不会是毫无保留地讲究膂力胜过智力。大家难道不是在龙沙和纪尧姆·布代的老家么？

蒙特拉韦庄园主的公子骑在他的马背上，痴心梦想。远处已经看见埃当普城堡，那里还流传着弗朗索瓦一世与安娜·德·皮塞勒的爱情故事。他当然愿意发现"文艺之父"时代的巴黎，建立王室子弟学校的巴黎，而不要撞见那些武夫、舞者和爱用刀剑的人！但是要是遇见杜·贝莱、多拉或龙沙，也是一大乐事……

米歇尔·德·蒙田骑在马背上，一路上从钟楼到旅舍，走了近三个星期。他会继续这样走过一天又一天，很高兴跟坐骑混为一体，适当地自上而下看东西，不再是踩着地面小跑的矮个子。

> 我从前只喜欢以马代步。……如果命运让我按照自己的心意过完一生……我选择坐在马鞍上度过……如果必须由我来选择死亡，我相信我更乐意死在马背上，而不是床上……我坐上马背就不思再下来，因为觉得不管身体好坏，这是最舒适的坐姿……

这说的是布朗托姆、蒙吕克、达达尼昂这些武将吗？不，这说的是米歇尔·德·蒙田，《随笔集》中谈到在各种场合的骑术不少于三章。米肖不管两腿短，直接上马。有点像骑手。但是坐上马鞍，不妨听他嘲笑自己的体育技能。他从来不知道怎样上马鞍、怎么照顾一匹马，但是他知道什么时候该换坐骑、在驿站如何买最好的马驹。他有时候是个识货的马贩子，爱好美丽的动物，迷恋精彩纷呈的骑术。在他还没有受肾结石的折磨以前，已经觉得马匹奔驰摇摆、马鞍对身体的摩擦，对他的病痛是一种舒解。

但是我们还没有进入巴黎,只是在巴黎圣母院塔楼边沿,穿行在索城和蒙鲁日的小花园中间。这位有志青年把目标放在圣杰纳维耶芙山上,那里有书。那里有几个月前拉伯雷出版的《第四书》,还有杜·贝莱的《捍卫和弘扬法兰西语言》。蒙田怀着忐忑的心,通过圣雅各护城河进入了巴黎,要满足的是求知欲,而不是权欲。

那么他是不是已经受到他日后承认的野心的诱惑呢?他在十七岁时已经相信"最光荣的天职是为大众服务,做有益的事"。目前来说,他来巴黎磨炼,不是充当他的同乡达达央或拉斯蒂涅克的先驱,而是做花花世界或贵胄门第的猎奇者。

第二章
在巴黎，世纪的中心

在少年米歇尔与亨利二世的巴黎之间，仿佛在举行婚礼。《随笔集》作者谈到瓦罗亚王朝的首都时，语调颤动，令人想起年轻人谈到他们的初恋。

大家都说这个人是怀疑主义者，无精打采，缺乏热情或亲和力，然而我们却看到他对父亲敬仰不止，对中学老师愤愤不平，追着女孩子不放，热爱骑术。而现在他又爱上了一座城市，除对艾蒂安·拉博埃西以外，他还没对什么这样动真情，全心全意，毫不保留。

请打开《随笔集》第三卷：

> 我不愿意忘记这点，我决不会对法国那么反感，以致对巴黎也怒目相视。从童年以来我的心就向往巴黎。巴黎于

- "我爱巴黎，包括它的瑕疵与缺陷"
- 扩展的城市
- 外省小贵族的政治野心
- 且听伟大的图布纳斯是怎么说的
- 从莫雷尔沙龙到卡纳瓦尔马场
- 瓦罗亚宫廷的奢华
- 图卢兹和法律
- 令人失望的总结

我代表着许多美好事物；后来我见到其他美丽的城市愈多，在我的感情中愈见巴黎的美丽。我爱巴黎这个样，爱上它原有的风貌，胜过它添加了外来的浮华。我温情地爱它，包括它的瑕疵与缺陷。

由于这座大城市，我才认为自己是法国人。人民伟大，地理位置优越，生活丰富多彩，尤其了不起和不可比拟的是：它是法国的光荣，全世界最绚丽的美都之一。上帝让法国人的分歧远离巴黎吧！巴黎团结完整，我发觉它把任何暴力拒之城外。我提醒它，最坏的主意就是在巴黎内部制造分裂的主意。我担心它的是它自己。当然我担心它，同样也担心这个国家的其他地区。只要巴黎存在下去，我就不会有后顾之忧，不会无葬身之地，这就足够让我不为失去其他退路而遗憾了。

直到最后一句，其语调温柔热情，连同"瑕疵与缺陷"也爱的可以用在那些人身上。就像阿尔塞斯特谈到他的赛丽梅纳，波德莱尔说他童年的爱情。旅行者与城市、外省小青年与首都这种一见如故的感情，一辈子也没有淡薄，即使当巴黎成为圣巴托罗缪大屠杀舞台，他自己后来也突遭逮捕并被关进了巴士底狱也如此……

巴黎在拉伯雷之后，有七星社文艺青年和王家讲师在纪尧姆·布代的倡议下，在拉丁区集会，庆祝活动五花八门，让这个来自葡萄园和栗树林的加斯科涅骑手看来真是千娇百媚。

从多尔多涅山坡过来的小乡绅进入的这座城市，当时已成为欧洲大陆第一都城。人口估计约有三十五万，面积在一个世纪内翻了一番。菲利普·奥古斯特竖立的城墙早因移民的涌入而四分五裂。巴黎市长克洛德·居约和各个行会都试图阻止人口迁入。全城约有一千多条马路，整个城市是一座工地，到处扩张成城郊结合部，这些卫星城被城市消化后——从蒙马特到圣日耳曼——不久反成了城市的光荣。

亨利国王不顾许多谋臣的意见，如蒙莫朗西元帅，他们担心神圣罗马帝国士兵、英国人、西班牙人的入侵，下令到处尤其在城南大城墙上开洞，如圣雅各门、圣米迦勒门、布西门，在世纪末有十五座之多。之后又在这些门的四周搭建小屋和店铺。有身份的人家则沿着塞纳河左岸住了下来，在圣米迦勒桥、内勒塔和普莱·奥克莱尔之间则有巍峨的内韦尔公馆和奥古斯丁修道院高耸入云。目前正准备后来称为新桥的桥梁建设，图纸已经在审阅，还要建造一艘渡船，让巴黎人乘上来往于城岛西端与两岸之间。渡船没有建成，但是留下了一条路，名叫"巴克路①"。

看得眼花缭乱的小青年是从哪扇城门进入巴黎的呢？似乎应是圣雅各门，卢瓦尔到昌黛西娅的这条罗马古道，后来成为去孔波斯特拉的朝圣之路，这条路上的旅客依然络绎不绝。过了城门暗道，眼前就是圣杰纳维耶芙山、戈布兰磨坊、被小花园环绕在中间的沃吉拉修道院。巴黎

---

① Rue du Bac，意为渡船路。

在罗马时代称为吕黛西娅，原意只是"泥土"而已。路政规划者要铺出一条硬路面的通衢大道和各条通道，其中就有圣雅各路。这些时刻在《随笔集》中有反映吗？"从小起我就只爱骑马上街；步行会溅得我屁股上都是泥巴，小人物没有派头，哪能在路上不被人推推搡搡的？"

这样，小加斯科涅人沿着多明我修道院、克吕尼宫、圣塞夫兰教堂走，这些错落有致的建筑组成了拉伯雷时代的大学风貌。米歇尔坐在他的马背上，从上而下观看这些商人和平民，都自有一股巴黎人的腔调。

那个时候的巴黎非常美丽，在弗朗索瓦一世时代的迷恋奢侈之后，直到所谓宗教战争的血腥残暴之前，1550年的巴黎已经结束了法国朝廷颠沛流离的日子（经过一个多世纪），终于决定要寄身在哪里了，下诏由皮埃尔·莱斯科负责把古老的卢浮要塞，改造成不愧为西方强国之一的王室居住的宫殿。瓦罗亚王室在这里勾勒出一座宜于谈情说爱的文艺复兴式宫殿，《克莱芙公主》将是美妙的镜鉴，至于奢侈淫逸将是亨利二世时代的事了。

从那个世纪初以来，巴黎不断受到追捧，这要归功于纪年史家吉勒·科罗泽《巴黎古代之花》一书中脍炙人口的描写，还有插图画家特吕歇和瓦约在1550年，随同他们的"巴勒地图"提出第一张《巴黎城市与大学的真正天然图》，这是一幅三联画，根据城区的功能分类：商业区，政治首都，艺术、武器、法律、科学与知识的摇篮。

那时候的巴黎人生活在"美丽的十六世纪"的曙光里，在这层亮晶晶的金粉覆盖下是内战的脓疱，二十年后在某一年的8月24日拂晓，恶化成为圣巴托罗缪大屠杀。小蒙田与他的一伙人，若说担心跟哈布斯堡王室重新开战，税收增加，到处不太平，却也看到卢浮宫的修缮工程、码头的开拓、市场的规整；在建筑师吉兰的指挥下正在完成圣日耳曼修道院这一边的新防御工事，让圣塞夫兰和圣安德烈·德阿尔街区得到扩展。

对于蒙田传记的作者杰拉尔德·纳刚来说，米歇尔这次来巴黎目的非常明确，由他的父亲一手操办：培养他日后管理国家大事。1981年11月，在波尔多举行的一次专题会上，《蒙田与他的时代》的作者已经持有这样的看法："这个天才少年，人们已经给他准备了良好仕途，其箴言是把自己的一切贡献给他人。"这个"人们"，纳刚女士仅仅是指皮埃尔·埃康或者包括几位亲戚、朋友或保护人，事实上是这份天职才是巴黎旅行的缘由。

我们知道佩里戈尔庄园的继承人起初拒绝担当这样的重任，只有最完美的人才具备这份天赋，在他看来，即使像他父亲这样精力旺盛的人，几年来也被这个职位弄得筋疲力尽、无所适从。只是在以后的三十年中，他不管怎样，好歹听从了皮埃尔·埃康的叮嘱，在司法和议会部门工作了十五年，由于波尔多市政厅的一次出人意料的选举，才使他与亨利·德·那瓦尔有了交集。

这样的人生设计在他的青年时代不是全无准备的。最初开始时，皮埃尔·埃康给米歇尔提供巴黎大学的良好栽培，对于外省小贵族来说绝无仅有的关系网，这在后来可看出其效果。因而可以说，米歇尔·德·蒙田在发挥其创造性天才之前，即使还算不上一位尚未脱颖而出的马基雅维利，也显出是个少年倜傥的洛比塔尔。从幼学拉丁语，赴巴黎念书，这是皮埃尔·埃康对米歇尔的完整出色的人生设计，再也没有谁比罗歇·特兰凯在《蒙田的青年时代》说得更明白了：

> 皮埃尔·埃康是个理性的人，生来讲究实际与有用，难道就是为了让儿子当个大学问家而进行这样昂贵的投入吗？……那个时代的人文主义者已经引起贵族们的思想转变。深入的文化教养从今以后已不是一种简单的装饰。这个文化教养现在变得比武功更为有用，让有文化教养的贵族在朝廷或外省保留或重获高官厚爵的机会……让贵族的子孙做个符合时代需要的人！……让他们明白这要胜过做个赳赳武夫，同时又保护了亲王的利益和他们这个阶级的特权。

那时巴黎有三级教育机构，对于入学者真是热火朝天的文化中心：一是，"王室入学子弟"（后来成为法兰西公学院）；二是，七星社（不久前宣布约希姆·杜·贝莱的《捍卫和颂扬法兰西语言》为其社章）；三是，沙龙（从某种意义来说，也是18世纪沙龙的前身）。

二十年前，从1530年开始，弗朗索瓦一世和纪尧姆·布代提出一份倡议，针对索邦大学的神职人员的独断独行，成立了称为"三语言"或"王室入学子弟"的学院。国王邀请伊拉斯谟前来主持这项工作，但是伊拉斯谟推辞了，他借口健康原因，并且强调一座城市有了纪尧姆·布代这样的天才，不需要委托别人代劳。

"三语言"？指的是拉丁语、希腊语和希伯来语，后两种语言都被认为是传播各种各样异端邪说的。因而引起索邦大学对这个机构的敌视，后者完全依靠国王亨利二世的恩典才得以幸存，亨利二世不管思想怎样循规蹈矩，对父亲的遗志还是尊重的。

"王家学院"一开始延聘的都是名师：瓦塔勃尔、梅西耶、加朗、图桑和皮埃尔·德·拉·拉梅，后者也称拉谟斯，他是其中最著名的一位，敢于最先使用俗语言——即法语——开课，公开同情宗教改革，后来成为圣巴托罗缪屠杀中最著名的牺牲者之一。

但是教师中最获得小蒙田赞扬与专心听讲的是图纳布斯，在《随笔集》中提到的现代作家，他与雅克·阿米约获得了小蒙田最热诚的敬意。图纳布斯是诺曼底人，杰出的希腊和拉丁古典大师——从索福克利斯到修昔底德——作品的注释者。

蒙田在巴黎求学的年代，这位老师的威望无人可及。大家把他看作欧洲最杰出的教育家。一切都显示出他的个人魅力与谈吐更非凡，超越了他的学问本身。他的《札记》在现代专家中间引起的赞扬跟蒙田时代的人不可同日而语。

这位小外省人那时刚到巴黎，把他看成是无与伦比的教师、正宗的人文主义者和精神父亲。他的教学非常自由，随意插话，可能后来成为《随笔集》的楷模，它也帮这位小拉丁语好手打开了希腊语世界的大门，成为他新的天堂。蒙田在《随笔集》第一卷中能够写下这句话显然很自豪："我见到阿德里亚努斯·图纳布斯，他除了文学以外没有做过别的事，在这方面依我看来是千年一逢的大人物……"

他就是这么一个学生，对于引导他发现苏格拉底和普鲁塔克这两位圣贤的那个人，从不吝啬他的感恩之情。那个人比谁都善于比较古代社会的悲剧与他教书这个时代的悲剧，让学生听得入迷，但这样做不是没有风险，图布纳斯没有像他讨厌的拉谟斯那样，为自己的勇气付出了生命的代价，但是也不能说他是作为圣人下葬的。天主教徒们把他看作伪装的胡格诺。

这位用拉丁语教古文学的教师，在青年诗坛也有不少崇拜者和朋友，如多拉、杜·贝莱、巴伊夫、若代勒和龙沙，后者还对他写过这样的赞词：

这样的大人物不用多说，
只他的名字就已誉满天下。

皮埃尔·埃康的儿子在巴黎是否觉得自己乡里土气？他中学时代在波尔多居耶纳中学的两位教师到了首都，或许使他的这种自卑感有所减轻。他们是马克-安东尼·缪莱和乔治·布坎南。这两人都在邦库尔中学授课，乔治·布坎南逃过了葡萄牙宗教法庭的牢狱生活，马克-安东尼·缪莱在加斯科涅许多城市停留，以说话口若悬河和无耻的骗子而闻名，然后"混迹"到了巴黎。

马克-安东尼·缪莱是个胖子，能说会道，满口仁义道德，然而天性却骄奢淫逸，他的《早期作品集》写得大胆暴露，不输于拉丁色情诗。他的老学生在《随笔集》中对这个"体面人物"有过好意的嘲弄：

"我年轻时看到一位乡绅，一手向群众递过去看香艳的色情诗，同时另一手散发几年来在全世界闹了好久的宗教改革文章。"这个例子举得好，因为未来的蒙田，一方面会写严肃的《雷蒙·塞邦赞》，另一方面又是颇多色情描写的《论维吉尔的几首诗》的大胆注释者。

这位加斯科涅学生与七星社的新生力量究竟保持怎样的关系，现在已很难寻觅到线索。《随笔集》对他们赞誉有加，但除了说到师生之间来往也无其他。然而这位青年感受到了人际关系是怎么一回事，（不论与人与事他都感兴趣），还有他们相互关系产生的际遇、相会的地点与可能谈到的话——学院或沙龙，即使还没有到朝廷——令人想到写抒情诗的新诗人与小外省人之间是有过对话的。正是在1550年，龙沙发表了《从巴黎远望他回加斯科涅……》。

米歇尔·德·蒙田，虽然口音较差，至少从范儿与情趣来说，他是个"巴黎人"。若不是经常出入高等社会、贵夫人府邸和朝廷是变不成这样的。他跟我们说过，他亲爱的图纳布斯没有一点学究气，不过他穿长袍，从社交观点来看外表不够正规；但是正因为这个"外表"对于佩里戈尔学生与诺曼底的老师来说，都是必须改正的。

无论男女，对这件事都不敢怠慢，以致最后师生都聚集到了巴黎最宜于培养礼仪的地方。

让·德·莫雷尔·唐布伦那时肯定是最有天分的人物之一，被人称为"巴黎脚"。原籍上普罗旺斯，伊拉斯谟的弟子，听过他的课，据说还在巴塞尔给他守灵。他通过跟安多奈特·德·卢瓦纳的婚姻，保证了他在巴黎上等社会和文学界的地位。他先后做过卡特琳·德·美弟奇的侍从、亨利二世的膳食总管（其实这个官职跟大厨毫无关系）、王室一位儿童的看护人，身处政治与文化的"系统"中心。

他在帕韦路上的公馆，离埃唐普侯爵夫人的豪宅才几步路。这是文学聚会的总部，由他的妻子主持。他妻子是位了不起的才女，把它做成了巴黎第一家"沙龙"。弗朗索瓦一世的姐姐玛格丽特·德·那瓦尔，《七日谈》的作者，被认为是她这一代最细腻的作家，她的《坟墓》也是在那里写成的。蒙田后来在纪事册里对她热烈赞扬，远远超过大众对她的评价。那瓦尔王后是遭迫害的新教徒的保护人，也可以从中看出她在这家名声显赫的沙龙里受人欢迎的程度。言外之意是不是显示他蒙田也是其中的幸运儿呢？

图纳布斯是府上的熟人，米歇尔也可能是他带到帕韦路去的。或者是布坎南，他给让·德·莫雷尔的三个女儿——卡米耶、吕克莱斯和典雅娜——上课。第一位女儿是约希姆·杜贝莱的缪斯，他为她落下了不少荡气回肠的热泪。我们可以自由想象，王家子弟学校的这位学生如何专心地在这块天地开辟自己的道路，布坎南称赞他说一口漂亮的拉丁语，令人大为诧异（不能不说他父亲的预见！）。不管怎么说，外省青年在莫雷尔一家都会得到良好的接待——各地的口音与法语的拼法都是五花八门。这个圈子里的红人龙沙是旺多姆人，聚会主人是普罗旺斯人，皮埃尔·德·布吕埃斯说加斯科涅方言，斯特罗齐元帅说意大利语，究竟哪个口音更加悦耳呢？

可能是在帕韦路，也可能在别处，皮埃尔·埃康的儿子很快遇到不少加斯科涅人，他们不少已在巴黎居住，有的是像他一样求学的、读文凭的，然后求个一官半职，有的已经做得相当发达：他的表兄弟让·德·维尔纳夫，议会参事；保罗·德·弗瓦、阿尔诺·德·费里埃、艾玛尔·德·朗高内，他们都是官员；居伊·杜·福尔·德·庇布拉克，国王的御前顾问，蒙田后来成为他的朋友，并在《随笔集》中对他热烈赞扬。

米歇尔·德·蒙田那时正在寻找盟友与关系，在同乡的新交旧知中，有一个名字尤其必须记住的，那就是纪尧姆·德·吕尔-隆加。不但是因为这个名字容易与历史上的一位人物混淆不清，还因为是他介绍米歇尔阅读一位萨尔拉青年法学家的一篇论文的，论文题目叫《自愿奴役》，作者名字叫艾蒂安·德·拉博埃西，不久前纪尧姆让他接过了波尔多议会的工作，自己则上了首都。

但是怎么说呢？巴黎绝不仅仅是一所大学，如同文学沙龙和政治手稿馆；巴黎也是一种生活艺术、乡绅教育，乡绅们不培养出知书达理、品位高尚的气质，决不会出人头地，受大家赏识。《随笔集》作者无疑想到这些青春年代才写下这样的话："不但每个国家，而且每个城市和每个行业都有自己的特殊礼仪。我童年时受过周到的礼仪教育，我又生活在有教养的人中间，不会不熟悉法国各种规矩，还可以言传身教。"

大家知道蒙田只是由于巴黎的存在才自觉是个法国人，不得不提到他在首都逗留时如何学到他可以"言传身教"的礼仪，还有他捧之上天的"法国式快乐与自由"，这好像是他非常乐意深入贯彻的原则："而在一个君主国家，每个贵族都应该按朝廷大臣的方式去栽培。"虽则也可不按照这样做……

以他的方式栽培一位青年趋向时尚，承认他"曾乐意模仿我们年轻人这身随随便便的打扮，披风搭在一只肩上，一只袜子不拉直，这种怪异装扮表现目空一切的自豪感和散漫的艺术性"。这是一个时代的大众化打扮，每个世纪不同，装嫩扮俊，红背心，或其他潮流。若要强调这个特点，这对于我们这位青年的前途不是无关紧要的。意大利外交官利波马诺指出，在那时的巴黎，青年的奇装异服要花费一大笔钱。我们通过他知道蒙田花钱手头很松，毫不在乎，依靠殷实的家产。

生活浪荡（此后还有其他事）如何会不引起父亲与他，或者说亲戚与他之间的危机？最后好像还导致把浪子召回家来。尤其他要被迫做出选择，从事一份较为普通但是收入稳定的工作，还是千里迢迢赴巴黎受头等教育，今后飞黄腾达？

服饰显然不是皮埃尔·埃康唯一需要支出的消费。在瓦罗亚王朝时代，要做法国式乡绅所受的教育，还包括其他该花与不该花的支出。我们的米肖从不把埃居虚掷在舞蹈课、剑术课或网球课上，他不停地宣称自己生来笨手笨脚——这点可以相信他，虽则一位青年为了向一位小姐献殷勤，会拼命去学颠颠舞或者花式剑……但是还是有一种技能是他喜欢的，他还自认为非常有天赋，在他居住巴黎时投入了不少时间，那就是骑术。

那时骑术的发展还没有像18世纪那样兴旺，尤其在维也纳，马的用处还是很多，十之八九用于简单的劳作、旅行、搬运，尤其是用于战争，还没有把马匹用作艺术家驱使。但是在弗朗索瓦一世朝廷里，屡屡把国王画成一名骑手，也就在那时建立了第一所骑术学院，称为小马厩，在亨利二世时又增设了一所图内尔骑校，不久后在安东尼·德·普吕维纳尔的管理下成为王家马厩。龙沙肯定是第一班的学生。蒙田非常可能是在第二班，这可以从他对该机构的创建人和象征人物卡尔纳瓦莱领主的赞扬看出。

弗朗索瓦·德·卡尔纳瓦莱是布列塔尼乡绅，亨利二世国王的驯马师，后来是安茹公爵（未来的亨利三世）的摄政官，那时同情宗教改革，据蒙田和其他几人的说法，是他那个时代最伟大的骑师："说到骑术精娴高超，我不认为有哪个民族胜过我们。我认识的最内行、最稳扎、最有风度的骑马师是卡尔纳瓦莱先生，他给我们的亨利二世国王当差。"

这里，我们要信任皮埃尔·埃康的儿子，他不断诉说自己肢体笨拙，但自认是个还不错的骑师。他对骑术的一切都有热情这点不用怀疑。没有一匹马倔强得他不想试试的。《随笔集》中很少几章写得像《论战马》那么兴奋。战争、旅行、马戏……逢到这种场合，他的文笔就会生动活泼：一个骑在马上的乡下人不是比站在地上的嫡系亲王神采更加飞扬吗？

总之，目前来说，米歇尔·德·蒙田只是在笔下显露马上功夫，对于从童年以来即有的这种亢奋的爱要到后来才献给战马。他在巴黎享受到的一切美事中，最令他陶醉的是这位卡尔纳瓦莱大师在马场教给他的骑术课，对于我们的加斯科涅青年来说，不管怎样，最爱露一手的是骑术，不是什么吕特琴、跳舞和标枪。

从让·德·莫雷尔到卡尔纳瓦莱，我们看到他的目光与脚步转向朝廷，在这里集中了他的一切欲望——雄心、奢华和权力。在那时候，弗朗索瓦一世已经决定放弃卢瓦尔河谷，然后又是图内尔宫。皮埃尔·莱斯科在王后的督促下，要把陈旧的卢浮宫要塞改造成光荣的王家宫殿，在其中纸醉金迷，几乎就像一世纪后的凡尔赛宫。

这样既具诗意又有政治意义的开拓，《克莱芙公主》这部书的最初几页道出了其中的内情，显然还话里有话，出现了奇异的五重奏乐团，那是由亨利国王、他的妻子卡特琳·德·美第奇、非常正式的宠姬典雅娜·德·普瓦捷（她是国王的情妇，也曾是国王父亲弗朗索瓦一世的情妇，后来被德·埃当普侯爵夫人安娜·德·皮塞勒代替，从那时被放归回到自己的领地）、王妃玛丽·斯图亚特和蒙莫朗西元帅：

在法国还从来不曾像在亨利二世最后几年那么骄奢淫逸。亲王风流倜傥，好色多情，早在二十多年前已经开始与瓦伦丁诺亚侯爵夫人典雅娜·德·普瓦捷卿卿我我，但是热情暴力并不稍减，一闹起来依然不可收拾。

由于他对体育运动件件皆精，这也成为他日常最重要的工作之一。狩猎、网球、芭蕾、抢指环或类似的游戏，朝朝暮暮不断。瓦伦丁诺亚侯爵夫人的颜色与姓氏图案到处都是……王后出席则下令摆出自己的姓氏图案。

这位王妃是个美人，虽然已过青春年少时期；她喜欢富丽堂皇、吃喝玩乐……王后大权独揽使她感到统治的美妙；国王对侯爵夫人的恋情好像也不使她难受，没有表示出任何醋意，她这人确实城府甚深，很难窥视到她的感情，政治需要她本人接近侯爵夫人，从而也可接近国王……

王后、她的婆婆和国王的姐姐也都喜欢诗歌、喜剧和音乐。弗朗索瓦一世先王对诗歌与文艺的爱好在法国依然存在；他的国王儿子此外还爱好体育运动，于是朝廷盛行一切娱乐活动，但是使这个朝廷如此光彩夺目的，是有数不尽的亲王与大官都是才华出众的人。

为了权力不至于完全受精力无限的侯爵夫人的操纵，那么多才华出众的人努力要窥探其中奥秘。可能某个人借着典雅娜的东风，总是可以沾光一些。但是必须说的是，这时候掀起了一个运动，贵族的一大部分价值观与活力已从武功方面转向文治，与正处于上升阶段的开明布尔乔亚的价值观相互接轨。这一切通过朝廷形形色色的荒唐事，倒催生了国家的形成。在这个问题上，让·雅卡尔在《弗朗索瓦一世》这部书里目光犀利的几句话，把瓦罗亚王朝时的国家结构作出清晰的勾勒，为亨利四世准备了道路：

朝廷主要还是王权的一个工具，它支持贵族，也奴役贵族。对于不少贵族门阀来说，已经为了过贵族的生活摆门面、挥霍，"广交朋友"，从国王那里讨个一官半职和赏赐，送礼成为唯一摆脱贫困、社会地位下降的方法。如今看到愈来愈多的外省土豪前来向国王要求保持他们的身份。

对于蒙田一家来说，问题不是继续而是上升做贵族，不是下降而是保证上升。但是在皮埃尔·埃康的心目中，他天资聪颖的继承人的天职是要参加这个"朝政国有化"运动。外省各家大大小小的贵族都已跃跃欲试，乐意加入进来。

没有人能够知道这个阶段采取的形式，是出身佛罗伦萨的美第奇王后向长时期得宠的女人开刀，用朝廷重臣、政治家、枢机大臣奥利维耶和洛比塔尔来更换血缘亲王——这段时间不长，但是前景看好。这是一个政治更迭的时代，不久引起英国外交官罗伯特·达灵顿的惊讶："一个满朝都是贵族的王国却由……耍笔杆子的乡绅来统治……"

小蒙田的前途看来就是融入到这个运动中去，又如何达到目的呢？这位佩里戈尔小贵族"耍笔杆子"到底还没有什么光辉业绩，怎么又能渐渐钻入这个由封建朝臣与巴黎人思维制定规则的齿轮中去呢？他能不能把希望寄托在愈来愈受重视的文学与文化的论辩上呢？

在这种情况下，应该把宝押在交游广阔、某一个党派，更好是与他们站在一条线上。最初阶段，甚至他的儿子还没有自己开始交朋友，跟莫雷尔沙龙里几位老乡熟人建立关系以前，皮埃尔·埃康就已经瞄准了加斯科涅集团，说得更确切一些，是瞄准了他的强有力的邻居与朋友特朗侯爵。特朗侯爵有威望与影响力，是国王的御前顾问、显赫的弗瓦家族的族长，在当地和朝廷都被认为是"居耶纳第一大族"。

日耳曼·加斯东·德·弗瓦依照封建传统，是蒙特拉韦所有领主的头儿,他的领地又从属于波尔多主教让·德·弗瓦。在这层关系以外,侯爵性格威严,全区不论是否受他监护,都在他的影响之下。目前,使他受惠不少。弗莱克斯领主是个受人尊敬的军人,也是有文化修养的朝臣(他的图书馆一点都不亚于他的被保护人),亨利二世国王器重的外交官,一切说明他被国王召至御前会议,就出使到英国,目的是把加来重新收入法国版图。米歇尔·德·蒙田通过他的引荐,才进入了瓦罗亚王朝。

不久大领主与附庸的关系恶化,蒙田那时已是《随笔集》的作者、波尔多市长和亲王之间的中间人,他对这种依附关系深感不满。那位老爵爷被随笔作家称为"法国脾气最暴躁的人",但是并没有因此忘掉他的好处。

真正促成他社会地位上升的第二位盟友,是路易·德·朗萨克·圣杰莱伯爵,弗朗索瓦一世的私生子,《随笔集》作者把拉博埃西的一部作品题词后献给他:"借以感谢您多年来对我家的眷顾之情。"但是朗萨克的帮助不及特朗侯爵的帮助实在。

反正皮埃尔·埃康的儿子走进过亨利二世的朝廷,不论这是在图内尔宫(卢浮宫的工程迟迟未能完成,朝廷也不能放弃这里),还是在枫丹白露(这里还是作为夏宫之用)。若对《随笔集》细心阅读,必然记得其中提到国王的一件事:"我看到从加斯科涅来的一位贵族,亨利二世从来不曾把他的名字念准过。"

有人提出,蒙田的"我看到"其实意义可以跟"我听说"一样模糊——这样的说法,杰拉尔德·纳刚是反对的,她竭力声称这句话没有其他意思。此外，这里还用上了表示反复的动词，清楚说明他曾多次注意到亨利二世有读错加斯科涅乡绅名字的缺点。

国王那时名声还良好，待人和气好客，但是年轻的来客听到他把从远方——如卢瓦尔河谷、法兰西岛——来人的头衔、姓名都带着浓重乡音念得不知所云，显然是不乐意的。

这是在朝廷，还是在莫雷尔家的沙龙，或者是在南方官员亨利·德·梅姆主持的学术圈里，米歇尔·德·蒙田遇见了未来的枢机大臣米歇尔·德·洛比塔尔的吗？蒙田在《随笔集》对他如同对他的前任弗朗索瓦·奥利维耶那样给予最热烈的赞词，还把他的好友艾蒂安·德·拉博埃西的拉丁诗题献给他。奇怪的是，有那么多热心的蒙田研究者，却很少去寻觅这两人的友谊轨迹。这两人是他们这个时代最明智与最勇敢的人，那时极端主义横行不法，煽动一切恶念，他们是头脑清醒，也是最有办法阻止恶念吞噬国家的能人。

说到米歇尔·德·蒙田所谓的"巴黎童年时代"，是不是把几次逗留时期混淆不清了呢？这其中同时有几个问题：皮埃尔·埃康的儿子在巴黎高等学校求学的单独住所问题，大学课程文科为主的问题，学习时期的行为问题，他的亲戚——尤其是他的母亲——对他的看法，最后是蒙田领主的职业成就，他在1554年将被选为波尔多市长。

不管怎样，这中间有三四件事是可以核实的。在那段时期里，档案"空白"的时间是1546年到1555年。已有考证认真的作者帮助我们确定，蒙田主要是在巴黎住过几次较长的时间，潜心学习，接触上层社会和朝廷，《随笔集》中有不少篇章和许多横向档案可以证实这点；除此以外，这位青年还去了其他城市，首先是图卢兹。

这是雷蒙六世伯爵的领地，据说也是蒙田的母亲家族发迹的地方，蒙田在《随笔集》中屡有提及。尤其是那个妇女被一群游兵散勇强奸的那段趣话："感谢上帝，我一生中总算有一次不用犯罪而得到了满足。"还有"肺痨病老人"的故事，医生要蒙田青年去陪伴他，说他青春朝气的一张脸，能够舒缓老人的病情，要不——《随笔集》作者凑趣着推托说："只是我的健康状况会更坏。"还有就是在图卢兹的一场官司，"我童年时见过为一桩怪事而打的官司，法院推事科拉斯叫人把它印了出来，说两个男人相互冒名顶替。"

但是没有迹象表明或者暗示安多纳特·德·卢普的儿子在这个城市里读过法律。上述那桩官司是在1560年，那时蒙田早已过了大学学习年龄。较为可取的事实是他在巴黎与波尔多的两次逗留之间，学习了几个月的法律知识；从他当法官的"表现"来看，安德烈·图尔农是专家，认为这是值得赞美的：依靠钻研，通过对司法文书的实践与把握，学习到完整或部分的司法是可能的——以此来看《随笔集》作者是处于这个状态。

这样的话，不论是在图卢兹还是在其他城市，我们看到的就是这样的学习吗？我们看到青年米歇尔来回奔波，既在"王家学校"听中学老师图尔纳斯或加朗的课，也去七星社诗人常去的沙龙；既上卡纳瓦莱的骑术课，也去亨利二世朝廷的盛宴与迷宫——他追逐的不是某个职位或某项政治任务，而是向这个方向走去的道路，和给他指路的保护人。这也算是为了法律、长袍和官职吧？

我们不知道皮埃尔·埃康是密切监督儿子在首都的行为,还是有人向他汇报米歇尔与亲友来往,与女士们保持的关系——这一点容后再说。不管怎样,这一点是肯定的,安多纳特管账,她对那位神童儿子(或称浪荡儿子),任意挥霍四分之一世纪以来在利多瓦和多尔多涅辛辛苦苦积攒的钱大为恼火。她的丈夫要有怎样的家财才能支付这笔欠债?大家也不知道皮埃尔是不是比妻子更为宽宏大量。在《随笔集》第三卷,蒙田说道:"把他的家交给我继任的那个人,预言说我会把家毁了……"

要弄清楚米歇尔在巴黎是 1554 年还是 1555 年,是否可以看皮埃尔·埃康选上当市长,被派往朝廷,要求撤销 1548 年盐税商暴动后遭到蒙莫朗西元帅镇压与抢掠的压制措施?这项任务非常重要,波尔多人认为在他们的市长进京觐见国王之前,最好先送上二十桶葡萄佳酿,好打点那些好意的贵族。

这项任务给皮埃尔·埃康提供了机会,给继承人的巴黎之行做了一次总结,看到年轻人毅然摆脱了天生的懒散、软弱和昏昏欲睡的精神状态。据蒙田自己说青年时代气色不佳,思维迟钝,从此以后,经过戈维亚、布坎南、缪莱和图纳布斯的调教,他眼明心亮,想象大胆,见解超过同龄人。但是这些才能开拓出来做什么用呢?从前的预言依然不变:"不是做坏事,而是不做事,他并不是变成了坏人,而是变成了无用的人。"

在人文主义者、马匹、贵夫人与朝臣名媛中间度过了这些日子,米歇尔肯定已成了温文尔雅的翩翩公子。但是在非常理智的蒙田老爷与他的更理智的妻子眼里，这结出了什么果实呢？带来了什么利益呢？结交了一些什么人呢？增加了什么样的知识呢？……好吧，我的儿子，现在是收心回归、脚踏实地的时候了。你已二十二或二十三岁，要有个地位了。既然政治与外交道路还不畅通，既然入伍当兵也不适合你这样的花花公子，剩下的就是长袍，法官的长袍：你的叔伯亲戚都在法院里穿正装——现在我又是波尔多市市长，光宗耀祖是不成问题的，那就当个贵族吧……

而今大家擅自让皮埃尔·埃康毫无顾忌地现身说法，任意使用零星的说法和推测。但是这些说法和推测不致距离事实太远。首先，米歇尔在巴黎出手阔绰，对于家庭的决定起了重大影响；第二，这样的栽培总的来说还是不够的，皮埃尔·埃康的社会地位上升在他看来是个好彩头，促使家族能够步入社会第一等级；最后朝着官职前进，不只是不得已而为之的权宜之计，即使父亲没有，儿子也没有把它看作一种制裁……《随笔集》中通篇让人看出这一点！

第三章
正派女人与其他女人

- "讲究前门襟的世纪"
- 童年失贞
- 欢乐，我们的老师
- 蒙田的女性崇拜者
- 姓名、姓名！
- 三种交往中最差的一种
- 重大的损伤
- 火钩子与煤铲子

在卡纳瓦莱博物馆里有一幅画，名为《浪子与妓女》，是16世纪一位无名画家的作品。虽则画得好，大家还是更欣赏路易·德·科莱里的那幅当代同名画，其笔法稍欠细腻，但是更加引人夺目。

画家来自荷兰，画上是一个大胡子少年，一双杏眼，黑丝绒贝雷帽，紫酱红紧身短上衣，雪白头巾，跟几位吹笛弹琴女子在玩音乐，女子的胸衣开口不及瓦罗亚朝廷的公主低。她的法国浪子对手高高兴兴追逐他的妓女，另有一人又从旁边把她往前推。

当时与现在都有人愿意把这看成是蒙田花天酒地的"童年写照"——他迷失在塞纳河河滨道上的花街柳巷中——其实他更多去的是法国画家那里。要知道《随笔集》中，蒙田对这类金钱交易下的来往表示出了轻蔑——因为他看不起这种原则，也因为他知道其中有危险。但是他又赞扬他的导师之一亚里斯提卜说的那句话，亚里斯提卜看到路人撞见他走进一家妓院很惊讶，反驳说："进去不是罪，不出来才是罪。"

19世纪的历史学家米歇莱提到瓦罗亚时代——也是拉伯雷与克莱芒·马罗时代——把它描写成是个"前门襟世纪"，是因为那时发明了挂在裤裆前这块后来又独立成为装饰的三角布，更是因为像米歇尔这样的青年对此过于滥用的关系。

"男人在交往中总是遇到尴尬的性问题。"他跟我们这样说时没有过分的谦逊。米歇尔是个自发的风俗历史学家，心甘情愿用他那个时代的放浪来抵御"他父辈时代的贞洁"，这位皮埃尔·埃康神圣起誓说他婚前一直保持着童身。这并不让米歇尔惊讶，虽则埃康这个男子汉，不论教养与天性都叫女人喜欢，此外他还体魄强壮，在意大利打了十年仗，法国国王弗朗索瓦一世的军队在那里并不提倡禁欲，而他又是过了三十岁才结的婚！

在这方面，就像在节俭持家方面，米肖要当皮埃尔的忠诚弟子，那还差很远。据说这个多尔多涅的小拉丁语家，不是在婚后而是早在第一次领圣体时失去了童贞。他说这事发生得那么早，也就像某些罗马妓女早就忘记的那样："说起来既是不幸也是奇迹，我小小年纪已第一次被它征服。这确是偶然发生的，因为离我懂事和有主见的年龄还很远。那么久远的事我已记不清了。"他刚刚断奶吗？这些加斯科涅人……

从那时起，他尽兴玩乐。他提到了利多瓦河边、古尔松山坡上的磨坊，还想到了在居耶纳中学做学生时的悠闲娱乐，然后又是波尔多的艺术学校，他在那里从六岁念到十五岁，那里的中学附近，紧邻一家烤肉铺，还有一家生意兴旺的妓院，令学监非常操心。

应该说这主要发生在巴黎，他不到年纪就有这类经验，也可能在这时他度过了他最荒唐的季节，什么妓女、女乐师，等等。皮埃尔·埃康在将近1554年给他做出这张负面的总结报告，这些胡作非为肯定不会不包括在内。

尽管图纳布斯的课他去得很勤，但是这位老师与其他王家讲师布置功课之余，总留有不少闲散时光，这让大家很兴奋，尤其有时是在勒穆瓦纳红衣主教中学授课，地处红灯区的中心，在莫贝尔广场附近。据1562年一份报告称，大名鼎鼎的拉谟斯是图纳布斯的对头，对这些青年享有"没有节制的自由"而大光其火。

那时候，骑客在妓院门前或者不清不白的大娘的后院下马，风流客得到接待，并没有太多的预防措施，其危险性是不言自明的。且听下面这段话：

> ……但是这种交往还得留一点心眼儿，尤其是我这样肉体很会冲动的人。我在青春期突然发情，受尽了诗人所说的滥情男子身上产生的一切苦楚。这次鞭笞说实在的，此后被我当作一个教训……

是的。这次鞭笞要比马车夫的鞭笞痛得更长久。蒙田在《随笔集》其他章节中还对我们说，许多学生还没有听到阿里斯多德关于爱情包含的危险以前，已经染上了花柳病。"病得不轻？"他明确说，"我还是不够谨慎，得过两次病，还好是轻的，初期症候。"

是梅毒还是淋病？有许多杰出的蒙田研究者熟悉医道，然而奇怪的是，很少人关心这个问题，这其实不是无足轻重的。因为根据一份悲观的报告猜测，这件事说明了为什么他六个孩子中的五个都早年夭逝（在16世纪那么多的新生儿没有活过三个月，原因也在这里吗？）

另有一位传记作家，把蒙田的早秃，甚至他埋怨自己从五十岁起的性无能，也都归于花柳病一类——虽则他最后的女儿出生在1583年。不过无论如何，差不多在同时期令他痛苦不堪的肾结石，总不能说是这些年轻荒唐事引起的吧？

事实是，不论好逸恶劳、要付出的代价是大还是小，规规矩矩的皮埃尔·埃康要儿子办青年时代的大事。米歇尔不但在学习和荒唐时期，可能还在失去知友之后很久（那时他三十岁），以及在提出婚礼以后，对这件事推托了两年才在父亲（和母亲）的训斥下让步，不然他们就要以传统礼法行事，不成亲就没有继承权。要么讨老婆，要么走你的路……

眼前且看《论气味》一章中对一个快活人的回忆，他把一切王牌都押在了上面，毛发和其他："……我有满把胡子用来做这件事。我若把手套或手帕凑到胡子前，香味就会整天留在那里。这也透露出我是从哪儿过来的。青年时代搂紧了接吻，亲热缠绵，有滋有味，一沾上胡子会几小时不散。"

说的是从前的青年时代？是不是在说他写第一卷《随笔集》时将近

四十岁,不再留大胡子了?他说话时用的是现在时——但是当年的肖像并不可以都为之作证。那么是不是应该相信,壮年时期接吻不那么搂紧,也不亲爱缠绵?这一点容后再说吧。

总之在二十岁,以及后来很长时间,直到1560年左右,正人君子拉博埃西为此训斥他时,蒙田肯定是个"血气方刚的热情青年",不论在佩里戈尔,在波尔多,在图卢兹,还是在巴黎……这位自发的哲学家就像他的希腊老师,主张人的天职是思想,在人间冒险的主角更被他戏称为"器官先生"。

还可以用这句话来作证:"我年轻时,跟其他人一样,受欲望支配,落拓不羁。"接着他引用贺拉斯的话,"我也曾战斗过,不无光荣。"又以奥维德的话总结,"我很少记得超过六次。"

杰出的拉丁语学者莫里斯·拉特,是优秀的《随笔集》的编辑,提醒读者注意作者在这个领域采用的语气非常自由,不拘谨,这不是放肆或对抗,而是从原则上说,他比谁都谴责这种"把我们赖以生存传种的行为称为禽兽行为……"的心理,还说:"对自己穷凶极恶,视欢乐为罪过,身处不幸才安心,真是可怖的禽兽啊。"

蒙田说话谦逊,有时不说也罢,他选择这类引人反感的说法不是出于判断,而是顺其自然的选择。"我不赞赏它,同样也不赞赏任何违背习俗的形式;但是我为它辩解,无论是在特殊还是普遍的场合下减轻人们对它的指责。"

目前他还没有经历形成他的性格的阅历与考验,比如说他与唯一知友的结交与永别,唤醒了他满腔的豪情与热望;与父亲关系紧张;与母亲决裂；童贞的早日失去——在这之前，先对他性格上的风流、丰富与矛盾的特点做个窥视。

蒙田的恋爱观，首先是对一种欢乐哲学不动声色的承认，这也源自一切基督教（即使不是在希腊）原则。这些原则是把一个社会束缚得死死的，按照显贵人物的行为，遵守教义生活。这也是在性别与感情上实际严格的二元对立。这样在蒙田身上淡漠地存在两种倾向，一种是带有时代标志的轻视女性，习以为常，但是出现在一位勇于摆脱所有其他周围偏见的人身上，还是令人惊讶的；一种是坚持原则的女权主义者，激烈反对种族主义或憎恨体罚。这些态度使他领先于他的时代好几个世纪。

说到蒙田跟爱情的种种关系——当然"爱情"这个词要从最广义的意义上来理解——不由得要把他说成是享乐主义者："他们不论说什么，即使谈到美德，瞄准的最终目标也是感官享乐。""……大自然让这种欲望包含了最高尚、有用与愉悦的行为。"

很少有人用这么平静的语调议论享乐的最终目的，大胆借用先贤俊哲的话来为此辩护："哲学不反对天然的肉欲，只要掌握分寸，主张节制不是逃避。"甚至教门中圣贤的话他也不忌惮地引用，"爱情不懂规则。"（圣哲罗姆语）这话也可以是眼见的事实，而不算是格言……

马塞尔·孔什在《蒙田与享乐》一书中，做出非常缜密的分析，结论中不同意大众所说的把他称作伊壁鸠鲁派。不，蒙田不是萨摩斯岛哲学家（更不是柏拉图）的门徒，因为他拒绝在这方面把明智建立在节制欲望，尤其是性欲的基础上。因为他给予肉体欢乐一个非常积极的作用，《随笔集》作者超过伊壁鸠鲁派，是跟狄俄尼索斯同样的享乐派。

"给我快乐的事从不在行动上损害我。"他回顾说，拒绝谴责"好色"，即使它往往带有"邪恶"或"放荡"之意。肉欲——据他说——不但是"强烈的"，还有如柏拉图和伊壁鸠鲁也承认是"真正的"。如果他嘱咐大家行乐要"有节制"，他有时也会建议不要滥用节制，因为青年决不会阻止自己去做一切"出格的事"。恰到好处的疯狂，这肯定让我们的加斯科涅人远离这些希腊导师，除了赛里尼的亚里斯提卜，那位上妓院去的朋友；根据马塞尔·孔什这位哲学家（和蒙田），怎么区分爱情与欢乐、欢乐与欲念、欲念与青春？

狄俄尼索斯型的享乐主义者，是的。蒙田把重点不但放在欢乐的健康上，也放在欢乐的欲望上，欲望的欲望上。在时间的安排上，务求有充裕的时间尽情享受："有人若问我爱情的第一要点，我的回答是知道掌握时间；第二也是，第三也是；这一点行了，什么都行了。"

在这门艺术上，蒙田绝对是18世纪的大师，更是司汤达的先驱。他写出爱情好像一种"醒着的、活的、愉快的激情"，我们也可以把他说成是创造愉悦或者善于控制欢乐的大师，以致尼采也从中看到了自己教学的要义。

这难道是老作家到了暮年深居在塔楼里的冥想吗？不是的。这些爱情原则，把感官享乐作为最终目标，从一开始便根深蒂固地植根于蒙田的思想中。在《随笔集》中随着不同根源与不同时代都有所提及。这不像在其他方面，蒙田从一个狂热青年变成一个白发老人，玩世不恭地专心钻研春药的配方。从亨利二世时代迷失巴黎的青少年，到从意大利长期旅行归来的哲学家，这期间对世事的深入观察、理解和感同身受，他始终没变，依然是那个闯荡江湖的骑士。

在蒙田身上，除了颂扬享乐以外，另一个特点是欢乐的分享——在他崇敬的古代人，还有与他同时代的人那里，并不认为这一点理所当然。一个没有欲望或不被欲望控制的身体怎么获得乐趣呢？他说："这种交往需要有相互应求的关系……"他从而又谈到了道德，"事实上，做这件事得到的乐趣，使我的想象力痒痒的，比实际感觉的乐趣更甜美。只思得到乐趣而又不给人乐趣，这样的人决不是高尚的人。"

这个表面上玩世不恭的多情种子，这位供认不讳的乐天派，揭露有人"做爱三心二意"，也宣称高尚文雅的人既懂得享受欢乐，也会给人欢乐。性感享受必须平均分摊给双方，不是那个疯狂的埃及人，他"强奸那个他涂了香料的女尸"。还有那个佩里安得在已死的老婆身上作乐……这种说法用于两种性别当然都是实用的。他还嘲笑说："月亮女神的怪脾气，只因没法得到心上人恩底弥翁的温情，催眠让他睡上几个月，然后跟这位只会在梦幻中活动的俊少年恩恩爱爱。"

做人有风度？生活阅历广？好事大家享？事实上，蒙田在这方面也走了其他许多人所走的道路，把重点放在语言交换上，说甜言蜜语的话，把它看成共享乐事的一种食料。这实在远远超过司汤达，而是近代的路易·阿拉贡与乔治·巴塔耶的情趣。

但是蒙田令人大为不解的还是这个情况。照理说这人那么专注于乐趣共享，对他来说交换是欢乐的要素，然而在他的爱情生涯中可能没有任何长期的热情与恋情，也没有任何撩动他如痴似醉的感情生活。这位主张爱情贵在交换的大情人，从来没有经历过这类令人激动的心连心，除了跟艾蒂安·拉博埃西，而这人又绝不可能跟他有性的交换。这个爱女人的情圣到头来爱过的只是一个男人？

这实在是再荒谬不过的了。大家也可以说，在跟艾蒂安有过理想的爱情经验后，任何交换在他看来都显得庸俗而又粗鄙不堪，然而他二十五岁时在波尔多认识拉博埃西以前很早，已经有过一段爱情生活。这样说来，这个那么渴望结交正派美女和其他女人的人，却从来不曾经历过大多数西方大作家生命中都燃烧过或激荡过的这些热情。

传记作家与蒙田研究专家都热衷于去发掘他身边的一位洛尔或一位埃莱娜，好像都无功而返。亚历山大·尼古拉依写了《蒙田的私生活与美女朋友》，他是对这项猎美工作最细致认真考证的作家，也宣告失败，他找不出也说不出一个这样的女友的名字。这实在是《随笔集》与《意大利游记》的作者，对他自己的爱情行为供认不讳，但是以乡绅保护女友的名声为荣（而那些女友也可能以她们有幸参加这些游戏为荣……）。

这方面的保密工作做得非常出色。蒙田对其他活着的人尽管也非常谨慎，但是许多蒙田研究专家不难在长句子后面把他们寻找出来，如吉兹公爵、那瓦尔国王、卡特琳王后或特朗侯爵。

大家对此也不能要求过高。但是也总有一些影子和侧面若隐若现。在《随笔集》中相继出现的人，无论从年纪与地位来看，都不像跟他保持过一种超过促膝谈心的关系。

有人在《随笔集》第二卷最后一章的献词里，寻找能显露蒙田与她们有什么亲密的知心话，但都是捕风捉影而已。里面只是蒙田对医学以及医学的缺点的一份起诉书而已，对一位主教与对一个无所用心的女人都可以去说这样的话……

其他我们就不要去胡编了。或者反过来说，让我们去胡编就可以了……

令人怪异的不是蒙田一方面向往令人心醉的爱情，一方面谨言慎行，被有些人称为明智的淡然态度，感到进退两难；而是他在性爱方面一视同仁的观念，这在感情一类理论上还没有这样提过。

虽则他在《随笔集》第三卷第三章《论三种交往》中，把这类交往称为不可比拟的友谊，还是比与书交往的级别要低，但是也没有把它看成是鄙俗的。他不但强调提出"没有其他情欲叫我充满期待"，也没有其他东西"更高尚、更有益"。他甚至还肯定，唯有它"使我恢复机灵、节制、优雅，注重仪表，保持举止……回到健康明智的学习，以此获得人们更多的爱戴与尊敬……"

但是也听一下相反的话："……在这件事上，我不会全身心投入。我愉悦，但不会忘乎所以，大自然赋予我的这一点点理智与谨慎，还是完整保存的，为她们与自己效力；有一点感动，但是不存幻想。"

他用一句话轻易解决了这些矛盾："没有丘比特，也就没有维纳斯。"也可能是把传说中的丘比特当作一位和平的精灵，弓上的箭也是不伤人的。

谈到这些火热灼人的事竟用这么淡漠平和的语调！皮埃尔·莱舍梅勒是对女性热情观察入微的分析师，在《蒙田或灵魂病》中，对这位女性世界的朋友与崇拜者，竟然没有丝毫温情而感到奇怪和气愤。他甚至说"干巴巴"——以蒙田本人为例，他总是急于认错，内心也流露出这一点。这个男人不仅仅欣赏与颂扬女性的美，还提倡要尊敬她们，把她们看成敬畏的对象，在她们面前最好装成孩子与胆小怕事的人，认为她们的性要求愈大，道德也愈高超，他要求在一切方面与她们平等相待。他提到性关系时用的口吻，简直是一位瑞士战略家在描写战役，一名外交官在汇报谈判情况！

这种外表的冷漠表现在这位多情种子对嫉妒的不在乎上，其实最幸福的恋人、最得意的胜利者，谁能不嫉妒呢？蒙田只是轻描淡写说一句："这是侵蚀人类灵魂最无意义与来势汹汹的病。"好吧。但这不是在承认他的心决不会落入这两种情况。他说到女人的欺骗时像昆虫学家那么冷静随便。把嫉妒看作无意义，这不是爱情，也不必重视。

大家会说冷酷的心；不过下面一句妙语也是他说的："爱情不暴烈就不符合爱情的本质，爱情若稳定就不符合暴烈的本质。"还有这句心里话："……从前我在真正的热情冲动下，也曾提笔给几位女士涂写过一些书信，若还存在世上的话，还可找出几页值得百无聊赖、神魂颠倒的青年一读。"然而他，这些书信的书写者，从来不曾"神魂颠倒"过吗？

《随笔集》作者是个淘气的少年，后来也不是个模范丈夫。我们到时候可以证明，那时提出他践行的荒谬（那时也算是平常）的思想，就是婚姻与爱情的不可调和论……但是这位先生不会在女人面前毫无保留地大动感情。但是他也不像其他乡绅贵族那样跟着当时的风气举止粗野。一个多世纪以来，温文尔雅的骑士爱情早已被征服的狂念与花言巧语所代替；蒙田把这种做法与意大利的做法相比，轻蔑地称之为"法国人的猴急相"。但是介于意大利战争与宗教战争之间的是玛格丽特王后时期。（是她建议女人到了三十岁应该不称美丽的人，而称贤淑的人，但是发胖的不在此列。）那时风行的是巧取豪夺，哪个战场上都是如此。

蒙特拉韦领主——我们知道——不会替自己涂脂抹粉，即使在男性禁忌的荷尔蒙问题上也是如此，他强调指出他对女人在肉体上的忠诚程度并不一致，但至少对待她们都同样光明磊落，不要求她们做他自己也做不到的事。下面这些话让我们可以相信他：

> 我不轻易许诺，因为我想我做到的要比许诺的与积欠的多。她们感到我这人忠实得愿为她们的不忠实效劳。我说的不忠实是指承认的和反复多次的不忠实。我只要还怀着一丝一毫的感情，决不与她们断交……这种亲昵，即使是在最羞惭的条件下得到的，也令我感到她们的好意……我若任凭她们埋怨我，这是在我身上看到了一种爱，这从现代的习惯来说是又愚蠢又认真的……为她们的名誉考虑，我不止一次在欢乐达到顶点时悬崖勒马……

这种含蓄并不总是得到人家的理解……当然在这种稚气与诚实的坦白底下，可以发现一种"肉"的战略：多尔多涅的这个坏蛋头脑里的小旮旯也不止一个。

我总是尽量独自去承担幽会的风险，让她们轻装上阵。我总是给约会做出最曲折、最出人意料的安排，这样最不引人怀疑，而且在我看来这也最容易撮合成。约会地点愈隐蔽，其实是愈公开。最不让人担心的事是最不禁止和最少有人注意的事。没有人想到你竟敢这样做的事，则最宜于放心大胆去做，正所谓难事不难做也。

温文尔雅的爱情，还是虚情假意的爱情？不管怎样，这是战略家的做法。让人想到《危险的关系》的作者拉克洛（半个瓦尔蒙，半个当瑟尼），在蒙田作战的沙场上，是不是比这位书信体将军耀武扬威的地方更少牺牲者？

这个兢兢业业、善良的情人，即使在施展他的天真的小伎俩时也尽心尽力，这位蒙田在调情时也不自吹自擂——我们看到他认认真真不虚报战线数字。他在《随笔集》第三卷那篇著名的《论维吉尔的几首诗》里，每次都不忘提到年龄的影响。有几段知心话表达了一种自卑心理，从"童年"起就困扰着他。

他称为"器官先生"的玩意儿不大，这个"不听话与屡提抗议的"东西，随着年岁的增加，愈来愈让他不好受，这是非常可能的。但是让我们听一听他说因原罪而受煎熬的私房话。

当我看到某位女士对我讨厌了，我决不立即责怪她轻浮；而是想一想我是否应该责骂老天爷使我这么不争气。当然，它这样对待我有欠公正，很不客气，造成极大创伤。

如果我的东西不够长和粗，

婆娘们看了当然有理由不高兴。

他这样引用阳神普里阿普斯的话来说自己的阳具，是不是一时心血来潮呢？他还说："我和其他人同样都是由自身各个器官组成的。我要是成为男人则完全有了这个玩意儿。"真是对真理的爱，才会说出这样的实话……

带了这么一件在女人眼里简陋的武器上场，想来也不会像他的伴侣希望的时间那么长。当他在第三卷中提到"无力的拇指……茅草遇烈火……随即熄灭……"，肯定是在说老叟随着年龄增加导致的性衰退。

但是这不是到了这个晚年，才有了这一类的思考："因为我这人天生会激动，尽管不严重，时间也不长，经常也损害我们的交往。"

这也是他说到一个爱美食的人："希望头颈长得像鹭鸶，东西咽下去可以回味时间长一些。"我们的米歇尔这么一身装备，"更适用于这种急躁快速的欲望，像我这样的急性子，成不了好事。"

因而蒙田在这件事上时间短，又容易早泄，这让哪个——男人和女人——都感到痛苦。听米歇尔诉说他的一桩桩蒙羞之事，让人以为在听司汤达提起他的爱情生涯、身材发胖和一蹶不振。但是必须指出，"美貌与正派的女人"不是那么愚蠢，只要提一提这个小器官的领主与大肚子的外交官在她们那里不是到处碰壁，他们还有"交谈的艺术"!

在这里呈现情歌之美，大家齐声对着女性高唱——蒙田存在的那个世纪，轻视女性是惯例。他经常也被人称为"轻视女性"的大男子主义者，说一个女人只要分得清男人的紧身上衣与短脚裤，就算懂事的了，要记得他经常被人称为女性歧视者，但是其实他是个深思熟虑的女权主义者。

大家可以轻易举出二十个表达他那个时代男性自鸣得意的例子。他们深信女人几乎不可能逃出性的牢笼，这是由她们的性别与"炽烈的欲望"决定的，她们唯一的出路，除了作为朝廷的点缀与床笫之欢，就是勤快地操持家务。

蒙田尽管高瞻远瞩，其根子还是深植在这个到处是粗汉、学究、婆娘和忏悔师的时代。不过尽管受到这样的严格约束，他还是在第三卷第五章《论维吉尔的几首诗》中议论爱情。他宣布最后一次拥抱，对人间的游戏作最后的告别，显出大公无私的公正态度，最后对女性缺点的种种偏见进行辛辣的嘲弄。

在《随笔集》里有两句话通俗易懂，对此得出结论，表明彻头彻尾的女性轻视者和大男人主义者的可笑与偏颇："我要说男人与女人都出自一个模子；除了教育与习惯以外，其区别不是很大。"

"对异性指责比为同性开脱要容易得多。其实彼此彼此，真所谓：火钩子嘲笑煤铲子。"

第四章
爱情终于来了，"这神圣的纽带"

现在到了二十五岁，一个没有爱情的男人，表面上也若无其事。他进入了中年才有那种标志性的忧郁，在这以前他高高兴兴、青春快乐、蹦蹦跳跳，有点碍手碍脚的法官长袍也刚穿上不久。米歇尔对于"向水手敬酒的波尔多姑娘"也没有怨言。这位脾气随和的小伙子表面上完全是个幸福的人。

皮埃尔·埃康，不久前光荣完成了他两年的波尔多市长任期，看到儿子的才华只在法院争取当个小差使也只得忍受，然而他还是尽其所能让儿子到巴黎见世面或磨炼，完成几项讨好的任务。但是这个宝贝儿子吊儿郎当、挥霍放荡，叫他生气，尤其爱吵架的安多纳特还在伤口上撒盐。

如果说有哪个姑娘讨米歇尔喜欢，但也没有完全征服他，在他与父母之间则产生了隐性

- 在大城市欢度时光
- 像苏格拉底那么丑
- "因为这是他"
- 身心结合的友谊
- 模范官员
- 《自愿奴役》
- 马拉还是法盖？
- 政见不合？
- 如古人之死

的怨恨。要是只是为了当个法官，当初又何必叫佩里戈尔一个小镇的人都跟他结结巴巴讲拉丁语，还把他当作加斯科涅小神童似的看待，花大钱送到巴黎去投奔朝廷？他成了家庭的白痴吗？当然不是。但他是家族血脉和领主的一个令人失望的少爷，他的父母害怕被他弄得倾家荡产。

但是突然一次相遇，点燃了他的生命达四五年之久，改造了他的人格，且使他终生受益；这件事我们猜想发生在他第一次去巴黎的旅行时。艾蒂安·拉博埃西与米歇尔·德·蒙田面对面……事实经过人人皆知，《随笔集》里大书特书，但是却没有说出日期。"档案空白期"好像完整无缺。我们知道皮埃尔·埃康的儿子进入法院工作才两三年，拉博埃西这人也是有案可查的，但是我们就是不能给他生平中这件大事确定日期。

《随笔集》写到这件事既动情又简略，几乎暗示而已。……但是在第一卷第二十八章《论友谊》中又在激情之下做了说明，详细周全，显然即使不是他这部作品的存在理由，也是它的拱顶石。如果说蒙田没有说出这一幕发生的日期，这好像给它一种无时间性、代表本质的力量：

偶然在城里的一次大集会上，我们初次相遇，真是一见如故，说话那么投机，彼此那么仰慕，从此以后，再也无人比我们更加知心了。他写了一首杰出的拉丁讽刺诗……诗中对我们相识不久就心领神会，那么迅速默契无间，都做了辩解与说明。生命易逝，相见又恨晚，因为我们两人都将近而立之年……不能再让时光虚度……

我们的友谊就是自成一格，除了友谊之外别无他想。……我也说不清是什么，它控制我的全部意志，带着它陷进和消失在他的意志中，怀着同样的饥渴、同样的激情……

这是一些名句，真愿意全部引用；一开头就是热情的语调，气吁吁，昏迷。盲目吗？当然不（这是蒙田写的……），但是夸张，或者倾向夸张。当蒙田跟我们说到艾蒂安·拉博埃西，他遇到在世的人中间"还无人可以与他相提并论"。（他后来给亨利·德·梅姆的信中称：以我看来他是我们这一世纪最伟大的人。）他把他们两人的友谊描写得那么完美，肯定再也无出其右者……这需要多少次机缘才能建立，实在是三百年间仅有一次的鸿运。听到这话，我们可以发笑。但是我们错了。这里重要的，不是要知道拉博埃西这位青年法官是否比伊拉斯谟或洛比塔尔更伟大，他们俩的友谊是否比送上刑场的唐·卡洛和波萨伯爵的友谊更深厚，而是蒙田这个热爱奥维德的享乐主义者，突然被爱情激发、升华而有了新的看法。

蒙田爱女人，还一往情深，然而一个男人使他发现了热情。他诚诚恳恳爱美色，这个突然闯入他生活的男人却其貌不扬——反正这是他跟我们这样说的："……我们说的丑也是指第一眼看了不顺心，主要是指脸部……经常是一些瑕疵引起我们厌嫌……拉博埃西心灵很美人很丑，属于这一类。这种外表的丑陋虽很严酷，但很少损害心灵……"尤其令人吃惊的是他这番话是插在歌颂类的一段话里说的，还提到传说中苏格拉底的丑陋作为对比。

米歇尔深爱这个朋友，这个朋友行将咽气时还把书房藏书作为爱情遗物赠给他；米歇尔强调他的体貌丑陋，我们可以相信他。但是我们也可以看看艾蒂安遗留后世的唯一一幅肖像（至少是这么说的，尽管还存有疑问），一位大胡子乡绅，深色皮肤，目光忧郁，胡格诺的阴暗画风，比他的兄弟更有魅力；蒙田自己五短身材，浑圆，像个加斯科涅神父。此外还有更加接近的是他的塑像，在佩里格，与米歇尔的塑像相对而立，这上面艾蒂安的形象也是挺顺眼的。

总之，爱美女的快乐骑士却被一个丑男人的长矛戳进了心窝。怎么可以不提这是"宿命"呢？此外怎么可以不查阅一下同性恋档案？那是很少几个热心的蒙田专家敢于做的事。我们也拿着文本去冒险走一遭。

"这是命运的力量？"在《随笔集》里是用这句著名的判决概括了他们两人的关系。"要是有人逼我说我为什么爱他，我觉得只能用这句话来回答：因为这是他，因为这是我。"这话说得实在漂亮，古代美人贝雷尼丝也只能说到这样，把这份爱情归入最典型的古希腊悲剧传统：两个凡人、神、命运……

安德烈·纪德这位视野宽阔的蒙田研究专家听了也跺脚："真有那么样的命运与神秘吗？"这两位青年出身相同，同样感情丰富而又有教养，又操同一职业，两人都崇拜古代英雄人物，这样的相遇怎么能这样说呢？作为波尔多法院的翁布里尔宫不论多么巍峨，房间多得如迷宫，让他们不相遇倒是一件怪事呢……

这话驳得有理。但是蒙田本人不同意他这位著名的追随者纪德，坦露联结艾蒂安与他本人的"神圣纽带"，实在是"我解说不清的和命运的力量……我不知道是什么样的天命安排……"这决不是古典悲剧中被命运推向罪恶或某种英勇行为的先驱人物所能说明的。

如果说不清《随笔集》第一卷第二十八章里这件事产生的条件，也就无从对这样的说法予以应有的信任。在1580年第一版《随笔集》出版时，仅仅是这样说的："若有人追问我为什么爱他，我觉得这没法表述……"在1595年那个身后出版的"波尔多版"中，在留白处首先读到"因为这是他"。然后又有另一种颜色较浅的墨迹"因为这是我"，但不是出于另一人之手……这句话使我们满足，我们也希望使蒙田也满足，在重逢的欢欣中抑止了他的眼泪……

总之在做进一步调查之前，我们承认《随笔集》是拉博埃西的"坟墓"，既是对死者补偿性的致敬和密谈，也是交流与证词、夸耀与领圣体。

这两位青年的相遇通过一个媒介，那就是拉博埃西的《自愿奴役》手稿，根据一切迹象来说，米歇尔在几年前已知道有这部书，这是对暴政的一份慷慨激昂的公诉状，他读了之后，感到非常钦佩。他说："在认识他以前很久，已见过那部书，使我第一次听说他的名字。……"

"……已见过那部书……"在深入观察拉博埃西的《自愿奴役》这份演说稿成文与扩散之前，先对这次接触说几句话。根据罗杰·特兰凯的调查，16世纪50年代初，在巴黎的加斯科涅人常去让·德·莫雷尔家聚会，米歇尔在那里遇见了纪尧姆·德·吕尔-隆加。后者把他在波尔多的职务让给拉博埃西后，被任命为巴黎高等法院的文书顾问。年轻的作家法官拉博埃西在他的前任上京以前，把自己写的那部颇具爆炸性的《自愿奴役》送给他一部，可能希望能出版。吕尔-隆加"交给"蒙田青年的就是这部册子。

只是不太清楚"交给"是什么意思。米歇尔是否真的阅读了陌生人写的这部书呢?还是他只听了人家的概括?事实是,这部书引起他对作者的强烈崇拜。当他自己进入波尔多高等法院,听说这位火气很大的青年天才是他的同事,显然这还不是米歇尔对他的单方面认识,他们是相互欣赏:"我们尚未谋面,只从别人嘴里听到对方的消息,就超出常情地促进彼此的好感。"但是,很清楚初交时他们之间的隔阂与差别不像后世人所说的,是米歇尔寻找艾蒂安。

这次相遇是在城里的一次大集会上,有人把日期定在1557年10月和1559年之间。1557年那年米歇尔从佩里格法院调至波尔多,第二个日期是根据《随笔集》中零零星星的记载而推断出来的。蒙田说他与拉博埃西的友谊持续了四年,因后者在1563年8月逝世而中断;但是也可能他把交往中两人因公出差的漫长分离的岁月剔除在外,其间一个去巴黎,一个待在阿让区。这两位性子急躁的青年很可能在波尔多高等法院生活了几个月,然而并不认识,这点不管怎样,应该是排除的。在翁布里尔宫里总共也只几十位顾问,他们的职务经常是交叉的,家庭关系又使他们很接近。

令人惊讶的不是这次相遇,而是在这么平凡的场合,他们一见钟情,擦出火花,"我们的心灵步调一致地前进,相互热忱钦佩,这样的热忱出自彼此的肺腑深处。"这条神圣的纽带,使得《随笔集》作者在二十年后提起,还像在梦中,深思怀念……这样一种相遇,自由,自愿,"不但心灵得到完全的享受,身体也参与结合,整个人全身心投入,这样可以肯定友爱会更丰富、更美满。"

在这些令人吃惊的话后面接着就是对异性关系的排斥,"没有例子说明女性达到了这一点"(这出自一位熟悉古人和苏格拉底的信徒之口,有点出人意料),丝毫没有损害这句话的大胆程度,这不是《科里东》的作者主张的男同性恋,而是友谊使人美丽高雅,这被当作一种多少难以达到的理想。

《论友爱》中谈到同性恋的段落,前面还有两处发挥同样令人吃惊。作者宣扬友爱明显的优越之处,对此可以归结为"血缘的、社交的、待客的和男欢女爱的"。重点一边在于"血缘的",一边在于"男欢女爱的"。

"子女对待父辈,不如说是尊敬……"友谊靠交流的培育,他们之间差别太大,不可能存在交流……父辈的所有秘密思想并不是都可以向子女直说的……规劝与指正是友谊的第一要素,子女对父辈很难做到这一点。

谈到对女人的感情,我们的随笔作家承认"这也出自我们的选择,但没法与之相比。……情欲的火焰更旺,更灼人……但是这种火焰来得急去得快,波动无常,蹿得忽高忽低,只存在于我们心房的一隅"。与友爱相比呢?"这两种情欲我都有过,彼此并不排斥,但是两者也不能相比,友爱展翅高飞继续前进,鄙夷地瞧着爱情远远地在底下踮着脚走路。"

令我们感兴趣的应该是这场包含精神与肉体的友谊,有没有真的梦想过,是不是真的实行过。在这点上,米歇尔干脆拉上了帷幕,但是显然没有阻止别人不提问题，言外之意是这事不好说，而不是说来难听。这部"真诚的书"，首先是为自己的友好而写的。

这位作者选择在人前"赤裸裸"，认为这样写是应该的，"希腊人的放荡正好是我们的风俗所不容许的"。然而他还是把《随笔集》最初的样书送了一部给亨利三世。但是这样触犯了礼仪，至少在他的外省环境中有这样的看法。他索性在他写到拉博埃西的一章内，很大一部分回顾古代的同性恋做法：这个时代对这两位朋友都非常亲切，他们从中找出他们的模范人物；年长三岁的拉博埃西从黄金时代的斯多葛和拉丁人那里，年幼的米歇尔宁可在希腊人这边，看到苏格拉底和亚历山大都不厌恶这种爱情。

在提到"希腊人的放荡"后，再作一番简短的历史回顾，巧妙地对最初的评语做出微妙的区别。年事渐老的蒙田在《随笔集》中批评的不是这类交换有违于"天性"，而是"情人之间的年龄差别很大，宠幸程度不一样，也不符合我们这里要求的情投意合，和谐一致"。如果苏格拉底不是年纪很轻的阿西皮亚德斯的情人，而是同代人的情人呢？如果正当年华的加斯科涅官员爱的是同出身、同年纪的法学家，整个人身的结合会使这种友爱更丰富、更美满吗？

往下再读到希腊共和国捍卫公正与自由，尤其鼓励阿莫狄乌斯和阿里斯托吉顿之间的健康的爱情。这难道不就是为地位相等、毫无歹念的男性爱情写的一份辩护状么？波尔多的这两位青年法官情投意合也与此相类似。

所有信号不都是来自享乐主义。拉博埃西这位斯多葛信徒，在写给他的朋友的讽刺诗中，埋怨米歇尔的出轨行为，语调中暗含的并不仅仅是道德规劝。他甚至敢把米歇尔比喻为阿西皮亚德斯。

种种论调都倾向于说明他是同性恋的这个假定。大家为什么不说得含蓄一些，如让·斯塔罗宾斯基说的"同性精神交往"，或者像威廉·约翰·贝克，他对这个问题做过最详细调查，说是"同性友爱"。可能由于米歇尔在感情上是依照"肉体与精神"的二元论原则生活着的。要是说到正是他对艾蒂安的友爱那么丰沛，才使"这样的神圣纽带"保持了纯洁性，这话是不是过分呢？

艾蒂安·德·拉博埃西二十八岁。他娶了一个已有两个女儿的年轻寡妇，以后也没添什么小孩。如果说蒙田顺着社会与家财的轨迹螺旋式往上升，他的朋友则出生在黑色佩里戈尔的美丽小城镇萨尔拉，是个古老的长袍贵族的典型产物。他从小当了孤儿，由叔叔布亚克领主抚养长大，也算受过剃发礼，跟法官与教士皆有联系。

但是艾蒂安在这个家庭圈子之外非常活跃，如在几乎跟巴黎的大学具有同样名望的奥尔良大学读法律。那里的大学生主要听一位名师的讲课，他后来对艾蒂安的一生起了决定性作用，犹如图纳布斯促生了蒙田一样，他的名字叫安娜·杜·布尔格。

布尔格在当时是个大人物。这位法学家至少在内心深处加入了改革运动。他在他的学生面前是不是支持这些论点呢？不管怎样他维护表达这些论点的权利，使用的语调让某些人看来他是自由精神的先行者。我们可以想象他在听众面前慷慨激昂，说出他稍后在监狱里编写的小册子内容：《在巴黎参议院为基督徒事业的祈祷》（"谁拥护我们的亲王当国王？……你们，此刻的国王，你们妄想不依照天意而逃过上帝的愤怒吗？"）。

由于不同凡响的法律才干，布尔格被召入不很宽容的巴黎高等法院，在语言上并没稍有收敛，反而变本加厉。他甚至敢于在亨利二世国王面前反对他对自己的同宗教友的残暴迫害。国王并不欣赏他的勇气，对自己身受的侮辱则铭记在心，下令把他逮捕。拉博埃西的老师遭到审判、定罪，先被吊死，后又在日内瓦广场焚尸。这样的侮辱并没有使这位铁骨铮铮的青年学生俯首帖耳，据有些人说，这反而促使他写出了《自愿奴役》这篇文稿。

艾蒂安·德·拉博埃西二十三岁，继吕尔-隆加在波尔多最高法院任职时，已经是这部小册子的作者。他的法学家与演说家的名声也已确立。再加上他的外祖父卡尔维蒙主席是位名人，他自己与玛格丽特·德·卡尔——著名公证人朗瑟洛、里兹主教的妹妹——的婚姻，更使之得到了巩固。

艾蒂安·德·拉博埃西面对也是来自多尔多涅的年轻同事时，已在当地带上了光环，基于他办案能力高强，大公无私，这在当时这个部门内颇为轰动，再加上学识丰富。虽然那时候他的作品，如拉丁语十二行诗、希腊语翻译作品，跟著名阿让区语言学家斯卡里杰的书信等都还没有出版。

16世纪50年代初，有人把《自愿奴役》给米歇尔·德·蒙田看的时候，有谁知道拉博埃西是这部书的作者呢？这部书的来历与编写日期和它的可靠性，有成千种相互矛盾的说法，在此就不予以评论和附会了。

第一个参考物，当然是《随笔集》。我们已经知道，首先引起蒙田对这位陌生作者注意、钦佩与期待的是《自愿奴役》。但是在对这部宏论大作称颂以后不久，渐入老境的蒙田好像只有一件操心事，就是压低这本小册子的重要性，把它说成是年轻人的高谈阔论（在作品第一次印刷时指出该书是由一个年纪不满十八岁的艾蒂安所作，之后蒙田在最后一次出版时还缩小了作者的年龄，说他只有十六岁，只是把它作为一篇课堂习作而已……）

很清楚，随笔作家那时看到他生活的时代充斥着狂热与暴力，当他在1550年到1555年间阅读或看到或浏览这位陌生人的《自愿奴役》时，政治与宗教气候还是相对清朗的——虽然我们看到还是有几位"坏教师"被烧死了——巴黎这位青年学生还是浸沉在纯然的知识氛围中，欣赏激动人心的雄辩句子：这是一篇具有演说艺术与民法道德观念的杰作。

但是当他正在编辑，或者更可以说当他准备把《随笔集》付印的时候，内战爆发了，圣巴托罗缪日大屠杀把战火引向全国，拉博埃西多少还是停留在理论上的抗议书，也不再能够看成是一篇大胆的学生作文、朱维纳利斯的讽刺诗仿作、精彩的青春宣言。它会引起一场论战，对此的惩罚愈来愈多的是暗杀与火刑。拉博埃西已死，不用害怕什么。但是米歇尔，全心全意要为他建造一座与他人格相衬的坟墓，也不愿为一名叛逆树碑立传，从而累及自己成为一名烈士。

尤其那时候，新教徒虽然没有明说《自愿奴役》的作者从前参加了他们的事业，但已经利用他为自己辩护。这位众所周知的天主教徒的手稿怎么会落入他们的手中呢？在这件事上也众说纷纭。但是好像也不如其他问题，如拉博埃西的小册子的缘由与意义那样扑朔迷离。

吕尔-隆加是忠诚的天主教徒，不会受人怀疑是他辜负了他的青年朋友的信任；蒙田本人更加不会扩大知情者的圈子。但是这个时代，正处于世纪的中间（然而一直延伸到内战最激烈的时期），这两个阵营的阵势是犬牙交错，尤其在知识界。今天这人还在宣扬他的天主教教义，第二天就滑向新教教义。也有皈依新教后，回来再为国王服务的。大学里的核心人物大都是新教徒，也有可能第二天有人脱离去为国家尽责任。总之一句话，这样的文稿本来就是传阅的，在传阅中煽动人心。

我们觉得它流传到了两位胡格诺派政论家手里也是毫不为奇的。一位是弗朗索瓦·奥特芒，蒙田后来1581年在意大利旅行途中遇见过他；一位是西蒙·古拉尔。奥特芒从中撕下几页附在他自己所写的一本小册子《法国人的闹钟》里，在1572年圣巴托罗缪日大屠杀后不久匿名分发。西蒙·古拉尔把更大的篇幅，夹在他的《查理九世时代法国国情备忘录》里，日期稍晚几年。不管怎样，这份手稿于1579年在波尔多被刽子手烧毁了。

这样我们明白，蒙田在1570年已经出版了朋友的几篇作品，得到消息后，自行把这篇论文藏了起来，认为在这个不健康的时期不应该听任对其进行粗鲁的摆布，竭力克制自己把它收入本人的著作内，佯言这只是一篇学生课堂习作，只谈到恺撒与罗马人民的关系……

那么，《自愿奴役》中真有什么可怕的内容，让蒙田如此小心翼翼要减小它的爆炸力吗？怎么又能一会儿像马拉，把它看成是一篇重要的革命文章，一会儿像法盖，将其看成是一篇普通的课堂习作？若必须选择的话，还是采取第一种说法，不论保持它原有的书名《自愿奴役》，或是改名为《反对独夫》，那是新教徒采用的书名，他们急于要强调文章的论战性质，反对策划圣巴托罗缪一案的国王。（奇怪的是蒙田哀叹那些人利用这件事，目的在于制造混乱和改变政策，却看不出第二个书名的嘲弄意味……）

不论给它一个什么样的书名（第一个书名明白无误，因而较好），这位萨尔拉青年拉博埃西的作品是篇气势磅礴的政论文章，尽管有几处显得过于夸张与迂腐，但对于权力与自由之间的关系则有一种非常深刻而新颖的提法。

因为拉博埃西不像一般从上而下的角度看问题，权威的自然加强，权力的自强膨胀，形成暴政与腐败，而则是（从下而上）去揭露强制的服从，在被统治者身上寻找暴政的根源——在一个世纪以后，拉辛在《勃里塔尼库斯》里用一句妙语总结为："他们争先恐后地接受奴役。"

这位佩里戈尔青年不但在卢梭之前惊奇地看到群众显然要比暴君强大，然而却被暴君玩弄于股掌之上；更有意思的是，他说出了其中的道理：是软弱，更是享乐使群众听任暴君摆布——这话说得实在令人叹为观止。如果写这几句话的少年真的只有十六岁，那他可以称得上是政治社会学中的天才少年诗人兰波！

在拉博埃西的小册子里，并不是所有观点都那么新颖，我们从中也可听到德摩斯梯尼、塞涅卡或塔西佗（他后来又启发了拉辛）的回声，这不足以漠视这篇精彩文章的矛头所向之处。这里借助蒙田的专门论辩，不是应该欣赏他对拉博埃西敬重之心是有道理的么？

这篇演说的起承转合颇有古意，为了让人感受其中略显粗糙与乡土气的力量，在此列举几段《自愿奴役》的原文，这些文字吸引和感动了米歇尔·德·蒙田，从此与他成为莫逆之交。

从第一页开始，语调已经定下，大胆负责：

"……在现在这个时刻，我不愿意讨论这个问题……也即是其他形式的制度是不是优越于君主政体……这个问题留在其他时间讨论，因为它将引发所有的政治争吵……

"自由是一种财富，那么重要，那么欢悦，失去自由，一切痛苦接踵而来，即使还能保留下来的乐趣都被奴役腐蚀，失去它们的味道与芬芳。

"忍受掠夺、放荡、残酷，不是来自一支军队，而是来自一个独夫；不是来自一个赫丘利或一个参孙，但……往往是国家最卑怯、最软弱的人……让我们说：为他们服务的人都是胆小的人。

"暴君有三种……一种通过人民投票而拥有王国，一种通过军队力量，另一种是民族的继承权……这些人生来当国王……从娘胎里带来暴君的本性……从人民手里接受国家的人我觉得应该是更温和的，但是他们的统治方式差不多是相同的……"

在这里我们看到热血沸腾的艾蒂安行文中还知道对法国王室笔下留情:"虽则我们的国王也是天生的,但不像其他国王依靠出身而来,他们是由万能的上帝遴选的……为了保卫这个王国。"这实在是一个加斯科涅人说的话,尽管受到罗马人的熏陶……

"自愿奴役的第一条理由,是习俗……臣民……低声下气,尤其暴君把宗教作为他们的护身符……

"……总是有四五个人扶植着暴君,代他发号施令奴役全国……六百人在他们手下为自己谋划,把为暴君服务的六百人又变成为自己谋利的六百人。在他们手下的六百人又培养出六千人……谁乐意顺藤摸瓜,解开这个线团,谁就会看到不是六千,而是十万人、百万人通过这条绳子与暴君连接……

"这是人民自己俯首帖耳,自割咽喉;有做奴隶与争自由的选择,放弃自由身,套上枷锁,接受苦役还是摆脱苦役……

"那个控制我们的人也只有两只眼睛、一双手、一个身体……他要不是借用你们的手,怎么会有那么多手来打击你们呢?……

"……为了得到自由,首先必须渴望自由……下定决心再不受奴役,你们就是自由人了……"

弗朗索瓦兹·巴亚尔在评论这些斩钉截铁的句子时强调,拉博埃西并没有号召用暴力对抗暴君,而是消极抵抗。因为一个专制君王被掐死后,上来的还是一个专制君王;布鲁图斯杀死恺撒,葬送了共和国——她写道:"民众不服从,这是特殊的政治武器,是随着暴君而生的。我们这位政论文作者，从塔西佗出发，在向甘地伸手……"

我们看得很清楚，蒙田在编辑《自愿奴役》时，正处于内战打得正酣的时候，听到改革派正在利用这样一篇文章；虽然他已经宣布在《论友爱》这一章的开头发表，突然放弃了，但是又不甘心私下留着，竭力去向读者说明，这仅仅是一个十六岁少年的课堂作业。

这个论点值得探讨。因为它牵涉到一个严肃得多的问题：这份革命文献的来源和历史传承问题。大家可以想一想，像马拉这样的狂热志士可以在国民公会主席台前采用，稍后又被包括普鲁东与埃利泽·勒克吕这些反社会秩序者采用。

到底是什么促使这位循规蹈矩的青年、好人家出身的法学家、安分的天主教徒竟敢对暴政提出这样的挑战？——在那个世纪中叶，法国的政体在形式上是虔诚的君主制，正受到欧洲各国政权的集体发展、法国国家的中央集体倾向于和新教徒的挑战，一天比一天逼近专制制度，导致国家停滞不前。

在16世纪，杰出的历史学家雅克·奥古斯特·德·图提出一个解释。拉博埃西对滥用权力的愤怒，起自蒙莫朗西元帅1548年盐税案暴动后，奉国王之命，对波尔多和波尔多人的大肆镇压。这个看法是可以讨论的，因为蒙田肯定是这些暴行，而且还是较为接近的见证人，艾蒂安·拉博埃西则未必亲眼看见。

促使艾蒂安·德·拉博埃西痛骂暴政，其中最合情理的动机，是不服当局对他的波尔多教师安娜·杜·布尔格处以极刑，就因为布尔格揭露了亨利二世对新教徒的虐待，而被送上了火刑架。这是一位受人爱戴的教师，主张言论自由的律师，由于对国王说出不敬之言，就受到这样可怖的刑罚，这引起他的佩里戈尔学生神圣的怒火，他慷慨陈辞，至少在发表这篇名作的时候。

拉博埃西对《自愿奴役》一文颇为重视（远远超出蒙田所说的中学与大学时期）。被任命为法官后，他把这部书送给他在波尔多任职时的前任纪尧姆·德·吕尔-隆加。他没有委托后者出版，至少请他任意让他给巴黎与朝廷周围的亲友们阅读。就算是一场学术研讨，这样的传播方式也是非常豪气和冒风险的……

《随笔集》作者决心仔细纠正朋友这篇文章的火药味。在艾蒂安逝世十年后，他愿意承认"我毫不怀疑他对自己写的东西是相信的，因为他做事认真，就是在游戏时也不说谎"，但是也有必要提到他的另一条格言："非常虔诚地服从和严守出生地的法律。"因为"哪个公民也不及他奉公守法，更热心促成国家的安宁，敌视引起时局动荡的改革"。

这里蒙田的话是应该听听的。考虑到当时的环境，我们有理由把《自愿奴役》的重要性看得远远超过他所说的那样，因为我们不是处于战火纷飞的年代，而写作者时刻处于绞刑架、火刑架或伏击的威胁之下。我们还知道这位奋起反对暴政的青年，是一位敢做批评的忠良之臣，供职于施行暴政或仁政的瓦罗亚朝廷，这样一个人即使不是摇摆不定，至少想法也是"多面性"的，我们明白了为什么米歇尔·德·蒙田会为之着迷。

1570年4月，在发给枢机大臣米歇尔·德·洛比塔尔的一封题词信中，蒙田向他推荐拉博埃西的几首拉丁语诗（其中有很美丽的十四行诗），还在崇拜者热情的鼓舞下，甚至向这位大政治家流露怨言，他的亡友那么雄才大略，竟没有得到应有的重用，为王国服务：

……我深知艾蒂安·德·拉博埃西是当今法国最适宜负责头等国家大事的必要人才之一；然而他一生蛰伏在蓬门荜户中，郁郁不得志，实在是我们大众利益的一大损失……他在当地受到极大的器重……让一位杰出的将领屈居士兵之职，委托一位上乘人才去操劳日常琐事，这不是理智的行为……

我们别忘了，他为了一个死于三十三岁的男人，对着国王之后的法国第一人发这么一番牢骚……况且这番牢骚还有些过分夸张。1561年，艾蒂安·德·拉博埃西在波尔多高等法院当了七年推事，直到那时还仅做些辅助工作，主要受委托审查波尔多学生剧团演出的本子……突然应召去负责重要得多的政治事件。弗朗索瓦二世不久前逝世；拉博埃西是波尔多城派往巴黎的代表团成员之一，向新国王查理九世（十一岁）表忠心，在国王后面辅助的是摄政女王卡特琳·德·美第奇和枢机大臣洛比塔尔——也就是这些对新教持宽容态度的"政治家"。

这条政策从一开始便受到各地最高法院，包括波尔多最高法院的批评，在最近普瓦西会谈失败后尤其如此。这次会谈聚集了天主教与新教的发言人。在1561年7月导致破裂的较大原因是泰奥多尔·德·贝兹、让·加尔文的副手的死硬态度，但是宽容依然是新国王的官方路线。枢机大臣洛比塔尔就是叮嘱艾蒂安·德·拉博埃西把这个意思向波尔多高等法院传达。

这位青年使者在反对这些口号的同事面前，把枢机大臣委托他的任务，进行婉转的辩护，主张不应该"实施苛政来刺激罪恶，予以放纵来增加罪恶"。他赢得温和派和机智的外交官的赞誉，又因此受委托到现场解决一个更为棘手的新任务。

在阿让区，局势不断紧张，胡格诺派闯入教堂和修道院——其中有多明我会的寺院——捣毁神像和遗物。法院不能对骚乱事件听之任之。但是为了不违背绥靖政策，法院派了一位以温和著称的军队领袖前往出事地点，他是夏尔·德·库西，夏朗特人，布里领主，1558年以来国王派驻居耶纳的摄政官。这个职位充满风险，坐在这个位子上的人四面受掣，一方面是朝廷和那瓦尔国王夫妇安东尼·德·波旁和雅娜·达尔布雷，不久前皈依新教；另一方面是亲天主教的西班牙阴谋集团和英国新教徒的压力；这个职位还受到蒙吕克元帅的斥责，他只想撤下布里，自己取而代之，要让胡格诺派尝尝他的铁拳。……考虑到这些不利因素，又加上这项任务的精神，布里决定把这位萨尔拉青年官员吸收进来，人人都称赞他做事沉着勇敢。

布里与拉博埃西率领他们的代表团（1561年9—11月）做工作，加龙河沿岸城市平静下来，主要由于他们提出了一项大胆的创议：有两座教堂的城市，小的那座归新教徒使用；在只有一座教堂的城市，两派轮流在里面举行仪式；这项几乎是革命性的决定，若干月以后成为大众榜样，也为1562年1月的圣日耳曼敕令开了先例，标志着天主教与新教宽容与共处的顶峰时代，这是从1560年以来枢机大臣洛比塔尔和摄政女王卡特琳·德·美第奇所倡导，卡特琳决心要依靠波旁家族从吉兹家族手中夺回权力。

这是一场大胆的政治策划，把拉博埃西置于风口浪尖。他以前曾经提出枢机大臣所梦想的和平共处政策，而今又作为在居耶纳的发言人与执行者，在他的朋友米歇尔看来今后应该宦途如锦。枢机大臣还厌恶这类魔鬼名词，什么路德派、胡格诺派、教皇派，他用"都是基督徒的名义"号召和解。

这个道理提出得太早了，那时离南特敕令尚有三分之一世纪，大家和和气气的时刻还没有到来。1562年1月的敕令文件尽管受到大多数高等法院，其中包括波尔多高等法院的敌视，在高等法院还是得到施行，但是过后不久便被天主教集团的"过激派"撕毁。为了不让小国王查理九世在瓦西置于吉兹家族的影响之下，1562年3月新教派领袖企图劫持他前往他处，一百来名胡格诺派教徒遭到吉兹一派的人屠杀。洛比塔尔失败，此后三十年间发生了八次所谓的"宗教"战争（其实也是封建与王朝之争），自此法国陷入灾难深重的时代，米歇尔·德·蒙田也在兵荒马乱的岁月中过完自己的一生，写出自己的作品。

胡格诺派到处组织武装力量进行反击，主要在居耶纳；这时波尔多受到杜拉斯部队的攻击（无功而返），而贝日拉克被克莱蒙部队攻陷。波尔多高等法院无奈之下组织民兵来控制这些抢劫，选择他们中间几名官员编入队伍，防止不法行为。在他们中间，昨天的和平使臣摇身一变成了战地长官，这就是拉博埃西。

这种角色转换，在乱世也属司空见惯，是否在蒙田的朋友心中引起了混乱，使他在1561年宣扬宽容的说客任务和两教共处的先驱作用都前功尽弃而感到惋惜呢？和平使者也经常遇到希望破灭，这是令他满腹不平，急于谴责一次中途夭折的努力么？

《随笔集》第一卷第二十八章通篇悼念他的朋友，蒙田提到他的作品，其中有"关于因我们的内战而出名的元月敕令的回忆录"。这篇文章散落很久不见影踪。直到1917年，保尔·博纳丰，最好的研究拉博埃西和蒙田的专家之一，在埃克斯昂普罗旺斯发现了《乱世绥靖工作回忆录》，他鉴定后认为是蒙田所说的那篇文章，立即拿它发表。最优秀的专家（其中有人对这部书的作者表示怀疑）凭此恶意议论拉博埃西两面三刀，1561年鼓吹共处的使徒，一年后摇身一变成为多元化的刀斧手。

保尔·博纳丰发表的那篇文章，是一篇出色的评论文，完全反映了蒙田的朋友的政治智慧和洛比塔尔的宽容战略。它不像高等法院许多同事主张的号召镇压："绝不用铁与火！"但是它承认在一个国家不可能实行两种不同的宗教，不能把新宗教强加于法国人头上（大多数人还是拒绝的），应该上呈高等法院予以裁决，高等法院将以国王的名义，负责提出一份合并报告。天主教在法国难道就不能进行非暴力与无叛乱的改革，如哪个圣事可以修改？哪个做法可以禁止？用一种友爱的改革去代替对抗或竞争性共处，罗马对新教徒深恶痛绝，那就不由它主持，而由高等法院和它们为之服务的国王来主持进行谈判？

这当然是好主意！但是这一类的努力在普瓦西讨论会上提出过，合并的努力失败了；而大家希望高等法院是调停人或仲裁者，大多数人却敌视和解，特兰托公会议那时正在召开，正在给罗马教廷配备一副理论铠甲，这不会让回忆录作者建议的明智合并一事轻易完成。

作者是谁呢？差不多也可简略地说是艾蒂安·德·拉博埃西，虽则也有若干疑问。这篇文章捍卫的论点，无论从内容还是形式来说，都无愧于出自蒙田的朋友的手笔——即使它跟他本人前一年所谈不尽相符。从失败中吸取教训并不羞耻，在国王（有一段时间朝廷持温和态度）仲裁下合并的战略与本质上让不同教派共处的做法相比，也不是一项倒退政策。

但是把这篇著名的演说稿归于拉博埃西，这又是怎么想的呢？马德兰·拉扎尔在1992年《蒙田传》里谨慎地表示怀疑，但是安娜·玛丽·科屈拉在调查后又把这点怀疑排除了，她在1995年底发表了优秀的艾蒂安·德·拉博埃西传记。这位波尔多女历史学家对手稿不是出自艾蒂安之手这件事没有深究——若要说的话又会引起没完没了的争论——而把重点放在若干颇有意思的反常之处。《自愿奴役》援引的是路德，不是卡尔文这个法国南部的新教思想家。他实际上没有引用布里的话[拉博埃西不可能不把他当作自己的领袖；他只摆卡奥尔（1561）和加斯科涅事件，不提波尔多事件；里面也缺失《反对独夫》作家十分重视的人文主义的参照理论]。科屈拉女士还强调，一切都显示出拉博埃西始终忠于洛比塔尔的"路线"。总之，这位目光锐利的女专家看出文章不是出自拉博埃西的手笔。作品或许是一位文职教士写的，而不是艾蒂安，他在1562年已成为"在场"的官员了。

这两位加斯科涅青年官员的友谊与热情，本来有数不清的疑问，如今这篇论文的作者重新审定又带来了一个新问题，这就是他们的政治交集。不论愿意还是不愿意，这是一个本质问题。皮埃尔·埃康的儿子从童年起就注定担当这一类的重任，即使他的人生走上了法律的歧路，也没有转移他对政治的幻想与迷惑。而且还相反，我们接着看到，波尔多高等法院是一个政治熔炉。至于拉博埃西，从家庭传统与脾性来看，更是个自发的法学家、典型的法学人才，我们看到他的职业生涯不断地把他推向给法学做出政治的演绎。

如果说蒙田是个不得不从事法律的政治人才，拉博埃西则是个被政治盯住不放的法学家。但是从当时局势来看，这还不是两人之间的矛盾所在，矛盾是在哲学与道德方面。萨尔拉青年是典型的斯多葛，此外还是清教徒式的道德家。整篇《自愿奴役》高唱此调，他咒骂的不仅仅是独裁，还有腐败，因为它像蜜糖似的掺入奴役，变成一种统治手段。

拉博埃西刚正不阿的性格和严格的道德标准，也许最终会引他走上新教徒的道路。他若不是早逝，会不会跟科利尼、拉努、杜普莱西-莫尔奈共同为新教奋斗？难说。好在事实就是如此，教皇派中有正人君子，胡格诺派中也有盗贼坏蛋……

他的波尔多朋友能够努力跟随他走上这条艰险道路，赞扬斯多葛教派，像他那样洁身自好。但是米歇尔的一切都令人想到伊壁鸠鲁主义或者享乐主义。他在拉博埃西的阴影或者也可以说阳光下生活的四五年，是他的斯多葛时代，他阅读芝诺和塞涅卡，但是没有认真到不让他那一丝不苟的朋友劝诫他。这位兄长给他写拉丁语讽刺诗和十四行诗，我们从中看到拉博埃西不满米歇尔心猿意马，实在难以让他轻浮的天性去遵守斯多葛教条，而对他严厉教诲。

我们也不怀疑米歇尔听从了这些意见，尽量让自己值得好友的尊重。艾蒂安本人安安分分跟一个有两个孩子的寡妇玛格丽特·德·卡尔结了婚，他好像真心爱过她。但是米歇尔可没有清教徒的天性。这不仅表现在风俗上，也表现在公共生活和政治方面——这是我们更感兴趣的地方。

《自愿奴役》的作者是斯多葛，看来好像已经被教皇主义与恺撒主义的死敌清教徒改革派"招安"，而波尔多市长的儿子摇摆在盖尔夫党与吉布林党两派之间，既受到早期的天主教联盟的指责，也受到来自加龙河和那瓦尔地区的压力，遇事采取相对主义态度，这也是掌权的天主教徒采取机会主义和迎合多党派的做法。

如果说蒙田的第一位政治导师，是他这位讲究道德、精读塞涅卡的朋友，第二位虽不当众承认，但显然是，马基雅维利。第一位斩钉截铁地说：你该做什么就做什么！第二位叮嘱他说：你能做什么就做什么！为了保卫国家尽你所能，唯有国家保护人民和你的家庭。在必要时大家来回顾这个战略时，就会发现蒙田面对极端危险的局面，担负最重大的使命时，就是抱着实事求是的精神去完成，这点非常接近佛罗伦萨十人委员会秘书马基雅维利。

在这个领域，与拉博埃西的友谊与热情只是一段插曲而已。在兄长的决定性的影响之下，他们各自对于宽容、共处、相互交融，对一月敕令的争论，或者在米歇尔·德·洛比塔尔的希望破灭和动乱发生时期对某一桩大事件的看法达成一致，这都是非常可能的。

不论在哥哥严厉目光的注视下，还是在弟弟游移不定目光的注视下，内战在他们看来都是同样丑恶不堪。他们原有不同的心思，如今随着对正义的热情与对宽容的追求，都联结在了一起。难道就因此假设——像那位恶心恶意的皮埃尔·巴里埃刻薄地说的——他们政治上的不同迟早会破坏这对著名人物的和谐关系？

命运不允许这场从1562年开始的战争发展到使他们的友谊经受考验；不到一年，艾蒂安·德·拉博埃西就在朋友身边被瘟疫带走。这下沉重的打击让米歇尔·德·蒙田写了一篇文章，发表于1570年，在他开始撰写他的《随笔集》前不久，篇名为《蒙田推事先生致他的父亲蒙田阁下的信》，说到艾蒂安·德·拉博埃西先生病重与死亡时他注意到的几件事。

这是蒙田用于发表的第一篇文章。显然可以看出，七年前他的朋友过世后的第二天，他立即给皮埃尔·埃康写了一封信，这只是改动很多的重写版。这在很大程度上引起人们对这位"蒙田前的蒙田"的轻视，说它写得像《自愿奴役》，是对古人的一种摹仿。

蒙田那封信开头是对几件事实的回忆。1563年8月9日星期一，米歇尔邀请他的朋友共进晚餐。艾蒂安派人答复说他身体不适，正准备动身前往梅多克，宁可在家里接待他；他在打网球时着了凉，腹泻肚痛。这话引起蒙田担忧：他的朋友不久前从阿让区回来，那里瘟疫横行。会不会是瘟疫的最早反应：痢疾？他向拉博埃西建议就在梅多克半路上的杰米涅停下，暂住在他的妹妹莱斯托那克家里。艾蒂安接受了，陪着他的有他的妻子、他的叔叔和继父布约纳先生。

第二天，有人告诉他说痢疾更重了，病人在等他。米歇尔急忙赶去，人家要他留下来，病人出血随时加剧。他奔走于波尔多与杰米涅之间，愈来愈担心。艾蒂安对他说自己的病是有点传染性的，很不舒服，产生了抑郁，还是愿意他零零星星来看他。米歇尔决定再也不离开他的朋友。星期日，他明白他的朋友开始对治愈表示失望，敦请他不要让他的家事无人照顾。拉博埃西为此叫来了妻子与他的叔叔，在他们之间分配自己的财产，朝着他的盟弟转过身去：

"我的兄弟……我从那么多人中间选择您作为我的知交，那是延续古代常见的那种讲究道德与真诚的情谊，由于人的罪恶这类情谊早已远离人间，只是在古人回忆中尚找到一些痕迹。为了表示我对您的一份情意，我把我的书房藏书都赠送给您……这份礼物微不足道，但出自我的肺腑，对您也非常合适，因为您是热爱书籍的人……"然后想到他对天主教的忠贞，要人请个神父过来。

病人希望对他的家人与侍候他的女孩们告别。这时来了米歇尔的弟弟托马斯·德·博勒加尔领主，托马斯已经皈依新教，拉博埃西这样对他说："在所有这些要对教会进行改革的人中间，我从来没有想到会有一个人像您这么热情，全心全意……诚诚恳恳投入到这项工作中去，我当然相信这只是我们的高级教士的个人罪恶，这当然需要大整改的，还有时代的前进突出了我们教会的某些不完善引起您这样做的。我并不想在此时劝您放弃……出于对您的父亲的尊敬……我确实愿意提醒您赶快远离这些极端行为，不要如此激烈，不要如此粗暴……你们结合在一起……您看到这些分歧给这个王国带来多少废墟……您是个明智与善良的人，小心不要在你们的家庭中做不适当的事，不要让它失去至今享有的荣耀与幸福……"

星期一，病人已放弃一切求生的期望："我的兄弟，我那么痛苦，您竟没有一点同情吗？"他昏了过去，医生用了大量的醋让他醒了过来。他要求来点酒，然后喝了下去，说："这是世上最好的佳酿。"（蒙田纠正他说这是水。）他做了忏悔，领受最后的圣礼，也有点大胆地向教士宣称：他愿意"在摩西最初在埃及所立的，其后又有教会宗师在犹太接受的，经过历代辗转传播至法国的信仰与宗教下死去"。他向死神挑衅说，他等着它，"精力充沛，屹立不动"。对他的朋友说他思想中出现好些幻觉……"都是大事，大事，绚丽多彩，无法形容"。

他又一次叫人把妻子请来，他用好听的名字叫她："同命人。"对她说看到她痛苦比自己痛苦还难受，他又喃喃说："我要去睡了，晚安，我的妻子，您走吧。"这是他向她做最后的告别，为了单独跟他的朋友一起。这实在是对蒙田的"神圣情谊"才赐予的特权。

"他说话声音更响亮，在床上重手重脚翻身。"他对着米歇尔嚷道，"我的兄弟，我的兄弟，您不会拒绝给我留个位子吧？……我是有的，但是这不是我所需要的；说到底，我也不再存在了……三天前我已忙着要走呢。"

要走？这正是时候："一小时左右以后，他一两次提到我的名字，然后一声长叹后溘然而逝……享年三十二岁九月又十七日。"

在有些人看来，这只是古式的套话汇编；另一些人——其中包括我——则欣赏这些语调与句子里包含直抵人心的现实主义（"我已忙着要走呢"），临死者在孤独中绝望的呼唤，尽管谁都束手无策（"我的兄弟！您不会拒绝给我留个位子吧？"）。

蒙田可以直追塞涅卡。他怀着爱，带着敏锐的观察力写下这些话。据法朗士·凯雷说，"这篇杰作异彩纷呈，在于心头的要求都归于失败……世事非叙述者所能掌握……打乱了平静的死亡仪式……这是一篇杰作，处处流露出真情"。

如果考虑到他们两人结交时间是1558年到1563年，其中经常出差而有较长的分离，那么这段颇有象征意义的友谊，其实质究竟是什么呢？

就蒙田的问题来说，他是这项研究的对象，大家看到的是这句话："因为这是我。"这是一种渴望者的宣言，因为他处于一片"爱的沙漠"中，虽则他们在波尔多相遇时他身边不缺少异性朋友……这么一个易动感情、开朗豁达的人是不耐寂寞的，更何况这一段时期他与家庭的关系已经恶化，跟父亲或许不见得，跟母亲肯定是这样；他从事的职业又不称心。米歇尔·德·蒙田在二十五岁时心胸已经成熟，即使是由一个男人引起炽烈的友情又何尝不可以呢？他犹是古代圣贤的一位门徒，这些圣贤都是楷模，从苏格拉底到维吉尔，在他们身上任意汲取最高尚的灵感。

此外不要忘记，这份友谊是通过记忆的三棱镜或过滤器而为我们所知的，都已经过提炼与纯化。米歇尔写给父亲的报丧信，是在悲剧发生后几年才写成的。既没有书信反映失望或悲痛，也没有日记记载这场危机。只是米歇尔·德·蒙田独自——在十年到十五年之后——向我们提起青年时的这座爱情的绿色天堂。失去的时间只是在创造性的怀旧中又复活了。

蒙田的作品都是在这位知己去世后写的，说这是拉博埃西的"坟墓"也无可厚非，但是我们从《论三种交往》的作者看来，这是人与人关系最强化与最理想化的结晶。《随笔集》是一部伟大的诗篇，透过明暗的对比来窥探真情，这一段追光则带着勉强的人工色彩。

艾蒂安逝世后，米歇尔·德·蒙田进入另一段人生，元气大伤。他十年后写道："……那就只算是烟云，昏暗无聊的黑夜。自从失去他的那天……此后我过得无精打采；若遇上快乐的消遣，不但不能给我安慰，反使我加倍怀念他。……我已那么习惯于到哪里都是以第二自居，而今竟好像只剩下了一半。"

只剩下了一半？然而在这被遗弃（事实上也是受遗弃）的半截子生命里，他的天才开始闪闪发光，终成大器。

第五章
一件太长的官袍

- 为法制社会服务
- 对"法律学"的轻视
- 法律的敌人？
- 反对酷刑
- 与波尔多高等法院的投石党周旋
- 洛比塔尔的周三大会
- 野蛮人的教育

米歇尔·德·蒙田被认为是个保守派。开明，这点可以肯定，但是个保守派。他的政治哲学的精华，不就是拒绝宗教改革提出的"新玩意儿"吗？新玩意儿威胁到弱者与安分守己者的安全保障。他在执行公务、履行政治与外交使命时，行事从来都像个温和派，他竭力提出折中的解决办法，让极端派无话可说。

但是我们将要看到的这个蒙田，由不得自己而穿上了波尔多最高法院的官袍，却令人不解地以叛逆者的面目出现。他有双重身份：在私法领域，他好像只忙于搜集大案重案的起诉论据，以及实际应用，这是第三卷第十三章的主题之一；在公法领域，他有一段时间参加了反对国王权威机关指示的真正投石党。

米歇尔·德·蒙田不像传说中的那样是个脾性平和的怀疑主义隐士，相反，他是个与他这个世纪有严重纠葛的行动家，在公共事务上卷入很深，对当代社会的运作非常注意。只有理解这些，才会明白这部著作最后竭力要阐明的是什么。蒙田领主的这句具有决定意义的格言是出发点："我同意最高尚和最正确的天职是为群众服务，给多数人谋福利。"

蒙田被人称为内省法的创造者，它属于探索内心的哲学，建筑在认识自我以及人的不同的多面表象的伦理学上。在那一个世纪有什么抱负要完成，都会充满风险遭遇挫折；他作为这其中的一位公民，不论才干多么出色与创新，身处其中事事感到棘手与难办。

这位爱谈自身的人，在三十八岁那年，声称要退隐回到自己的塔楼里，还写下这样的话："我喜欢过私人生活……并不是不适合公众生活，根据我的脾性，有时也同样喜欢。"尽管他热爱他的卧室、书房、文稿和娱乐，人们还是看到他经常脱开身来，到处去为公共事业奉献热忱的服务。《蒙田与世俗社会》，这是科莱特·弗勒雷给《随笔集》作者所写的专著，写得极为传神，其中有一篇就强调了上面这一点：

"蒙田绝不像某个当代评论家所说的那样，是个躲在迷宫里对着人生说三道四的印象派幽灵，这位作家写的东西雅俗不分，无所不包，描述存在的虚妄与表象的闪烁不停。他是一位哲学家，爱好真实，固执地寻求如何思想才能知道如何行动。因为在他的心目中，思想绝不与行动、具体与有效的实践相分离，思想产生于经历，也回到经历……'创造我们的风俗是我们的任务，不是创造书籍……'他说得很干脆。无论是我们的风俗，还是'大众的'风俗，大家最终是为这个大众在写作……"

介入到辩论中去，为大众利益写作，这些主题在《随笔集》里反复出现。"国家多难、四分五裂之际，摇摆不定，模棱两可，还有无动于衷，没有倾向，我觉得这既不高尚也不诚实。""我倾听我的遐想，因为我要把遐想保存下来。多少次碍于俗务与理智，不能把某件事揭开，令我恼火，就借这里一吐为快，其中也含有向大众进言之意！"

蒙田不像马罗那样，全心全意献出他的天才，介入宗教改革工作，也因而遭遇不幸，他也不是毫无成效地引用玛格丽特·德·那瓦尔重视的诗人，号召参加战斗的诗句：

"啪"地打在萨贡的眼睛上、嘴上，

"啪"地打在萨贡的背上。

我们知道他的父亲对他耳提面命，要他立大志干大事，使得他心生怨恨，也曾有过反抗，他没能在青年时代在巴黎让有势力的朋友给他提供机会，将近二十一岁时还得依靠父母供养，听庭训：这样的庭训自后几世纪，不少学业不勤的儿子都听在耳里："没出息，去念你的法律吧！"

青年米歇尔怎么学上法律这门课的，不大清楚。在这方面他对于被拉伯雷称为刀笔吏、恶讼师的人发出不少讽刺的冷箭，他后来又写道，他对法律一无所知，若不是医学和法律学与此有一点相通……别把他这句话太当真，因为很显然，皮埃尔·埃康的儿子从各处学到的不只是一些法律皮毛，他还精通它的语言（据奥比涅的说法，发臭的词汇），还穿上了长袍子，即便觉得这件袍子太长太笨重。十三年间，他的神志不再昏昏沉沉，他凭借天生的观察力，以及关于人际交往方面丰富的阅读与人生经历，再加上像拉博埃西和阿诺·德·费龙这样的法律界朋友的指教，成为了完美的法学人。

米歇尔对他所谓的"第四等级"是远离的，叫他瞧不起，在他心目中远远低于军界、宗教界和农业界。袍子呢？"贵族外围的一个族群"，他居然这样说，他那么钟情贵族，但同时又揭露这个"等级"的实际做法，卖官鬻爵；也好像忘了在贵族头衔这类事上，米歇尔的先祖深知其中的奥秘，也就不会这样理直气壮……

像他这么一个崇拜古代英雄、骑马佩剑的好汉的人，熟悉刀笔吏的做法，他们在乎的只是袍子与貂皮领子的长短。他在那里认识了他亲爱的艾蒂安，又遇见他亲属中的大人物，如费龙，也没有让他觉得这个庄严的机构有什么可爱之处。

雅克-奥古斯特·德·图可以远远地在心里向这位勤奋的官员打招呼，穿上袍子的蒙田与人打照面的时间不多，因为他经常回避、出差、意外休假。颇有意思的是，居耶纳档案中第一次提到他的名字就是一次缺席。……根据市政府的档案，他处理的第一桩重要事件是关于叉蹄动物（黄牛、水牛、羊……）的税收问题。

但是说起来颇为荒谬的是两种性质非常不同的职能一开始没有分开，在那时都归为高等法院管理。一种是纯粹司法类的：民事诉讼、财务纠纷、刑事案；另一种是政治性的，涉及一切公共事务，主要是处理王权与省权的关系。

居耶纳高等法院是八大省机关之一（其中七个是外省的），它是唯一直接由王权控制的机构，那时王权正走向集中制道路，这些省级机关有权力拒绝施行国王敕令，因而也具备对王权各项措施起制约作用的权力，然而国王也可再发敕令越过这个障碍，这个敕令公文被用作排除官员的抵制。如果官员再不服从，国王也可召开高级法院会议，按照他的利益结束讨论。但是也会造成延误与损失。

皮埃尔·埃康的儿子虽则是个正直的保王派，对于最高法院带有这项政治义务，并不热心拥护，但是他对纯然的司法程序——如财务、民政、尤其是刑法——也从不掩饰他的厌恶之情。他揭露说："司法其实是一门争吵与分裂的学问。"

这种反司法的叛逆态度，也表现在把阿基坦习惯法予以系统地罗马化。《随笔集》作者的地方司法观念是很有意思的，他自豪地回顾说："一位加斯科涅贵族——我的同乡——首先反对查理大帝把拉丁罗马帝国的法律强加于我们。"更有意思的是，他反对这些习惯法的辩护词。安德烈·图尔农是蒙田司法观念的可敬的辩护士，他指出在波尔多大学法学图书馆还保留一份研究资料：《〈随笔集〉作者蒙田先生的研究资料，波尔多习惯法汇编》。但是这篇论文证明他从社会学角度对加斯科涅及其利益的关心，可能更超过它的司法意义。

蒙田推事的这种加斯科涅特殊性，只是一种发泄形式。这位官员说得要深刻得多，既说到一般意义上的法律，也说到特殊意义上的法国法律，以及一位执法者即使不是立法者对它应有的或被拒绝的尊重。在《随笔集》里这是一场真正的大开杀戒的游戏：我们不要忘记写这些火一般语言的是一位为国王服务卸职不久的官员：

> 法律之所以有威信，不是因为它是公正的，而是因为它是法律……谁要是因为法律是公正的而服从，那正是说他不应该服从时是不服从的。我们法国的法律缺乏一致性且不成系统，助长了在免除和执行时的混乱与腐败……不妨想一想管理我们的这套法律体制，那里错误百出，充满矛盾，真正是人性愚蠢的好样本……因而我不恨什么人，我没有胆量去冒犯人，从理智出发也不会这样去做。当我受邀有机会去给罪犯定罪时，我宁可不去出庭表态。

是蒙田，还是法律的敌人！这位奇特的、遭人非议的官员，却深信一件事：交给他应用这座司法机器，其实质既专横，又愚蠢和邪恶。"我们在给智慧抹黑……"要说可能的话，这比他的朋友拉博埃西反对专政的言辞还要厉害，超过普鲁东！让我们想象，他若像孟德斯鸠那样写出自己的《论法的精神》，又会是怎样的呢！……这下子大家明白了，当差十三年后，为什么这位法律叛逆愿意开溜了！

尽管他深信法律文本的缺陷，以致敢于在献给国王的一部书里说出这些"罪恶的判决"，但是看到许多判决"比犯罪更加罪恶"时，还是选择"不去出庭表态"的好。在他看来，这门职业还有一方面比法律的愚蠢与法官的糊涂还要令人反感的是，法庭为了让一般的被告或嫌犯招供而使用的方法。这时候我们的随笔作家由嘲讽转为愤怒了：

> 苦刑是一项危险的发明，这像是在检验人的耐性而不是检验人的真情。能够忍受苦刑的人会隐瞒真情，不能够忍受苦刑的人也会隐瞒真情。痛苦能够使我供认事实，为什么就不能使我撒谎呢？另一方面，如果那个受到无理指责的人有耐性忍受这些折磨，罪有应得的人难道就没有耐性忍受这些折磨，去获得美好的生命补偿？
>
> 我相信这项发明的理论基础，是建立在良心力量的基础上。因为对有罪的人，似乎可以利用苦刑使他软弱，说出他的错误；然而无罪的人则会更加坚强，不畏苦刑。说实在的，这种方法充满不确定性和危险。
>
> 为了躲过难忍的痛苦，什么话不会说，什么事不会做呢？
>
> 审判者折磨人是为了不让他清白死去，而结果是他让那个人受尽折磨后清白死去。

这话说得精彩之至。在那个世纪，像让·博丹这样的大法学家，主张把女巫、男巫和其他通灵的人放在火上烧死，凡是揭露暴君或法律不公正的人也都冒着同样多的风险。而今蒙田推事——在现场说话可能不致那么犀利——倒没有为这些革命思想受过苦。对法律和苦刑进行这样的揭露，惹怒了他的同事，后来企图对他进行报复；但是这部书没有少受到欢迎，大人物也未曾减少他们对此的欣赏。

这样，我们可以发现，这位天主教官员是位始终如一的"新教徒"。在纯然的司法层面上，我们看到他谴责整个司法系统，既反对卖官鬻爵，也反对国家法律和实施条件——高谈阔论和施用苦刑。在政治层面上，这位保王的推事也不见得更加符合专制政体的权威。有好几年时间，我们看到他起而反对一位忠于国王的庭长，在职位的从属关系上也未必符合国王的意愿。

长袍穿在皮埃尔·埃康的儿子身上很不合身，以致这位开明保守派在"投石党"出现以前已有了这样的名声。他的想法像后来的马扎林，但是做法上有一段时期像雷斯。有了这一番愤世嫉俗，在他以后的人生历程和《随笔集》中，对自由、对人世和社会有了明确的看法。但是他这位官员的经历，不论在私人生活还是宦途，都充满动荡与荆棘……

宦途中的蒙田与恋爱中的蒙田一样，一切都是矛盾的。首先他进入了这个他一度轻视、后来揭露其弊端的职业。一般认为他是在佩里格穿上他的第一件袍子的；佩里格在1554年设立一个间接税法院，他的叔叔皮埃尔·德·科雅克于1556年把自己在那里的任职转让给了米歇尔。米歇尔即使在佩里格法院工作过，待的时间不长，因为间接税法院从1557年起，在波尔多市府官员要求下，归并到波尔多高等法院。米歇尔看来是在1557年10月随同其他十三位佩里格官员一起调入的。新人在隆布里埃宫受到的接待条件，不用怀疑，更加深了米歇尔对这个群体的成见。他们被当成外人,年薪减少三分之一,办的都是礼仪性苦差事,总是成为众矢之的——这也给年轻的蒙田提供了表现自己性格和抗辩才能的机会。

但是这是在政治领域,涉及高等法院和王权之间的方方面面关系,让这位青年法官更多地展开他的活动与性格——若可以这样说的话——尤其在认识了他的公众精神导师艾蒂安·德·拉博埃西之后,更是"开足了马力"。他的袍子毕竟还不够长,好让他毫无顾忌地指手画脚!

1557年11月,当米歇尔·德·蒙田作为顾问到申诉庭工作,居耶纳高等法院成为一场政治或者也可说是政治宗教大辩论会场,一边是忠于国王政策的官员,表示愿意与新教派和解(那时离后来的圣巴托罗缪大屠杀还有十二年),一边是坚持对新教进行镇压战略的信徒。在这个对立局面的背后还有其他辩论,在中央王权与地方最高法院之间,双方都多少抓住原来的特权不肯放弃。但是新旧教派问题此后始终居于冲突的中心。

在这里还用"冲突"一词,实际上四周的局势非常紧张。当然及不上五年后瓦西大屠杀和弗朗索瓦·德·吉兹遇刺后那个情况。但是居耶纳生活在改革派军队的压力下,他们的兵力沿着加龙河谷,在夏朗德省和那瓦尔朝廷所属的领土上有飞快的发展,因为雅娜·达尔布雷在1560年皈依了加尔文派。天主教贵族中大部分人都惊慌失措,尤其胡格诺实力增长发生在他们的贵族领地和周围地带。

在波尔多高等法院内,激进派与温和派公开对峙,前者主张全面清算改革派(为首的是手段很"辣"的蒙吕克元帅),后者主张和解(武装领袖是布里将军）。我们看到在1562年，温和派势力抬头，在艾蒂安·德·拉博埃西的参与下，差一点让聪明的宽容思想占据上风。但是，当米歇尔·德·蒙田进入隆布里安宫时，辩论还是相当开放的，我们很奇怪没有看到他站到他的文化修养与脾性召唤他去的那一派。

温和派有一个领袖，不是别人，正是最高法院院长本人雅克·德·拉杰巴斯东，国王政策的忠实阐述人，政策是由他的朋友枢机大臣洛比塔尔制定的。（有人还因这位官员长相酷似弗朗索瓦一世，肯定这是他宠爱的私生子。）不管怎样，他是个心胸开阔的领袖人物，辅助他的有国王派驻那里的摄政官布里，支持他的有最高法院最优秀的司法官之一阿诺·德·费龙。

但是激进派也不缺乏响应的人。有三人利用自己的威望，为他们打气。波尔多红衣主教普雷沃·德·桑萨克；克里斯托夫·德·罗菲涅亚克，他有一段时间作为拉杰巴斯东的代理人，后又接任；更有特朗侯爵，他是省内第一大族弗瓦·康达尔的族长。蒙田有没有参加第一次联盟，没有证据。第一次联盟发展到16世纪80年代，差点把亨利·德·吉兹公爵拥上王位，把亨利·德·那瓦尔排挤在外。但是有一点是清楚的，在波尔多最高法院内这场唇枪舌剑的辩论中，青年顾问蒙田没有站在最符合他天赋的一边，他亲爱的拉博埃西不久也站在他的对立面；然而找不到一点痕迹，可以说明他们分道扬镳，在他们的友谊上产生了裂缝。

然而试图要在这些派别之间寻找分界线，则颇费心思，这里面有个人亲情、贵族誓愿、行会恩怨、宗教感情和家庭利益，还不说英国和西班牙爪牙从中挑拨离间，经常叫人扑朔迷离，难辨真伪。如果说蒙田与拉博埃西并不总是处于同一阵营，还是要看到《自愿奴役》的作者本人是天主教教旨派的领袖弗朗索瓦·德·埃斯卡尔的朋友，而且这还是在他自己的老师安娜·杜·布尔格受酷刑的时期（1559）……

因而，根据《随笔集》的哲学思想来说，必须把这些骚动一个个区别来看，对此要有这样的想法，在居耶纳高等法院的蒙田还是一个正在自我求索的人，没有固定方向，四方听取意见，在拥护者与友人之间摇摆，天性温和，受到拉博埃西的鼓励，又兼有他的强势的保护者的闯劲——绝对是个"既波动又分裂"的人。

当辩论进行最激烈的时候，法国颁布了1562年一月敕令，这明显是朝廷宽容政策的宣言书，在波尔多和其他最高法院里的天主教激进派看来是一个挑衅。这个宗派里最强有力人员展开反击，投票通过一份文件，要求所有高等法院成员公开表态信仰罗马天主教，引起秘密或公开皈依新教的前同事自动脱教。这时候蒙田像往常一样正在巴黎出差。八家高等法院根据组织的精神组成单一的团体，这次宣誓可以在这些司法管辖区内的任何一家法院进行。

从6月12日起，可以说在这次号召之前，波尔多人只是在7月才有义务服从这条法令，青年顾问匆忙赶到他的巴黎同事那里，下面是尼古拉依引用的巴黎高等法院的一份档案内所载："米歇尔·德·蒙田先生，波尔多高等法院顾问，向朝廷致意，为了争取在法院听审时有表决权，要求朝廷接受他根据他接到朝廷的通知于6月向朝廷宣誓表示信仰；他已得到法院第一主席的亲笔签名，作为顾问列席参加朝廷的会议。"

这么急急忙忙屈服于激进派的要求行事，从表面看来，不符合米歇尔法官的荣誉观。一些好心的蒙田研究者辩白说，他有服从的义务。当然。但是，对有些必须服从的"誓愿"急急忙忙服从是有失身份的。那么蒙田这么起劲，是不是证明他对桑萨克和康达尔一党的"一时"承诺呢？或者更为简单的解释是，为了取悦他们而表示的"自愿奴役"呢？或者他对这类等因奉此的事不放在眼里，为此在形式上做出牺牲，而在主要事物上得到更多的自由？

十八个月后发生一桩意外事，使高等法院内的气氛更趋紧张，给倾向于第一种假设的人提供了凭据，那就是蒙田处在两难之间，他有他的大领主与保护人的圈子，此外又得不到不久前去世的好友拉博埃西的指教，于是行动上或者说表达上像个天主教龙骑兵那么鲁莽。

1563年11月12日，波尔多高等法院成了一出闹剧的舞台。居耶纳司法总管埃斯卡尔试图威胁拉杰巴斯东院长，把他的弓箭手放进隆布里埃尔宫，要求这位天主教高官宣布自己不适合处理涉及他的新教徒朋友的案子。院长大为愤怒，把肇事者与他的手下成功赶出宫外，同时又反控某些官员，据他说这些人都与司法总管勾勾搭搭，给司法总管出谋划策，"经常跟他外出吃吃喝喝"，在他看来这些人"卑鄙可耻"。拉杰巴斯东根据这条要求这些人回避……

"卑鄙无耻"？为这件事"回避"？喔，喔！院长这么严厉指责的是谁呢？有人根据大会的古老传统，要求"说出"名字来。拉杰巴斯东毫不客气。一个人可以是温和派，而又温和得做蠢事。他真的把名单交给了最高法院，简直逆反了天。那个试图用弓箭手要人家保持沉默的人的同谋，那些得到司法总管慷慨招待而违背法律的人，其中有波尔多红衣主教，罗菲涅亚克院长和他的副手夏塞尼（米歇尔未来妻子的祖父），顾问艾马尔、拉吉奥尼、贝洛……和蒙田！

纪年史上没有说隆布里埃尔宫是否遭到了晴天霹雳。但是最高司法机关内那些被控违法乱纪的人，完全可以说是波尔多长袍贵族（和宗教界）的大佬级人物。我们可以想象当时相互指责的语调，针对弓箭手的旗鼓相当的粗暴对质。蒙田年纪最轻，但是并不因此说话最胆怯：

"……米歇尔·德·蒙田生性急躁，气愤地发言，说他们谁都不用离开，首席院长违背法院规定，教训别人要回避，其实他本人最应该回避，然后他走出门时说他会把法院全体人员都点名。他被叫了回来。法院命令他解释，'把法院全体人员都点名'是什么意思……

"这位埃康对此回答说，他对首席院长毫无个人恩怨，后者还是埃康家族成员的老朋友；他给司法开了一个坏先例，违背法院规定接受被告出席，而叫其他并不比他有任何更多牵连的官员回避；他还说如果这也可以的话，他可以提出整个法院都回避；这并不是要点谁的名，这与要真正点出全院人员的名是不同的。"

总之，事情闹得不可开交。有人向我们再三说，米歇尔·德·蒙田是位有责任心的官员，此外他在最高法院里是个始终站在温和派一边的天主教顾问。但是我们看到的他却是个轻举妄动的青年，不是缺席就是发表尖刻的言论，为了维护一位欲以武力威慑国王派在外省执行朝廷政策的官员，妄图叫首席院长回避。

唐·德维耶纳和阿方斯·格伦是《随笔集》作者的最早文献史家，说他是勉强（但也无法证明）附和最早的天主教联盟组织军队创议的人。那个组织受到可怕的蒙吕克元帅的鼓动，挪用王国和地方的税收，搜罗各种各样的人，组织布尔乔亚民兵来对抗改革派，保卫波尔多。蒙田顾问有两个月被召入国民卫队服役，保卫波尔多，抵抗由阿尔芒·德·克莱蒙指挥的胡格诺纵队，是不是这样呢？

据唐·德维耶纳的说法，最高法院的纪事册证明，"波尔多红衣主教普雷沃·德·桑萨克几乎每天都到最高法院，尽自己之所能，鼓励这支部队在这艰难时刻维持良好愿望与加强具体做法"。一位穿军靴的神职官员，慌慌张张的极端分子，大惊小怪的市民。这是典型的一触即发的画面。

蒙田在《随笔集》中是个面对自己国家的法律的沉思者，在这之前则像这里所表现的，是个头脑发热的自由射手。俗语说，只有做过老疯子才会变成真贤人。我们可以说在那个时期，未来的《随笔集》作者尽管穿了他的长袍，为了后来好好做个贤人，还是为疯狂付出了不小的代价。

所有这些挑战与对立是不是概括了米歇尔·德·蒙田顾问在高等法院的工作活动了呢？他还要面对国王与他的枢机大臣，表明他是个好保王派，米歇尔·德·洛比塔尔的追随者，这一切不仅是贯彻国王的政策，更多是从他与同僚相处的风气与政事来说的。我们看到他参加了"埃斯卡尔闹剧"之后的十五个月,又给他提供了这次显示勇气的事件。

1565年年初,波尔多准备迎接查理九世、他的母亲卡特琳·德·美第奇、枢机大臣洛比塔尔和其他几位显赫的随驾大臣,其中有诗人龙沙。摄政女王和枢机大臣想让这位十四岁的青年国王到全国巡视一圈,思想深处是让老百姓象征性地"认识"国王本人,也是(最后的?)机会让小国王身边的大臣团结一致预防内战的扩大。

波尔多高等法院听到国王驾临,在接待上没法不忧心忡忡。它准备向国王请罪,无论在国王的绥靖政策还是在职业道德上有许多疏失之处。国王莅临之前在隆布里埃尔宫开了许多不同内容的准备会议。拉杰巴斯东要求每个人都发言。

1月24日轮到蒙田顾问发言,他避免闯入对他来说最危险的领域,那就是激进的天主教联盟人员的所作所为。他采取先赞赏国王的创见,然后不无勇气地谴责波尔多司法处理中最为人不齿的弊病:"……埃康说,他必须有根有据地向国王提出,一位贤良的国王多么需要经常去巡视他的臣民的土地,这对于治理国事大有裨益……"

他本人是权力机关一名表现突出的工作人员,也毫不留情地对它进行鞭挞:"……司法混乱的弊病来自官员众多,不当的遴选方法和一切都可以买卖,必须要求改正所有这些错误,主要是取消一切不法之事,决不能提出任何旨在增加我们官俸的要求。"(这岂不是在《随笔集》中说的话么……)

我们可以想象这位初来乍到的同僚提出这样的警告,不会给埃康的儿子带来多少朋友的。但是高等法院的先生们的苦日子还没有过完。4月1日，他们要从枢机大臣洛比塔尔嘴里听到周三训话，全体人员感到一阵寒战：这些投石党或行为极端的法院成员，自比为"参政员"（这招来蒙田的嘲笑），现在国王权力机关已经瞄准了他们……

那一天，查理九世在隆布里埃尔宫召开最高决策会议，在那样的会议上王权绝对高于王国内的任何集团。这些官员对国王的敕令颇有抵触。这个十四岁的孩子，左右有摄政女王和枢机大臣护驾，对着法院官员说话，强调国王对待新教徒的政策，现在与以后都建立在温和的基础上。愿大家以此为准……

在这番狠狠训斥后，波尔多高级法院法官又去听米歇尔·德·洛比塔尔对他们的行为评估。哪个中学与大学的校长对自己的学生有过这么不留情面的讲话？

"国王到这个地区，就像一位慈爱的父亲所做的那样，来了解大家是否过得好，跟他的臣仆打听身体可好……他在最高法院看到许多缺点。这个法院好像是最新最后成立的（建于一百零二年前），那么快就忘记了古代法令，实在难以宽宥……然而你们却像老官僚那样腐化堕落……这是一座运行不良的机关，你们这些人也必须对此说出个道理来。

"第一个错误，不服从国王……你们若有什么诤谏，赶快呈上来，他会细听你们的报告。你们若不愿意服从他的命令，就是在削弱他的王权，这比侵蚀他的领地还要不得。你们不要自以为比国王、王后和他的参政院更为聪明。他获得了和平，而今在他与最高法院之间发生了战争……不要让国王对你们深感嫌恶。我知道你们中间有人说，这件事不是国王做的，你们说到我与其他人时信口开河。有了机密不报告已属坏事，更不能对外泄露，你们藐视摄政女王和国王参政院。"

在这次严厉的训斥中，涉及对法院成员犯上与反叛精神，这仅是内容的一小部分，更多的是枢机大臣进行触目惊心的揭露，官员串谋犯罪、贪污枉法，其中许多人"应该脱下他们的官袍，去当商人"，那些武官也有错，因为"他们的职责不是杀人"。

米歇尔·德·蒙田可以说明，在法律伦理方面他早已超前于法国枢机大臣；但是关于服从一月敕令、宽容新教徒方面，那时候年轻的蒙田是不是更接近于洛比塔尔和拉杰巴斯东，而不是埃斯卡尔大人和他的同道罗菲涅亚克、桑萨克或康达尔呢？

五年后，当米歇尔·德·蒙田辞去高等法院顾问一职时，我们可以想象，他的耳边必然还响着这个像拉博埃西一样可敬的人的可怕训话，他也像他的朋友一样得不到报效国家的机会。他是否原谅自己因一时冲动而加入了联盟的桑萨克红衣主教、特朗家族一边呢？

蒙田早期的法院生涯中的失当行为，我们有权利不把此仅看作藩属对大领主的机会主义屈从：因为我们这位官员还是能够多次逃离这块是非之地，洁身自好，远远躲开地方恩怨——虽则新教徒在居耶纳的发展更加剧了争吵。

我们已经注意到，在波尔多最高法院记事册上，蒙田屡因"出差巴黎"或"前往朝廷"而没有上班。他不时地陶醉于自己的雄心壮志，他父亲以及几位好友为他打通关节，使他好几次奔波在去巴黎的道上，他在二十岁前便也是这样做的。

他在居耶纳高等法院第一次缺席是这样写的："为国王服务，法院休庭。"显然在他的父亲、前波尔多市长的请求下，他加入了弗朗索瓦二世的扈从队伍，国王是玛丽·斯图亚特的丈夫，他把嫁给洛林公爵做妻子的妹妹克洛德护送到巴勒杜克公国。

《随笔集》提到这次旅行时将其作为头等大事看待："有一天，我在巴勒杜克看到西西里国王勒内把他的自画像作为纪念品送给国王弗朗索瓦二世。他用铅笔自画，为什么不允许别人用羽毛笔自画呢？"帕斯卡说："自此他有了画自画像的愚蠢计划。"其实帕斯卡这样说更愚蠢。这个计划产生在巴勒杜克吗？《随笔集》说不准真是在洛林溜了这一圈后才萌生的。

据记载，我们"常在旅途奔波的顾问到朝廷办理其他事"，1562年夏天随同查理九世在鲁昂，国王的队伍不久前从新教徒手里夺回该城市，正在举行庆祝活动纪念此事。

写到这里，我们还是应该多记几笔。因为我们的法官-朝臣这次旅行意义重大：在那个时期，他遇到了所谓的"野蛮人"——巴西原住民——在众多著名的随笔中有一篇就是以他们为主题，篇名叫《论食人部落》，构成了蒙田"大陆飘移论"与普世哲学的中心思想。

在这里怎么不把事情和盘托出呢？风风火火的波尔多顾问不会无缘无故骑上他的马。他在隆布里埃尔宫，介于好战的红衣主教和无礼的邻居之间，纯粹是在浪费时间，这些人目光短浅，无比傲慢，而他这次面对来自大洋彼岸的这些人，给他打开了西方人文主义的道路。

提到那次国王的旅行，十二岁的查理九世与三位来自"南极法兰西"的原住民之间有一段对话，那时查理九世向他们展示了"我们的生活方式、我们的排场、美轮美奂的城郭。也有人问他们什么是他们最欣赏的东西"。他传达了这个耐人寻味的答复：

> 他们说首先觉得奇怪的是在国王身边围着那么多身材魁梧、留胡子、持武器的大汉（他们好像说的是卫队中的瑞士兵），竟低头哈腰听一个孩子的话，而不是在这些大汉中选择一位来发号施令。
> 第二件事，他们发现在我们中间有的人什么东西都有，多得满满当当，而另一半人则在他们的门前求乞，饿得皮包骨头，还奇怪的是这一半人饥寒交迫，居然能够忍受这样的不公平，不掐住那些人的脖子或者放火烧了他们的房子。

这一下子触及了事物的根源，这两个问题在此后的四个世纪之间组成了欧洲历史的经纬：王权的起源与社会正义的起源。蒙田转述我们的"野蛮人"的这些话，其实远在狄德罗和卢梭之前提出这个命题：必须弄清楚野蛮人到底是他们，还是我们……

他跟其中一个巴西人谈了很久，那个巴西人被其他人称为"王"；之后蒙田对"权威"一词获得了一个颇为睿智的定义。我们这位官员问他，他当了王得到什么好处？"他跟我说打仗时走在最前列，……"问到他率领多少人，"他指了指一块空地，意思是这块地容得下多少人就是多少人，这大约有四五千人。"不打仗时，他的特权也就结束了吗？"他说他留下的还有这个特权，就是他要走访属于他管辖的村庄时，有人给他在村庄林子的荆棘地里开出几条道路，让他可以顺利通过。"

说到这里有了那个美妙的转折："这一切都已经不错了；不是吗？因为他们不穿裤子的啊！"这句话包含了孟德斯鸠《波斯人信札》的全部立意！

有些人一离开他们的家门、庭院与食料，马上变得聪明伶俐。因而这位居耶纳顾问，囿于加斯科涅的同室操戈与教义纠纷，一旦走了出去，就在诺曼底发现了普世智慧的根本。终于在这里他的过于宽大的长袍不妨碍他的步伐与理解力。"南极人"是不是比加斯科涅人更有理性呢？从加龙河到塞纳河之间骑马奔驰，是不是要比高等法院的争吵，更宜于唤醒这位身不由己的官员的智慧？

"鲁昂顿悟"，还是要在此事发生十年后撰写《随笔集》时才形诸笔墨，当时并没有让米歇尔·德·蒙田结束他的司法生涯。他继续穿了八年长袍，从申诉庭转入更为高等的调查庭；这之前在1565年他与弗朗索瓦兹·德·拉·夏塞尼成了亲，妻子是与他有两代同事关系的孙女与女儿；后来又在1568年父亲过世后变成了蒙田领主。在与母亲安多奈特订立互不侵犯条约后，他可以自由支配他的财产并管理家务。1570年他把这份家务管理权交付给他的朋友弗洛里蒙·德·雷蒙，自此感到松了一口气。

有人认为他这次提出退隐，原因是他的要求没有被大法庭接受而感到不高兴。蒙田顾问必然估计到他已经超过升级的期限。是因为他不喜欢法院工作吗？这是对的，但是还有别的原因，是围绕拉杰巴斯东与罗菲涅亚克的政治-宗教争论，和他因友谊与领主从属关系而处的地位，不可能不使他感到气恼。他觉得"这个制度"背离他的初衷：脱下长袍才会恢复理性。

穿长袍的蒙田又是怎么样的呢？有两种说法似乎可以总结他长达十三年表面辉煌、实际无可奈何的生活。第一种看法是来自他的朋友、大法学家和历史学家艾蒂安·帕基耶："没有人比他更不挑剔和讲究实际，因为他的职业在其他方面。"第二种看法来自《随笔集》作者本人，他肯定说他的语言风格不是"讼师式的，但是宁可是士兵式的"。

"士兵式的"，真是这样么？让我们接着来看吧。

第六章

一把太短的剑……或者说鸡笼子战争

据纪年史家拉克鲁瓦-杜-曼恩说，蒙田把《随笔集》献给亨利三世国王，面对国王的嘉奖说，国王若喜欢这部书，也应该喜欢作者，因为——他说——这是"他的人生与行动的纪实"。

这是出于什么目的呢？既然蒙田自称他"不培育人"，他只"描述人"。他本人通过在人生舞台上跌打滚翻，体验磨炼，勾勒出人的行为。

这位多尔多涅庄园主，对祖先的商家身份讳莫如深，又长期穿了法官长袍难以转圜，而今大胆暴露出自己的志向，要做这么一个人：既忠于"父亲时代"的价值观，又博学多才；既具有高尚的勇武精神，又满腹被法国贵族长期抹煞的人文知识。因为他相信一个读书而不忘实践的人，比其他人有更大的

- 脱下长袍穿上战袍？
- 布朗托姆的讽刺
- 迷惑战争的和平主义者
- 《随笔集》，军事艺术论
- 当个军人
- 反对火武器
- 不要躲在兔子窝里

前程。

这是主要的启迪？是的。但是，这个看法有两个方面是不容分离的。蒙田相信自己失去依靠。他曾疯狂抱住贵族那棵树，又不忠于他亲爱的艾蒂安（和父亲）的遗训，如果他通过他的书、他的一生、他的行动与言论，不铭记做男子汉的基本前提是"勇武"的话。"勇武"首先是武功上的勇武，也就是士兵式的、罗马人的勇武、马基雅维利提到的勇武，由理智支配，并有个人自主原则修正（据蒙田的说法）的勇气。

据拉克鲁瓦·杜·曼恩的说法，《随笔集》作者长年经受战争的苦役，"辞去波尔多高等法院顾问一职，继续过他的戎马生活"。但是他的另一位同时代人布朗托姆领主、皮埃尔·德·布尔代耶没有把事情说得那么动听：

"我们看到有几位顾问走出高等法院，脱下长袍和方帽，佩上一把剑到处走动……像蒙田阁下所做的那样……从来不曾打过仗，其实他最好的职责还是继续执笔写他的《随笔集》，不要换上一把他握着不称手的剑。"

我们知道他们两人在许多方面是对手，这一招也有点太阴。皮埃尔·维莱巧妙地代他回了一箭："布朗托姆嘲讽挖苦，却正向我们证明蒙田有一颗军人之心。"话说得那么冲，是向我们证明一件不容置疑的事："一颗军人的心……"？然而用词还是很婉转，马克·西托勒和雅克·德·费托也可能又过分了一点，他们两人各有自己的方法来保证，蒙田仓促间被问到用一个词说明他的职业，毫不迟疑地回答："军人。"……

不管怎样，《随笔集》作者在书中谈到他的"戎马生涯"、谈到军人的句子不胜枚举。明显指出"他喜爱的语言是一种朴实无华的语言，口头的与书面的都是如此，满含激情，简短有力，……不经院式，不讼师式，但是宁可是士兵式"。"在我们北面往山区的地方说一种加斯科涅方言，我觉得特别美，声音干脆，意义简单明了，说真的是一种有阳刚气、尚武精神的语言，胜过我听到过的任何方言。"

像皮埃尔·埃康的儿子那么羡慕贵族风格，最有说服力的莫过于他说的这句著名的话："从事战争是法国贵族固有的、唯一的和基本的生活方式。"再也没有什么比这更为明确地声称自己的属性的了："唯一的和基本的生活方式。"……

这不由得让人跃跃欲试，把《随笔集》中的"军事论文"与马基雅维利的作品第三卷对比阅读。玛丽·德·古内对文章主题一清二楚，在1595年版本里写上她的前言，说到了"战争与国家的学校"。蒙田提到的人物，有半数以上是皇帝或粗人、军人、武夫、乡勇；按照那一世纪前后罗列的俱是打打杀杀的事。关于前一类人物的轶事来自普鲁塔克的著作，蒙田喜爱这位作者也不是没有理由的。在这个领域不妨提出第一卷与第二卷的若干篇名最说明问题（至于第三卷容后再提……）。

第一卷

　　第五章　身陷重围的将领该不该赴会谈判

　　第六章　谈判时刻充满凶险

　　第十五章　无理由死守阵地者必须惩办

第十六章　论对懦夫行为的惩罚

　　第十八章　论害怕

　　第四十五章　论德勒战役

　　第四十七章　论（战争中）判断的不确定性

　　第四十八章　论战马

第二卷

　　第七章　论授勋

　　第九章　论帕提亚人的盔甲

　　第三十四章　观察朱利乌斯·恺撒的战争谋略

　　到了第三卷，再也没有一篇明确涉及战争的文章，却是可以把它看成主要针对第七次、第八次宗教战争引起的"动乱"评论：主角往往又是国王、亲王、摄政女王或教士——这些人煽动他们的战士互斗，有时本人也参与在内。……事情很清楚，这位温和派，这个和平人士从来不曾失去对战争的迷恋，可能这是父亲在意大利披坚执锐十年后给孩子灌输的结果。

　　不管他对枢机大臣奥列维埃和洛比塔尔这样倡导和平的政治人物如何尊敬，也掩饰不住他对杰出武将满怀敬意，首先是古代的，如伊巴密浓达、菲洛皮门或恺撒，其次是亨利·德·吉兹或布莱兹·德·蒙吕克，颇有意味的是这些人手上沾的血还未干。这些杀人者在《随笔集》里受到明显的敬重。

　　蒙田提到这些激烈的战斗，从德勒到蒙孔都和蒙克拉博，从鲁昂围城战到朗巴尔（拉努战死沙场），无不兴致勃勃。有人说，他议论法萨罗和圣康坦等经典战役，完全是个精通战术的内行，与当时熟悉历史的专家与纪年史家同样缜密精确，虽然他不是像蒙吕克、斯特罗齐或马蒂尼翁这样显赫的参与者。

他对战事的看重莫过于把苏格拉底这位人物拉到台前，这点最令人吃惊。或许除了艾蒂安·德·拉博埃西之外，没有人引起他这么长久与热烈的崇拜，以至于有人想说蒙田这么一位基督徒，恨不得让苏格拉底代替耶稣——耶稣在《随笔集》里提都不提一句。

苏格拉底经常出现在《随笔集》中，是他启发与主导了《随笔集》，尤其是第三卷，但是可能再也不像第十三章那么令人深受感动，那一章里作者把苏格拉底比作是这种新美德的化身，从他身上看到未来的人的生存理由。他向我们介绍了一个"武人苏格拉底"，这个形象让人猝不及防，可能要说的是蒙田本人而不是亚西比得的老师苏格拉底。

> 大家看到他在众多武士中间第一个冲过去救援被敌人压着打的亚西比得，用身子掩护他，把他从众人的兵器下拉了出来。当三十僭主命卫队押了忒拉米尼上刑场，雅典人与他都被这可耻的一幕激怒，苏格拉底也是第一个去救他……

这番描写在我们看来苏格拉底像是个模范武士，既能做出惊人之举，也"继续不断地奔赴战场……赤脚踩在冰块上，冬夏都穿同一件长袍，工作毅力超过他的同伴……"，与他们都吃同样的食物；总之，这是一位典型的士兵，根据蒙田的说法，他的形象是人类智慧的楷模，包含了勇武与理智。

这位随笔作家推荐的英雄人物，不是谁都可以作为楷模的。他不曾掩饰亚历山大的恶习和恺撒的罪行。但是除苏格拉底以外，另有一人也被他看成是最值得称颂的人物，这如何不令人感到吃惊呢！在他眼里既不是柏拉图，也不是塞涅卡和保尔·德·德尔塞，而是伊巴密浓达，他是公正无私的战士，拒绝平白无故杀人，并不因而说他是疏于职守的大将，他骁勇善战，要胜过治理彼俄提亚同盟的国事。这个选择是奇怪的，可以借此说明我们的哲学家，其实是和平的朋友，然而也摆脱不开做军人的梦想，努力要为此另辟一条蹊径。

若说他把伊巴密浓达置于盖世英雄人物的前列，那他对恺撒的研究则最为详尽。假定一位秘书真的偷了他研究法萨罗凯旋者一文的最初几页，若一旦寻获物归原主，是不是会有一部真正的《蒙田论恺撒》呢？目前根据《随笔集》里流传至今的材料已足够丰富，让人读来津津有味。有不少于三十四处提及，其中非常精彩的是第二卷第三十四章《观察朱利乌斯·恺撒的军事谋略》，蒙田在文章内竭力指出高卢的征服者是"军事艺术的真正鼻祖"，因为"他作战时比亚历山大更谨慎周密"。"谨慎周密"，从这用词上可以看出蒙田对赞美的妙喻。

这是抽象的赞词吗？还是雄辩的理论文章（像拉博埃西《自愿奴役》中说的？）装饰性的壁画还是说教？都不是。在《随笔集》中到处都有对世事、对艺术、对行伍生活的颂歌，字里行间，让人看来这位作者是位军人、一个"执勤的人"，也为此感到"乐趣"与荣耀，行文奇特，但写得巧妙和有说服力。

大家奇怪的是，除了极少数作家看到这里不由得夸大蒙田的"军人气质"，蒙田研究者大伙儿都羞于看到这些议论战争的夸夸其谈，拒绝附和他的说法，什么通过火的考验，不论是想象还是现实的，可以达到智慧的顶峰……

让我们翻开《随笔集》，这几段既不是蒙吕克，也不是布朗托姆和奥比涅写的，却充满了战争的譬喻：

如果没有一点预料时枪声突然在耳边响起，我禁不住会发抖；我见过比我勇敢得多的人也会这样。

我经常思忖……就是战争期间，我们在自己和别人身上见到死亡的面目，不像在家里见到的那么狰狞，无从相比，要不又是一大群医生与哭哭啼啼的人。

以下是一页生动的描述："今日的贵族有一种有害和缺乏英武气的做法，那就是不到最后关头不穿上盔甲，危险稍一过去立即卸去盔甲。这样形成许多忙乱的场面。因为在鸣号冲锋时刻，大家高声大叫跑过去穿盔甲；有的人还在系胸甲带子时他们的战友已经溃退了。"

哲学家在阵前的一句表白："……我看见过不少人用这种（死亡）宿命论鼓励他们的军队：因为，如果我们的时辰定在某一个钟点上，那么敌人的弓箭、我们的勇猛、临阵脱逃和畏缩不前，都不能把这个时辰提前或推后。"

还有这句:"我曾不止一次忘记三小时前传出或接到的口令……"
"不论和平还是战争年代,我出门必带书籍。"
还有什么比这段零零星星、不容置喙的对白更为真实呢?

若问那个人:你围攻这座城池有什么道理吗?他说:"起儆戒作用,要大家服从我们的大王。我不奢求什么好处;说到光荣,我知道我这么一个人只能分享极小一部分;我对此既无热情,也不愁去争。"可是第二天看到他这人完全变了样,站在进攻队伍里热血沸腾,满面怒容。这是刀光剑影,隆隆的炮声与鼓声使他血脉贲张,充满仇恨。

蒙田在他的战争回忆中若不带上感情色彩,那他就不是米歇尔了。"在战争引起的诸多困难中",就有人待在壕沟里,呼吸着浓密恶浊的空气喘不过来,"有一个夏日把人整天活埋在里面"。

在这些提法中描述最为正确的,还是战争中实实在在、不矫情、还有点可笑的一面:谁要是不乐意当上了战士,谁不着重提到害怕、随时随刻的体质本能,甚至完成天然的大小便需要?"大家说到战争中的虚伪性是有道理的:因为对于一个讲究实际的人,内心充满恐惧时还有什么比逃避危险与装作勇猛更容易的吗?寻找贪生怕死的机会不可胜数,我们可以欺骗世人一千次,然后才会去冒一次险。"

谈到他自己的家:"由于我的家什么时候都可以出入自由,对人殷勤周到(因为我决不听从别人劝告把它变成一个战争工具,远离战争的事我都是乐意参加的)。"

还有更为日常之琐事：

"国王与哲学家要解手，夫人们也如此……军人与加斯科涅人在这两种品质上有欠谨慎。因而我对这个行为要说的是：还是把它挪到夜间某个特定的时间内，像我以前那样强迫它按照我的习惯做，而不是像我老来强迫自己按照它的习惯做，要有特殊的方便地点和便桶，防止时间一长气亏不畅。这毕竟是最肮脏的生活服务，要求多加小心做得干净利落难道不可原谅吗？塞涅卡说人天生是爱美爱清洁的动物。在所有天然动作中，我最不能忍受中途停止的就是这个动作。我见到许多人在打仗时受不了肚子闹别扭。"

当他年老多病时，他还在1588年版本中明确添加上这位老"乡勇"气喘吁吁的知心话：

因为几年以来在军队里服役，经常整夜忙碌，五六小时后胃开始难受，引起剧烈头痛，不到天明就要呕吐。别人去吃早饭时我去睡觉，过后我又像平时一样生龙活虎。

我们还可以引用其他几段，证明米歇尔·德·蒙田参加过干戈扰攘，而时间不会太短。但是具有决定意义的可能是这一段文字：

任何工作都不及军事工作令人兴奋，这是履行高贵的职责（因为最激昂慷慨的美德是勇敢），从事高贵的事业；没有什么奉献比保卫国家的安宁与伟大更正确更深入人心。令人兴奋的还有与那么多出身名门、思想活跃的年轻人相处在一起，悲壮的场面看在眼里习以为常，彼此说话直率随便，生性豪爽不尚虚饰，活动千变万化，雄壮嘹亮的战歌听在耳里热血沸腾，心潮澎湃，军功的这种光荣、艰辛与困难柏拉图并不欣赏，在他的理想国里只说些妇女与儿童分内的事。作为志愿兵，参加哪项任务，甘冒什么样的风险，可以根据你对它们的势态与重要性做出决定。你看到生命本身可以得到有益的使用时，

在战火中死亡我想是美丽的。

——维吉尔

害怕承担事关大众的共同风险，不敢做各行各业的人都敢做的事，那是过分卑劣软弱的心灵才会这样。……病恹恹艰难地死在床上，没有死在战场上那么风光，发烧与重伤风跟中弹枪伤同样痛苦和致命。谁能够勇敢地忍受日常生活中的种种意外，不必要从军队中培养勇气：

亲爱的卢西里乌斯，生活就是战斗。

——塞涅卡

谁能想到这里面有讽刺意味呢？有种间隔呢？"令人兴奋"这个词，

今天的读者不从字面上来理解，也不表示蒙田在战场上感到兴奋。但是他借此自然地表述了"勇武""高贵"，这于他是那么重视；还有"保家卫国"，这于他是基本的价值观。

不能不提，请注意对军事的颂歌，不是任意穿插在某些章节，专指某一场战事，针对亚历山大、恺撒或战场上的苏格拉底；而是安排在具有自传性质的那篇随笔里，最后与最美的一章，篇名叫《论阅历》，蒙田已进入暮年，把自己的心事和盘托出已毫无顾忌，也不觊觎什么或者转弯抹角说事。这个人一生关心战事以及战争引起的问题，而今在生命的尾声，把一切都说了出来。

假如说这些话的人从来不曾打过仗，他只是在自己的书中提及别人的战斗充好汉，他只是凭空说大话来蒙那些闲人（他的亲友对此可是行家），那么必须承认这位蒙田先生真是会耍笔头，也懂得一些"门道"；还要说这是个会充大爷的加斯科涅人，《随笔集》就不是一部"真诚的书"……

这话不错吧。显然他是经历过战争风险的，那又在什么级别、在什么场合、以什么头衔呢？今天我们在波尔多文学院大厅看到这座身着戎装的大理石卧像，心里琢磨他是不是曾经直立，跨马舞剑，手执长矛，朝着胡格诺弓箭手或者天主教联盟武士，冲锋陷阵？《随笔集》里到处充斥着关于军营生活、帐篷生活或碉堡生活的描述，就算是他间接了解的，那又是在哪次战役、哪场冲突中见过他的人影呢？我们能不能这样想，是布朗托姆的刻薄话，说蒙特拉韦领主的宝剑（用以佩带的，不是刺杀的），致使他说出了真相？

马克·西托勒是《真正的蒙田——神学家和士兵》的作者，他提出了一个非常合情合理的看法：

"事实上，布朗托姆只是说明自古以来职业军官对后备役军官的轻视。蒙田是后备役军人，也就是当时人说的'一名志愿兵'，上战场才是他们的服役期。因为在那个时期，战争不论是内战还是外战，永远在进行……战争时期，职业军人与志愿兵的分界线不存在了，或者说必须不存在了；那时大家都是一种人——军人。蒙田是个军人。"

这样一种看法，倒是谈到了瓦罗亚王朝时期法国军事组织的细节，更主要的是从1562年内战开始遗留下来不同的武装编制问题。

1545年，弗朗索瓦一世下旨颁布大动员令，各级贵族的服役期从六周延长至三个月。这加强了中央对于由乡绅组成的后备役兵源的压力。除了这种义务以外，还要加上经常由地方集体花样百出的"动员"，这些都是有市镇或司法管辖区提出的，借用那些过了时的法令；1557年亨利二世又恢复了外籍兵团；这一切可以让我们想象在这些连绵不断的战争岁月里，沾上名分的贵族有多少次机会去扛起武器。因而问题不是要知道蒙田是否穿上过铠甲，而是想象他要是没有当过兵，怎么能够穿过这一层层罗网……

一位研究16世纪军事活动中法国军队的历史学家，对此有一段重要记载：

"整个王国自上至下，再也没有军事机关和军队；人人都是兵，为自己的利益、为自己的安全而战。任何一个士兵纠集了三十人，自封为队长，任何一个队长有二百个手下，都要独霸一方；在每个省里，有为国王服务的上校,也有为教派服务的上校。"

就是在这乱作一团的好战氛围中,蒙田领主不得不或者不能不展现他的勇敢。不过就算他不像布朗托姆说的佩带宝剑摆谱,倒也很难看到他出现在哪一场大规模的战斗中。

在那个时代的历史学家和回忆录著述中都找不到证据,说他出现在哪支国王军队里,以及任何关于他战斗的地点与时间。传记作家呢?更是争吵不休。拉迪克斯梅里肯定说他佩带宝剑,但不像曾经用过。菲拉雷特·沙勒看他是个"武人",勒克莱尔把他算作某个天主教军队里的。布耶院长肯定他从来没有接受过"军事任务"。《随笔集》的两名编辑坚持说,直到目前还没有人可以说他曾在什么时期当过兵,他出自布尔乔亚的虚荣心,"穿了军服充当军人而已"。格伦、斯特罗夫斯基和塞依斯在这个问题上没那么不谨慎。就说马克·西托勒和雅克·德·费托吧,一个说蒙田是神学家和军人,另一个说他崇尚武功,足够表现出他们自己的偏见,然而这并不是最难听的称谓。

让我们试着来清理一下蒙田的"战事清单",可以明确他手握宝剑不是虚晃几招摆摆样子的。

1562年,他在鲁昂伴随年幼的查理国王遇见了印第安人,这事使他深受感动。鲁昂那时被胡格诺派占领,前往那里以前他参加了对该城的围困工作。真刀真枪上阵,还是一旁观火?1569年,在他家附近的穆西唐(他最初恋爱的舞台),他最可能卷入了战斗:杰拉尔德·纳刚更把他的参战当作一个历史事件。

1572年8月,圣巴托罗缪大屠杀又点燃了内战之火后不久,亨利·德·安茹用上他在蒙孔都一战中显示的才能，又主导了拉罗歇尔围城战。蒙田是查理九世（他不久驾崩）朝廷的乡绅，不到一年以前在他的佩里格避难所，孜孜不倦地写他的那部书，随同居耶纳全体天主教乡绅应召到圣埃尔米纳兵营。蒙潘西埃公爵为了对付胡格诺派，组织了普瓦图王家军队，那时我们进入历史上的一个缝合阶段，把职业军人与后备役部队、国王部队与教会部队、流动兵团和地方志愿兵打成一片——这使人想起1944年末在法国实行的武装大杂烩。

弓箭手？冲锋兵？长剑还是短刀？《随笔集》作者对于自己干的什么活一声都不出。但是他在《伯特尔纪事册》里说到他1574年5月11日在波尔多高等法院完成的使命："蒙潘西埃先生从圣埃尔米纳兵营派遣我来处理这里的事，代表他跟波尔多议会联系，议会让我在议会厅发言，坐在会议桌前，居于国王派遣的官员之上。"

雅克·德·费托明确说，"作为骑士"，不是跟他对之发言的法官"平起平坐"。他的任务是向他们宣布蒙潘西埃公爵保卫波尔多抗拒胡格诺派（也可能是英国人）的意图。也就是对法官发出战士动员令。但是这次交火了吗？

若干年以后，在1580年，在所谓的"情人大战"之际，亨利三世国王把孔代公爵关在拉费尔，向所有忠心服务国王的人发出号召，动员乡绅前去参加围城战。那个时候蒙田领主和他的骏马都腿脚发痒，蠢蠢欲动，准备前往意大利旅游，绕了一大圈才前去听候国王吩咐，向他献上自己写的那部《随笔集》。这算是文人雅事，还是军人风采？谁能说一说呢？

在费尔的这些战斗实际是一场"天鹅绒围城战"。但是在蒙田与他的旅伴到达前不久，米歇尔的一位朋友格拉蒙伯爵、"科丽桑特的丈夫身受致命重伤"。我们身穿戎装的作家也可能交上这样的霉运。这到底不是阿尔比勒大战，给亚历山大大帝打开了进入亚洲的通道。这只是一场小接触而已……

当然，我们不应该在这个层次上去发现"军人"蒙田。这是在一大堆鸡零狗碎的小事情上他挺身而出或身不由己卷入"战争的旋涡"。北面有天主教盖尔夫兵，南面有新教吉布林兵，处于蒙托邦-拉罗歇尔新教和波尔多-佩里格天主教两军的火力交集线上。

若是个十足的胆小鬼，首先想到的是保全自己的性命，其次是被迫手执宝剑去保护自己的土地和房舍。但是他不是胆小鬼，关注的是自我保护之外的其他事……

有几段文字绝不是蒙骗人的，显然也不是出自虚张声势的假勇士的手笔：

你不可能永远勇夺关隘或者身先士卒，像在高台上让指挥官俱看在眼里。你会在树篱与壕沟之间被人家逮住，你对付一只鸡棚也必须碰运气；你必须把四名老弱的火枪手从粮仓里引出来；你必须独自脱离队伍，随机应变去对付局面。

我们真的以为我们每次中箭，每次冒险，身边都会冒出个史官做记录吗？

这是在说他的戎马生涯中，官方与大众都看不到他的所作所为吗？

还可以提出说得明明白白的这句话，这是"中等层次"的"亲身经历"，什么是乡绅在他的士兵中间的责任，甚至是存在的理由："如果不需要露宿野地，全身披挂忍受中午的烈日，吃驴马肉充饥，看到自己遍身鳞伤，从骨头里取出子弹，忍受缝合、烧灼、用导管之苦，又从哪儿去培养超过凡人的优良品质呢？"

这好像可以向我们保证这部蒙田阁下从军记的真实性，毫无炫耀与夸功，《随笔集》作者说的都是被卷入战争的小人物，他们不是战斗在"树篱与壕沟之间"，有时甚至在"对付一只鸡棚"，不会这样趾高气扬地宣称："我们看到商人、村官、工匠打仗时英勇智慧，不输于贵族……""我们要有多少手下人来成全我们的光荣呢？他们在一个露天的壕沟里站得笔直，面前若没有五十名一天只拿五个苏饷银的可怜士兵为他开道，用身体掩护他，他又能有什么作为呢？"

自从有了蒙田研究者，他们阅读时居然没有太注意到这几句话，这实在令人奇怪。只看到他作为文人的伟大，难道对他武人的一面就不足道了么？

蒙田领主生来向往武功，对此有许多看法，其中对武将的评论出人意外地宽宏大量。很少人像他那么起劲地谴责宗教改革的"新玩意儿"，尤其揭露路德的分裂意向（对加尔文则不表态）。但是针对某一位真正的战士，他就不计较这些了。在《随笔集》中写到胡格诺派大将弗朗索瓦·德·拉努，他很少写出令人如此感动的赞词，说他"一贯仁慈敦厚，性情随和……"。大家不妨想一想，他谈到司法官员用的是什么语调！

蒙田坚决反对联盟，这个暴力组织的发起人是粗暴的"刀面人"，然而蒙田对他又充满敬意。亨利·德·吉兹这位武将得到他的宽恕，然而还不能跟他的父亲弗朗索瓦·德·吉兹相比，蒙田认为后者是他那个时代最杰出的名人之一，还居于洛比塔尔或龙沙之前……蒙田主张宽容，这件事是一清二楚的，然而蒙吕克是宗教改革的屠夫，甚至那个目不识丁的兵马大元帅，1548年波尔多事件中的凶神恶煞安娜·德·蒙莫朗西，也得到这位温和的哲人的好评。亲爱的，勇武才是一切啊！

他的原则是可以憎恨战争，也可以尊敬战士。蒙田这样做，与他的先师伊拉斯谟或纪尧姆·布代的看法略有差别。他不是"和平主义者"，在精神上与天主教教义的内涵非常接近，不排斥正义战争的思想；但是可成为格罗蒂厄斯的先驱，试图让战争变得文明，控制血腥程度，禁止使用诡计，不得掠夺抢劫……

总之一句话，他憎恨的首先是内战（这也仅是他遇到的唯一的战争）——这场"骇人听闻的战争"。既然这场战争比所有战争都要坏，既然人心中尚无追求和平的精神，他于是这样问，那还不如把同室操戈的国内战争转化为抵御外敌的境外战争。这个问题不断地提出来，不论是对那时的武将拉努和蒙吕克，还是对蒙田这样的"客串战士"。

1559年，卡托·康布雷齐条约签订，结束了瓦罗亚王朝与哈布斯堡家族之间的战争，被称为"宗教战争"的同室操戈在三年后连绵不断地进行，《随笔集》作者没有明确指出这两者的联系，但是他有足够的历史头脑推算出其中的因果，发现这个丰裕充沛、野心勃勃的民族在把

126

暴力内移。

他始终从古代寻找例子，不难发现罗马人"有时蓄意跟某些敌人打仗，不但是为了使人民处于紧张状态，因为无所事事是堕落的根源，会让他们养成不良的习惯……也是为了给他们的共和国放血，让他们青年的过多热量散发掉一点，犹如给长得过于茂盛的树木疏枝通风……"

在那个时期，是不是应该采用这类放血疗法呢？或者还是"分心移情"？

> 今日还是有不少人大谈这样的理论，希望我们中间这份激情狂热可以发泄到跟邻国的战争中去，如同担心此刻控制我们身体的坏体液，若不排除出体外，会终日发烧不止，最终彻底自我毁灭。说真的，打外战这个病要比打内战温和一点，但是我不相信上帝会同意这种不义的事业，为了自身的利益去跟别人吵架找麻烦……

好啊。我们的蒙田，总算有一次求助于上帝了（可是上帝并不总是和平的呀）；在蒙田内心，灵魂的健康还是胜过"利益"的考虑。在圣巴托罗缪大屠杀时，又对这个问题进行了更为直接与悲惨的争论。大屠杀的起因之一是科利尼海军上将做出的选择（与蒙田的选择是相反的），他急于要把法国贵族的杀气引向西班牙，这也给自己造成了不幸。

在这些所谓"宗教战争"中各方的风云人物，不时提出这样的论点，蒙吕克元帅就在蒙田之前揭露这些借口的虚伪性："他们决不会因不听上帝之言而遭杀身之祸。如果王太后和海军上将在密室里，孔代亲王和吉兹先生也在那里，我就要他们坦然承认让几十万人相互残杀完全不是出自宗教原因……"

这些亲王贪婪成性，这些宗教官员杀人不见血，改换门庭、出尔反尔不当一回事，蒙田对这些人的目的动机，已不抱任何幻想："还得说一说这个事实：即便从一支合法的、温和的军队中去抽调纯属出于宗教热忱而冲锋陷阵的士兵，再抽调为了保护国家法律或效忠君王的士兵，他们凑不成一个完整的连队。"

他对这场使国家陷于水深火热中的冲突看得明明白白，具有现代人的眼光，犹如他谴责决斗习俗的盛行。布朗托姆后来还为这套制度当辩士。这关乎真正贵族的"荣誉观"？蒙田领主即使十分注意在荣誉方面表现坚定，还是揭露这种可悲的充好汉游戏，既不配真正的战士所作所为，也对国家造成危害，亨利二世国王就是成千上万个死于格斗中的勇士之一。

然而他对火器的声讨则表现出奇怪的复古倾向，像漫画化的滑稽可笑。这位对人类天性有深刻分析的人，却拒绝自古以来在角逐史中就已确立不变的一个前提：人人努力打到更远的敌人，用最有把握的方法，而自己又处于最安全的位置，这样创造了投石器、城墙、雉堞、战壕，战争的一切组成部分，即使蒙田崇拜的战神恺撒对此也不敢轻视。

但是，聪敏的米歇尔投入战争的熔炉，不会不知道——即使从他父亲那儿——法国军队在帕维亚伤亡惨重。他主张火器应该在禁止之列，不配一位乡绅使用。懦夫不是凭了火器才战胜勇士的么？只有冷兵器才适合贵族作战。"但是这位古人迷难道忘了卢克莱修也曾很生气，任何武器都是手臂的延伸，不该应用在战争中，他缅怀人们用嘴与指甲进行肉搏的时代呢！"

最令人惊诧的是，《随笔集》作者认为火枪、臼炮、短铳是可耻和令人厌恶的，他还宣称这些武器不久都将消失——就像赛维涅夫人当年预言悲剧作家拉辛会"过时"一样。

> 显然凭手中的一把剑，要比短铳打出去的子弹更为可靠，短铳包括许多部件：火药、火石、击发机，其中发生小故障就会让你死于非命。……这个武器除了让人听了耳边一震以外——大家对此已逐渐习惯——我相信并无多大效果，但愿有朝一日放弃使用。

他是一个现实主义者，反对"宗教新玩意儿"，但不是社会与技术创造发明的敌人，对历史现实持这么否定的态度实在少见——而且他后来到意大利旅游，沿途看到民用器械又那么迷恋。

蒙田在这方面的盲目，若不把他看成是个骑在马背上的人，是不可解释的。显而易见，他完全像个骑士那样推理（或不讲理）。火枪和火器杀伤的不光是勇士，从长远来说，也会把马排斥在战争行为之外。大家可以像他那样向步战的"勇武"致敬——即使是匹夫之勇——深信固有的骑士之勇则是不可代替的。

不能像兔子一样躲在窝里，蒙田认为这是正人君子贵族在乱世应该遵守的格言——在这里与布朗托姆取得一致。

他坚持这样做。不论在蒙田庄园"退休"之前还是退休期间，没有见他像兔子一样躲在多尔多涅山坡上，反倒成为众矢之的，"一会儿说他是吉布林党，一会儿说他是盖尔夫党"。他面对四面八方过来的危情，逢到亲王和总督召请从不回避，这不是没有风险的。

虽则没有人看到他手执宝剑、身穿铠甲，出现在蒙孔都的火线上或费尔围城战的垛口，他也不是像蒙吕克、斯特罗齐或拉努这样的大将，但也不能因此把他说成是个小酒店的吹牛客。他虽说不出彩，也亮过几次相，给他一个公正的写照，可以说他曾参加过"树篱与壕沟之间"争夺鸡棚的战斗。

米歇尔，蒙田领主，不威武也不胆怯，无论步行还是骑马，穿紧身衣或披铠甲，手里经常拿着宝剑。只是不得不承认，对于一位勇武和美德的歌颂者，这位恺撒与弗朗索瓦·德·吉兹的拥趸来说，这把剑还是太短了一些。

第七章

眼观四路、耳听八方的隐士

- 天使与骑士
- 生死观
- 塔楼里与智慧女神一起
- 五谷不分的庄园主
- 真诚的书
- 两位国王的侍从骑士
- 带着结石过日子

这样的人生在他快三十五岁时发生了变化，至少表面上如此。事情的发展好像是米歇尔突然从军事行动中脱身，不再跟着旋转，有意让人看到他闭门不出。

这个行动的理由是多种多样的。没一个令人信服。在巴黎不能展现自己的抱负？厌恶官场生活？晋升之路被堵而生气？认识到自己不是争胜好斗的料？败子回头？父亲过世后意识到自己肩上的家庭责任感？失去那个不可替代的挚友后的反应，引起长期的抑郁，原先只是依靠声色犬马才过了下来？当然不是这个就是那个，那么还有么？

这点是很明白的，皮埃尔·埃康的儿子又回到多尔多涅山坡上的老家重振家业，这是一场无可奈何的回归。大家也看到之后十五年间，自古以来退隐生活中该有的各段情节一一展开：结婚、父亲之死、公证诉讼、生活开始吝啬、与书为伴、泌尿科病。这些都是人生常事。这样说来，在蒙吕克和布朗托姆退隐之间，在雷斯和圣西蒙退隐之前，蒙田退隐是不足为奇的么？

不。他数不清地断断续续脱离尘世，不会不逢时去扮演社会喜剧中这个或那个角色，接受教士的祝福，跟公证人见面，抄几段塞涅卡语录，到杜拉斯夫人家做一次动情的访问。他还认真贯彻这句豪言："行动若没有自由的光辉，也就既不美也无荣誉。"光辉？他的行动从来没有沾过光辉啊。然而他的行动也不曾被逼或受束缚，使他事后感到羞耻或厌恶：他不是为了这个原因而不走原来的道路。那又是什么呢？促使他过相对与临时的退隐生活自有种种原因，让我们说说其中最荒谬的那个原因吧……

这位骑士受到天使的打击，这必然发生在马背上：手提宝剑，仓促上马，虽然事出偶然，但英勇程度并不消减。米歇尔，蒙田庄园的新领主，半死不活地躺着，突然变成——即使还不曾写他的《随笔集》——至少是我们内心深刻的探索者，做起他自己的普鲁塔克来。

这件事说来荒诞不经，他对这件事的细节一点没忘，然而钻研太深入，却忘了发生在哪一天，犹如他与拉博埃西的相遇；这次遭遇实在是太重要了，也就对前后的因果关系不去追究了。如雨果·弗里德里克说的，蒙田"跟死亡和解，摆脱禁忌，能够勇敢地俯视自己的人生，被这次不可言喻的生死穿越照亮了的人生"。

《随笔集》提出对内心进行极端自由的内省，其实来自一个有特异功能的人，他经历了慢慢入睡时感到的舒适，死而复生时令人揪心的平静。这时候一切都可以说，从这趟旅行回来，对自己有个完整的自画像，如同《圣经》中从坟墓里走出的拉撒路，如同《追忆逝水年华》中的普鲁斯特：

……有一天我离开家走出一里地。法国内战时期，我的家处在兵家必争地区，然而我觉得自己离住所很近，不会有危险，也就没有必要披坚执锐，随手牵过一匹好骑但不是精壮的马。在归途中，突然发生一件事，这匹马就不善于应付，使我也对它无可奈何：我的一名仆人孔武有力，骑在一匹棕色骏马上，马不听使唤，雄赳赳性子暴烈；仆人要逞能，冲到同伴前面，策马直朝我的那条路疾驶过来，像个巨人沉重地压向小人和小马，撞得我人仰马翻，那匹马躺在地上晕头转向，我跌出十几步远，四肢朝天昏死了过去，脸上皮开肉绽，手提的宝剑也摔在十步以外，腰带折断，身子一动不动，没有知觉，像块木头似的。

……跟我一起的人想方设法要弄醒我，没有成功，就以为我已死去，好不容易抱了我要回到半里外的家。

整整两个小时我被人看作是个死人；在路上我开始蠕动和呼吸；因为胃部贮血太多，自然反应要调动体力把血吐出去。他们扶我站起来，我吐出满满一罐子鲜血，一路上这样有好几回。我也靠此恢复了一点生命……

……我首先想到的是头脑上中了一枪；确实我们周围有人同时放了几枪。我觉得我的生命完全悬于我的嘴唇上；我闭上眼睛，好像帮助把生命往外推，很乐意懒洋洋地让生命过去。这是一种想象……不但没有不愉快的感觉，甚至还掺杂着慢慢入睡时感到的舒适。

我相信人在弥留中愈来愈衰弱时，也处于这种状态……

我跌下马背的警报早已先我而行，我往家里去时，家里人过来迎接我，遇上这类事总是大呼小叫的。他们事后说，我不但对人家的问话回答了几句，看到妻子在那条高低不平的小路磕磕绊绊，还想到给她准备一匹马。好像头脑清醒的人才会有这样的考虑，然而我却谈不上清醒。其实这是无意识的。飘忽的想法，全是耳目的感觉引起的，这不是从我的心中来的。我不知道从哪儿来，到哪儿去，也不能对别人的要求斟酌思考。这是感觉产生的轻微反应，像一些习惯动作……

可是我的心情实际上十分平静。既不为别人也不为自己难过；这是一种疲惫，一种极度的衰弱，然而没有一点痛苦。我看见自己的家但认不出来。人家扶我躺下时，我感到这次休息无比甜蜜，因为我被这些可怜的人折腾得够呛，他们千辛万苦用双臂抬了我走了很久，道路崎岖不平，中途累得换了两三次手。

他们递给我许多药，我一样都不要，认为自己头部受了致命伤。说实在的，这样死去是很幸福的；因为理智的损伤使我对什么都不做判断，而体质的衰弱使我对什么都无法感觉。我由着自己悠悠漂流，那么温柔恬然，不觉还有其他什么动作比这个动作更加轻飘飘。当我在两三小时后又活了过来，恢复了力气，我立刻感觉坠马时挫伤折裂的四肢痛不堪言，接着两三个夜晚都是那么难受，仿佛又死了一回，但是这回死得可不平静……

这件事微不足道，提起它也不说明问题，除了我从中可以得到我所要的体会。因为事实上，我觉得要习惯死，必须接近死……这里谈的不是我的学说，而是我的研究。

"微不足道"的这件事，是在发生七八年以后写的，他模模糊糊地定在"第三次还是第二次宗教战争"，也就是1567—1570年间，大家也可以把日期定在1568年年底，总之是在他父亲过世（1568年6月）之后。蒙田还是提供了大量信息。首先他有权利完整地叙述自己。为了宣扬这件尝试的高贵与艰辛，他急于提出将他最崇拜的老师作为宗师：

捕捉游移不定的思想，深入漆黑一团的心灵角落，选择和抓住细微闪烁的反应，这确是一项棘手的、比表面复杂得多的尝试。这也是一种新的和不同一般的消遣，把我们从日常平凡的工作中……吸引过去。好几年来，我只把目标对准我的思想，我只检验和研究自己；我若研究其他事，也是为了在自己身上——或更确切地——在自己心中得到印证……

苏格拉底谈什么比谈自己还多呢？他指导他的学生谈什么比谈他们自己还多呢？他们谈的不是他们书本中的内容，而是他们灵魂的实质与骚动。

这里写到的是那件"微不足道的事",几年前叫他穿越了生死关。苏格拉底也是在临死前给学生谈到自己的死亡(拉博埃西给米歇尔也是在这时候)。他的一声叹息使自己"习惯了死亡";使他获得一种特异功能,把人与物看得相对轻易,神速地进入"漆黑一团的心灵角落",倾诉一切的自由,首先是倾诉自己一切的自由。

这个故事中有两点要注意。首先是事实本身,这位提前退休者若有胆量独自走出自己的庄园,手执宝剑,一倒在地上就听到"火枪声",这给人有一个概念,在圣巴托罗缪日屠杀前几年,居耶纳处在怎样一个政治气候中。此外还可注意到,他在坠马一刻的无意识中,要求有人给他的妻子拉过一匹马来。轻视女性者这件事做得不错!

1565年9月23日,米歇尔娶了弗朗索瓦兹·德·拉·夏塞尼。他三十二岁,她即将二十一岁,可以说是门当户对的婚姻,对于还在任上的高等法院顾问,弗朗索瓦兹是理想的配偶。知名与有影响力的同事的女儿与孙女,祖父是隆布里埃宫内天主教派的首领之一(对改革派怀有刻骨仇恨)。嫁妆相当可观。

显然,这也是我们这位快活的单身汉官员向他的父母做出的让步。这不是因为弗朗索瓦兹长得丑。我们从蒙田的朋友弗洛里蒙·德·雷蒙那里就可知道她"美貌出众","非常可爱"。这也不是嫌她不好,而是蒙田根本不想结婚,拉博埃西逝世后两年,他过着轻狂佻薄的生活。他的婚姻既不出于失恋,也不是因生性放荡而缔造的,它是没有爱情也不放荡的巧妙结合。且听他自己是怎么说的：

> 我的大部分行为都是出于仿效，而不是出于选择。而且也不是自己要仿效，而是被人领着走，再加上各种巧合就上了钩。因为不要说是不适宜，就是再丑、再堕落、再不该沾边的事，都可以在某种条件和情急之下变得可以接受的：个人的姿态都是徒劳的！如今我已有了这种体验，面对这种事自然更加无意去敌对。不管人家说我多么放浪，其实我遵守婚姻的法规远比我口头说的、心里想的更为严格……既然结了婚又不算夫妻，这是背叛。

引言彼此很不相同，但是米歇尔若对婚姻并不完全心甘情愿，至少要"做夫妻"，这是可以确定的……这个概念要积极得多。不妨说这场试验是偷换了内容，其实他是个比"口头说的、心里想的"更好的丈夫。

事实上他最初对婚姻持否定态度不完全是因为婚姻本身，也不是因为女方家庭，而是米歇尔·德·蒙田感到家庭的约束。这位热爱自由的疯子，即使禁止他去他决不会去的远方国家，也会不高兴。婚姻的联系则像任何纪律那样令人烦恼。他以志愿兵的身份参加战争，只是他更乐意谈情说爱。

他的理论既简单又让人摸不着头脑："若有什么好婚姻，也不让爱情作伴，以爱情为条件。它会竭力以友谊为条件。"以至于尝试肉欲的味道形同一种"乱伦行为"。让我们听他说："初尝禁脔后迷恋肉欲而不能克制，不但荒唐，还对妻子也是有害的。至少她们从别人那里学会了不怕难为情。"这一箭可射得远了！他对亚里士多德是瞧不起的，然而他提出要"严肃地"享受自己的妻子时，却又引用这位哲学家的话："接触妻子时应该谨慎严肃，只怕过于猥亵的抚摸，使她兴奋得冲破理智的樊篱。"

弗朗索瓦兹好像不大受到邀请去冲破"这些樊篱"。不但她的丈夫自诩"单独睡在硬床上""像个国王"；还好像从自己的塔楼到妻子居住的特拉歇尔塔楼过夜，只是试图生个孩子：尝试四年没有成功；接着她给他生了六个女儿，其中五个早早去世。当他们在一起时，也不是蹦蹦跳跳的。据他的朋友与居耶纳高等法院里的继任者弗洛里蒙·德·雷蒙作证说："……夫妻间该有的尊重与敬意，他与她作乐时也未曾忘记，看到她裸露的只是双手与面孔，连乳房也没见过，虽然他在其他女人中间放浪不羁。"这份证词有的作家表示怀疑。然而从语调来说应该还是真实的。

丈夫本人的思虑更加令人惊讶："……做丈夫的唯一性趣，只能从年轻美貌的妻子身上去享受，这才是心安理得的乐趣、合乎事物道理的行为，就像骑马疾驰就要穿上马靴子。但是这个哲学的追随者在给他们的老婆破身时，也没有这个学说那么刚直、有劲头和多精华！"

（我们知道他骑术精娴，但是在这里用骑马疾驰和穿靴子来譬喻未免有点胡搅蛮缠。）

蒙田提到自己遵守婚姻的法规远比他口头说的、心里想的更为严格。（是不是首先应该提到忠诚问题？）好吧，说说这个，"更为严格"

仅是相对而言的。

考虑到他的脾性、他的旅行、他的魅力，更"相对"一些则更好。他在《随笔集》第三卷（年过五十时重订）提到他在性生活方面的挫折，明明白白说起他失去了男性功能，"这个不听话的器官"使他陷入失望，这不像是驾幸妻子住的特拉歇尔塔楼时发生的事吧。

至于弗朗索瓦兹的忠诚，一度有人怀疑，那是由一条金链子引发的。米歇尔的弟弟阿诺·德·圣马丁是个英俊的上尉，一次在网球场上被球击中头部后不治身亡。他死后，在蒙田夫人的珠宝盒里发现阿诺长期佩戴的金链子，厉害的母亲安多纳特立刻宣称这根金链子原是她的，在公证人在场的情况下得到"归还"。通过这件事，弗朗索瓦兹被认定为小叔子的情妇，某一部传记中就是这样说的……《随笔集》作者在书中兴高采烈地大谈戴绿帽子的人，在此也显得并不怕有人给他戴上一顶。

事实上，这位丈夫聪明睿智，毕竟也是他那个时代的人：当他比较婚姻与友谊时，他跟同辈的观点还是可以对照的，他们更乐意偏重于勤劳……他也如此认为：

> 女人最实用、最光荣的工作是处理家务。我见过贪婪的女人，很少管家，首先追求的是亡夫的遗产，这会弄垮或拯救我们的家庭……根据我自身的经验，我要求一位已婚女子具备的美德，首先是善于持家。

好几年过去，终日忙于家务，间或丈夫到塔楼才不好意思地温存一番，几次无效的孕育使弗朗索瓦兹脾气变得暴躁，这位正当年华的少妇变成了一个令人讨厌、愁眉苦脸的管家婆，这也该觉得奇怪吗？

勉强的婚姻，还是失望的婚姻？蒙田好像结了婚没有如预期的那么不幸，但也并不因此是个很幸福的丈夫。他感叹自己没有儿子（这份遗憾出现在《随笔集》的好几章节内），尤其在最后几年对跟妻子共同生活感到格外的厌烦。

但是，对他与对她抱有这样的想法也是不公正的。在日常生活中人自会产生一定程度的嫌隙，这并不意味米歇尔与妻子的关系像跟母亲的那么差。弗朗索瓦兹是个好主妇（到城堡拜访的许多客人都留下证词）、庄园的好管家，在某些动作、某些言词中表现出真正的温情。

不少妇女在失去一个新生儿时，必然也会收到不在身边的丈夫写来更动情的书信。1570年9月10日，弗朗索瓦兹失去了他们的第一个女儿托瓦内特，蒙田写给她的那封信美丽动人——还附有一篇"慰妻书"，那是普鲁塔克在相似情境下写给妻子的信，由拉博埃西翻译——几次提到收信人的名字，几次表示敬意……

我的妻子，您明白这不是一位风雅男子按照当今习俗向您巴结献殷勤；因为他们说聪明人很会勾引女人，娶她则是愚人才会去做的事。

让他们这样去说吧，我本人还是按照老一代的简单方式行事——老一代，这从我的头发也可以看出来。说实在的，新玩意儿直到目前已使这个可怜的国家付出沉痛的代价……我的妻呀，您与我就过着老法兰西的生活吧。

这封信写得漂亮！然而也看出与蒙田在别处表达的原则略有一段距离，从而我们不妨这样认为，这不像米歇尔·德·蒙田而像他的同代人写的。丈夫的这番真心诚意却又差点被自己的疏忽抹煞，他试图安慰弗朗索瓦兹说命运"让她的女儿在生命的第二年便离她而去"，事实上女儿只活了两个月便夭折。……蒙田生了六个女儿，五个都早死，只有生于1571年的第二个女儿莱奥诺独自存活，说实在的，这些丧事好像并未让我们这位乡绅心太乱。那时候孩子夭折屡见不鲜……

1568年的那次事故，有人说这位惊魂甫停的丈夫自己已经半死不活，当他斜眼窥见弗朗索瓦兹奔来救他，大声喊：给夫人找一匹马来；这显出了他的真情！这位不知悔改的骑士，在这个关头闪过这么一个念头，实在具备古代骑士的精神价值，值得钦佩。如果他在床上对她过于尊敬，这也如同他爱护自己的马匹那样无微不至……

皮埃尔·埃康，蒙田领主与蒙特拉韦庄园主，前波尔多市市长，于1568年6月18日逝世，那天恰好他的儿子把他翻译的雷蒙·塞邦《自然神学，或称创造物之书》呈献给他。雷蒙·塞邦是15世纪加泰罗尼亚神学家，翻译此书是庄园的老主人要求儿子做的。

这份工作旷日时久，从信中可以看到儿子对父亲的悔疚，弥补性的劳作，目的是为过于荒唐的青年时代赎罪，甚至还可能包括修改那份立于1561年的残酷的遗嘱。那份遗嘱把米歇尔置于他母亲的从属地位。他用这番好意来回答这样的耻辱，好像让家长回心转意了，是不是得到完全的宽仁呢？反正事实是在皮埃尔逝世前几个月，1567年那份遗嘱使父子之间恢复了正常关系。

大家经常谈到《随笔集》作者对父亲赞不绝口，这是他们忘了通过两份遗嘱透露出他们之间关系的复杂性，第二卷第五章里随处可以看到他对吝啬父亲的指责，说他的"残酷与不公正"，这些都还是在遗嘱修改后写的。

《随笔集》第一卷第二十八章《论友爱》中，米歇尔明确说儿女跟父亲的感情，尊敬要多于爱。从那以后，儿子的批评再也不见踪迹。没有人能够怀疑他崇拜、还很长时间热爱"这位最好的父亲"。还可以从下面这件事看到，蒙田与拉博埃西的友谊在他的家人说来可能有点喧宾夺主，但是他在给父亲叙述艾蒂安·德·拉博埃西去世的情景则细致而又充满敬意。

皮埃尔·埃康年过七十去世，留给他的儿女与妻子一笔庞大的家产，1568年8月22日，五兄弟、两姐妹一起在波尔多公证人卡斯泰尼面前分割财产。米歇尔又被认定是新的主要遗产受赠人，继承姓氏和庄园，他成为第四代领主，负责保障他最年幼的弟弟贝特朗和尚未成年的两姐妹莱奥诺和玛丽的生活。贝特朗还分到在马特科隆附近的豪宅的大部分份额。皮埃尔的继承者的态度都一致，没有任何分歧。蒙田在重病中的拉博埃西亡故后，宣称这是天主教与新教结合的善良智慧。

一星期后在公证人面前了结这些事务时，安多纳特又挑起了昔日的争端。有人提到母亲与儿子之间签订的奇怪的互不侵犯条约，公证人圈定各自的界限，这限制了母亲对她长期以来有效管理的领域的疆界。白萝卜种地不能超出……食物贮藏室占一部分……甚至还划定栗树林……好心的传记作家马德兰·拉扎尔说起这件事认为"火气十足"。我们不妨再加上一句："警惕性很高"……毕竟各人站在各人的塔楼上！

这样，米歇尔当上了庄园主，从此以后他的签名是"米歇尔，蒙田领主"……但是不是植根于世家，却始终在马背上。父亲逝世那天他在巴黎。后来几年他又多次前往那里，忙于处理个人事务，出版拉博埃西的作品（拉丁诗篇，色诺芬译作），把它们题词后送给重要人物：米歇尔·德·洛比塔尔、亨利·德·梅姆、路易·德·朗萨克、图卢兹红衣主教保尔·德·弗瓦。还有他自己的译作《自然神学，或称创造物之书》。写成《随笔集》最长一章《雷蒙·塞邦赞》，其中运用了不少该书中的内容（然而，这个"赞"似乎有点反其原意而用之）。

在那个时候他派人修建了城堡角落里的那座著名的塔楼，这将是哲学家的"炉子"（1885年城堡失火，这座塔楼幸免于难，到目前还供人参观）。他这样就相信遗世独立了吗？在他三十八岁时，拉博埃西逝世已有七年，父亲逝世已有三年，他用拉丁语写了一篇出自他笔下最差与最不真实的文章，用漆写在与他的书房相连的墙上。该文夸大其词，甚至有点幼稚，说什么他已"厌倦高等法院工作和其他公务，……投入智慧女神的怀抱……"，置身于尘世之外。其实他刚刚开始参与公共事业，起初雄心勃勃不踏实，处理案子不冷静，后来才被认为态度泰然，勇敢，反复多次负责重要任务……

历史上最为可笑的，莫过于根据这人经过历练后所得的睿智来评论他。但是这里令人惊诧的是，蒙田城堡的新领主对自己国家的实际情况（"一个风雨飘摇的季节"）明若观火，乘此机会声称要退隐，郑重其事留好退路；这对于一位重视自己地位与光荣、生活在"兵家必争之地"上的领主来说，最多也只是权宜之计。他难道要用语言来驱除战火，摆脱自己的责任吗？

此后不到一年时间，发生了圣巴托罗缪事件，内战再度重新燃起，亨利·德·那瓦尔囚禁在卢浮宫，然后又是"我们可怜的查理九世国王"驾崩，保持中立已不可能，险情不断，任务充满危险，直至他当上波尔多市市长，身陷巴士底监狱，等等。从来没有人比这位最聪明的加斯科涅人那么命运多舛！

智慧女神不管如何智慧博学，其中包括能歌善舞的忒耳西科瑞，都对此无能为力。如果《随笔集》是在这个书房里写出来的，这必然要克服另一位女神，戴铜盔的柏洛娜的袭击。这部大书不是在谈和平——即便是人为的和平也不是。这不是退隐后的成果，而是蒙田领主两次骑马往返于加斯科涅与法兰西岛、罗马与内拉克之间，腾出时间来完成的作品。书中恺撒现身的次数比伊拉斯谟多，这有什么好奇怪的呢？

总之，蒙特韦尔山丘在他1580年去意大利长期漫游以前，在他第二次当波尔多市市长任期期满之后，一直是蒙田的锚地，他的码头。在等待大任降临之时，他将近四十岁，骑马奔驰在森林之间，掂量他的葡萄园里的葡萄串，斜眼打量他的牧羊女，向大家招呼，摘一只桃子，盼咐仆人带一只西瓜放在利多瓦附近的井栏上。

他继母亲之后当了庄园主，母亲勤劳能干，又幸而得到擅长园艺的弗朗索瓦兹的协助，我们在阅读《论自命不凡》时可以对此有个概念，还可看到他爱好自嘲的怪癖，时而津津有味地说上几句挖苦话：

> 我生在农村，在田间劳动中长大。自从掌管我现有财产的人离开他们的职位以后，就由我自己当家作主了。我既不会用筹码也不会用笔来算账。对自己的大多数货币也不认识。农作物在地里与在粮仓里，若差别不明显，我也分不出来；园子里的甘蓝与莴苣还略可辨别。还有连孩子都知道的主要农具名称、基本农业原则，我也不清楚。更不要说机械原理、贸易和商品知识、水果、酒类、肉类的品种与特色；不会驯鸟，不会给狗与马看病。
>
> 不到一个月内就被人发现我不知道酵母在做面包时起什么作用，葡萄酒发酵又是怎么一回事。

他在自嘲吗？有一点儿。但是这是一个怪地主，实在要比他当官员时轻视自己国家的法律，当战士时关心"老百姓"的生命还要怪！我们会以为这是标准城里人阿方斯·阿莱在说话，乡下真是个无法想象的地方，"烤鸡都是新鲜活跳地跑来跑去"。但是他是生在这里，在田间生活过好几年，十年来拥有父母传给他的庄园——父亲做到庄园收益大幅度增加，母亲则处处省吃俭用，连一点生菜也计较。

还有同样令人惊讶的是他与金钱的关系。我们知道米歇尔是个典型的浪荡子，生活在巴黎（或波尔多）时全靠家庭的补助和从外界贷款；他有许多朋友，不难从他们那里得到帮助（"安排事务，我更高兴依靠星辰，也比后来依靠天命和感觉更为自在"）。总之，他是个真正的破篮子，据他的父母说照这样下去，"我们的家要给他败光"。然而到了16世纪60年代中期，他娶了一个嫁妆丰裕的妻子，不久又做了庄园继承人，自己却变成了守财奴：

我的第二阶段是有了钱。我非常吝惜。不多时就积蓄了对我的地位来说是一大笔的钱；我认为除去正常开支以外还有剩余，那才是占有，至于今后期望的收入即使再有把握也不能作为依靠。因为我说，我若遇上了某个事故又怎么样呢？有了这类不必要的古怪想法，我对什么都会不必要地精打细算，存钱以防不测。有人对我说，不可预测的事多得不可胜数，我还会回答，防不了全部，防止几个也是好的。这些事要做就要费好大的心思。我还偷偷摸摸做，我这人说到自己话头很多，说到自己的钱则谎话连篇，像大家一样，富的人装穷，穷的人装富，心里根本没有诚意要谈自己有些什么样的事。可笑可耻的谨慎。

我出门旅行，总觉得装备不够。口袋里带的钱愈多，心里装的烦恼也愈多。一会儿怕旅途不安全，一会儿怕送行李的人不可靠，就像我所认识的人，只要东西不在眼前从来不会安心。把我的箱子留在家里吧，又猜疑又胡思乱想，更糟的是跟谁都不能说！总的来说，守财比挣钱还烦！

> ……依我看，有钱的人都是守财奴。

真是吝啬鬼阿巴贡精彩的自我检讨。拉封丹俯拾即得，即可用以写他的《补鞋匠与银行家》。但是我们的加斯科涅人并未到此为止：

> 有好几年我就是这样。我不知是哪个精灵帮大忙，让我像那位叙拉古人醒了过来，抛弃了这个疯狂的念头，出手阔绰去旅行，把这笔储蓄花得精光。就这样我进入第三阶段的人生（我怎么感觉就怎么说），当然有更多生趣也有更多安排。我做到量入为出，有时稍微超出，有时稍微多余，但是两者相差不多。我过上一天算一天，只要够上眼前的日常开销也就满意了。……我现在还存钱，这只是为了近期使用，不是要买对我无用的土地，要买乐趣……
> 我特别感到庆幸的是，在生理上开始吝啬的年纪把这个缺点改了过来，没有染上老年人的这个通病——也是人类最可笑的疯狂。

这个人"过上一天算一天"，经济上无忧无虑；他拥有一笔丰富的遗产，身边还有一位贤内助无比关心家务，又有一位财产管理人皮埃尔·德·拉夫洛把庄园里的一切操心事都包揽了下来。对此我们不用过分嘲笑这位业主不认识自己在使用的货币，也分不清甘蓝与莴苣，其实他在各处做成了几笔有利的地产买卖来扩大他的庄园，而他自己也会因操办规模不大的油漆木工而满足，这些能让皮埃尔·埃康和安多纳特·德·卢普布置得美丽无比的祖宅不致消失。安多纳特则被贬谪到边远的领地上,想来(远远地)在诅咒这对做事不靠谱的庄园主夫妇。"

蒙田一切事务都不用插手,对他来说真是求之不得。只要世界上的事不来找他,他就可以早晨七时醒来,立即穿上他的黑色过膝短裤、白色紧身短上衣,爬上几级台阶,从他位于祈祷室上面的房间走入书房,他跟我们说过"这是村里最美的书房"。拉博埃西临终时把藏书都赠给了他,这样他搜集来了一千来部书。从书房用目一扫整个庭园尽在眼前。

我们已经提到过他那篇口气不小的宣言,他命人漆在墙上,如同修道院的宣誓,在他也是走入文学的仪式。更有意思的,虽不是更可信的,是这些引言和格言需要校勘的部分;他细心地去装饰他书房的横梁和小梁,仿佛是他这位圣贤的箴言录,而圣贤本人则不知怎么吃透和领会。

当然不妨先抄录其中的几句引语,也可看到把蒙田的五十多句当作系统的箴言是荒谬的。《随笔集》作者是西方思想的创导者之一,他难道会认为把索福克勒斯戏剧中一个人物说的话——"不思不想是最甜蜜的生活",放在其中也是可以的么?

这些警句的基调是咄咄逼人的怀疑主义,谁要是把这看作是蒙田思想的基本内涵,那是你对《随笔集》里洋溢的严格人文主义要素、16世纪这位正直公民的生平一无所知。

这里收录了塞克斯都·恩披里可的十五句左右格言:如"我什么都决定不了","我什么都不懂","没有一条道理没有它的正反两面","这可能存在，这可能不存在"，"我中止评判"；当我们像蒙特拉韦庄园主做的那样，把它们罗列在一起时，他是明白自己活跃思想的复杂性的，而别人（历史学家米歇莱等）则会把这位仿佛自愿关在塔楼里的蒙田，看成是个不断叹息、不停诉苦的残疾人。

说实在的，承认吧，没有读过这部书，也就看不到这个世纪的风云变幻，以及其中的斗争与承诺——尤其是米歇尔·德·蒙田的斗争与承诺，也就会把他的一生看成是一位逃避瘟疫的波尔多市市长的"失职"记录。

书房里的其他格言确实发出一阵阵忧郁的怀疑主义气息，袭击着这位孤独者。首先来自《圣经》，包括《传道书》《伪经》等，其基本思想是"凡事皆是虚空"，最妙的是"在上帝的创造物中，对人来说，风的痕迹是最不可知的"[①]。

圣保罗的句子是不是更给力呢？让我们记住从《罗马书》中摘录的这句话："不要看自己过于所当看的，要看得合乎中道。"这完全是蒙田式的妙句，简直可以说是我们这位随笔作家的写照。

但是若要在这些格言中找出对蒙田启发最大的一句，那应该是至今还留在靠书桌最近的那根柱子上的话："我是人，我认为对人的一切我都不陌生。"（泰伦提乌斯）这句话很有气势，对我们来说，它精纯地阐明了蒙田的思想和行为；蒙田主张宽容，指责实施苦刑，嘲弄所谓"野蛮"的观念，向一切文明敞开胸怀，在意大利用意大利语写作，热爱德

[①] 据《蒙田全集》注，但是《圣经·传道书》里找不到这句话。

国人的葡萄酒和待客之道，尊重他的一个弟弟和一个妹妹皈依新教，竭力说服天主教同门教徒承认一位胡格诺派亲王继承王位的合法性。

米歇尔有了这样的启发与归属，据估计在1572年初开始写《随笔集》。由于有许多时期，他旅行、谈判、斗争、治理波尔多，让《随笔集》写作与修改的时间长达二十年，只是到了1592年死亡才使他放下了手中的笔。第三卷第九章中我们读到："……我走上了这一条道路，只要世界上尚有墨水和纸张，我就会不停顿地、不辞劳苦地继续下去……"不辞劳苦地？他要说的是这部书的文思源源而来？

这个人自幼接受拉丁文化，为什么选择当时的通俗语言法语用来写作呢？他本人提出了一个解释："我的书只写给少数人看，存在不多几年。是时间存在长短，若不然，要用更为扎实的语言来书写。"

这即是说，他没有用拉丁语书写是为了显得更趋俗、更随和、更谦逊。（这么说，为什么不用加斯科涅语呢？）我们也不知道是否有一部分是听写而来的。（因为他说过他喜欢边动边工作。）他的尖角形字体我们是熟悉的，但是这可能用于改错、增补或其他。在最初几版上到处都是这些标记。

第一版《随笔集》于1580年由波尔多市西蒙·米朗杰出版社出版，在他开始有系统地写作后将近九年（其实"有系统地写作"也可指他断断续续地书写）。这个版本只有上下两卷，前面有那篇著名的《致读者》，日期是1580年3月1日：

> 读者啊，这是一部真诚的书……我没有预设什么目标，纯然是居家的私语。我决不曾有任何普济天下与追求荣名的考虑……只是寄语亲朋好友作为处世之道而已……我愿意大家看到的是处于日常自然状态的蒙田，朴实无华，不耍心计……读者啊，我自己是这部书的素材……

两年后，他在瑞士、德国、意大利兜了一大圈回来（1580年6月—1581年11月），当上波尔多市市长，还在米朗杰出版社出版了《随笔集》第二版，表面上没有多大改动——但是令人感到最近到这些国家的旅行，尤其是意大利文化对他所产生显著的影响。

1585年，他卸任波尔多市市长一职，无官一身轻，然而并没有摆脱非常重要的政治任务。他重新投入写作。1588年，这次是在巴黎阿贝尔·朗格里埃出版了全新的《随笔集》第三版，增加了第三卷，对第一、二卷作过重大修订，全书内容丰富，完全是一副新面目。

他还有四年寿命，做了两件大事，一件为国内和平事业，一件帮助亨利·德·那瓦尔登上王位。在这两件事之间，他给他的那部书来了个脱胎换骨的改造，直至1592年死亡来临。这在他心目中包括了未来版本的完整素材么？说到它，没有人会用"定本"这个词，而只是称之为"波尔多版"，里面处处是新的引语、注解、修改和增补，这可能是米歇尔·德·蒙田思想中最纯粹与最接近完成的部分——他的流动的智慧结晶。

这里对《随笔集》决不做任何分析与阐述，本书的宗旨完全不在于此；此外，如果一心一意要追问《马背上的蒙田》是什么含义，必须记住据他自己说的话，他处在这样的坐姿上思想最活跃——活动的思想，坐在骏马上的思想……

要论述我们这位随笔作家的思想，那就要请教已经提及过的几位优秀传记作家，如蒂博代、维莱、弗里德里克、斯塔罗宾斯基、斯克里克，在许多其他人之后（如阿方斯·格仑、斯特罗夫斯基、特兰凯和纳刚），对这部伟大的著作谈了又谈，隐约提及它在多大程度上融合于他的世纪，或者是由那个世纪培育的；这要归结到两个简单的问题：蒙田的写作是自由的，还是处于政治或宗教裁判所的压力之下？他的作品是不是一开始就获得我们能够想象到的回响与效果？

对于第一个问题，我们不禁要说他的笔是自由的。当然还是有几处含沙射影地说到"也迫于个人义务说话只能说一半、吞吞吐吐、前言不搭后语"。他还承认"教会审查的权威，可以对我任意处置"。他还把拉博埃西的两篇重要文章中删去两处，他宁可不要在这兵荒马乱的年代发表，最后还有他在《意大利游记》一书中提到一位罗马圣廷学师对文本的著名批评。

对于1581年与罗马圣廷学师的这次谈话值得多说几句。唐纳德·弗莱姆写道，这是一场礼尚往来的一问一答。但是谁不知道宗教裁判所说话笑里藏刀？事实上，罗马学师要蒙田费心做出有益的改正，提出的责备不少于六处：使用"命运"这个词；引用和颂扬异教徒诗人的诗句；原谅"背教者"朱利安；主张祈祷应该摒弃一切"邪念"；声称凡是超出简单一死的刑罚都是残酷的；主张养育孩子不是要他"什么都会做"。

这个批评颇为婉和，尤其出自特兰托教务会议时期一位发言人之口。确实使用"命运"而不使用"天意"（或者更为模糊的"圣宠"）让人感到他的异教徒人文主义者感情；把泰奥多尔·德·贝兹这么一位杰出的加尔文主义学者列入当时最优秀的诗人名单，不能说没有勇气；对最著名的背叛者之一的朱利安教皇大加赞扬，简直可以说是挑衅；还认为祈祷要是神圣的，就应该心地纯洁、不计功利，这便导向那时还没有形成的和有意不提的冉逊教派；揭露苦刑的横行，不可避免是针对宗教裁判所的；最后蒙田的教育思想，其中包括享乐主义，或者甚至是希望酒神式的狂欢，实在使那些循规蹈矩的人难以接受。

然而奇怪的是，这位善解人意的罗马圣廷学师没有把重点放在《随笔集》中对基督教义两大最明显的冒犯上，那就是通篇不提基督；屡次三番提到死亡及其高贵的意义，却从来不把死亡看成是通向天国的道路，跟柏拉图或塞涅卡的提法毫无差别。总之一句话，蒙田离开罗马时，听到要小心为妙的建议，要改正其中某些错误。他并没有大惊小怪，觉得这些嘱咐并不严厉，一旦回到老家也就搁置一边，并不放在心上……

这种拒绝，对于蒙田面对宗教约束的态度来说，意味深长。事实上他对政治人物好像非常关心。他敢于颂扬背教者朱利安，这在基督教社会是尤为危险的一个话题；在罗马针对此事向他提出警告后他也不重视,然而他不敢出版《自愿奴役》一文;这本册子批评绝对权力相当勇敢。但是,在书里也可看到,拉博埃西行文谨慎,对法国君主政体没有任何声讨——认为它在本质上还是优良的……

然而,当蒙田揭露"那些新玩意儿",也就是宗教改革时,他瞄准的目标不是宿命论或者摒弃圣事仪式,而是宗教改革引起的法国政治社会的动荡与混乱,还有奇怪的是,他怪罪于路德,而不是加尔文(他国内基督教义依据的倒是他的理论)。

《论跛子》提到的主题,可能使蒙田遭受最大的风险,他在文中怀疑魔鬼的现实情况以及把罪过都归于女巫。杰拉尔德·纳刚说得很肯定,蒙田为此"受到驳斥、攻击甚至威胁"。反对他的人有马丁·德里奥和德朗克尔这样的鬼神学家,他们对他的大胆妄为深感震惊,耶稣会神学家泰奥菲勒·雷纳尔把他跟蓬波纳奇都看成是异教徒。

说到这些烫手的主题,不是玩弄文字游戏能够逃过的。但是我们要看到这个事实,《随笔集》作者大胆议论朱利安,赞扬某个胡格诺派诗人,严厉批评穿法衣施苦刑的刽子手时,却精于伪装,使意义模棱两可,以此来减少风险。杰出的美国蒙田研究专家帕特里克·亨利说到"防御性写作",主要是指具有高度风险的多篇随笔的篇名:《塞亚岛的风俗》是赞扬自杀;《论跛子》是声讨鬼神学;《论维吉尔的几首诗》是为性爱辩护,这是小心翼翼避免当面顶撞循规蹈矩的人与教廷的审查官员。他是否用了这些转弯抹角的篇名从而躲过了天雷轰顶呢?

说到《随笔集》对当时社会在知识传播、伦理道德和政治方面的影响,必须谨慎小心。这部作品不久呈献给亨利三世,很快招引来了读者与欣赏者，即使在法国国外也是如此；不到一年以后，蒙田到意大利旅游，作为《随笔集》的作者而受到庆贺。以印数而论，是不是有一种意义？人们估计第一次印刷是一千多册，第二次应该加倍，1585年包括第三卷为四倍。布朗托姆对蒙田并不友好，他与蒙田在文学界要比在军事界的交谊还深厚一点，也对该作品作过间接的赞扬。开明贵族二十年来一直因为是开明贵族而受到轻视，这点也促成了他的成功。与蒙田庄园主有关的亲友，首先是好几篇随笔的受赠者和其夫人们，没有不读过这部书的。选择米歇尔·德·蒙田当波尔多市市长，何尝不是依靠随笔作家这个好名声？

这部书作为倡导容忍的宣言书，是不是响应了他的时代？他建议对待宗教改革派要温和，从性质上必然使天主教主流社会大为恼火；他还谴责宗教改革措施，也使胡格诺派感到失望。实际上，《随笔集》出版时期，对于这些揭露也没有多少记载。朱斯特斯·利普修斯或拉克鲁瓦-杜-曼恩的喝彩声压倒了奥比涅之流的斥责声。

对于社会更为直接的影响呢？据杰拉尔德·纳刚说，《随笔集》作者1590年在都尔救出了不少于十四个女巫。我们不妨把《论跛子》中的这一段落摘录下来："……我更会给他们服铁黎芦，而不是用毒芹治疗疯病。"（也就是服药而不是毒死），再来对比法庭法医比格莱先生对诉讼所作一份报告进行比较："我们的意见是把铁黎芦塞进他们嘴里进行排毒。"《随笔集》第三卷发表后两年，……有多少部书能够说它们拯救了十四条人命？

但是他的塔楼不是一座牢房，也不是抵御历史风暴的避难所。他时而让人听写，时而自己用羽毛笔在纸上书写，时而翻阅他的普鲁塔克或塞涅卡，时而在书房里来回走动（"我的两腿不动，精神就提不起来"），将近黄昏跳上马背，驰骋穿过乡野，在弗朗索瓦兹身边打听瓜果的收成。他好像只是过着乡绅的日子，爱书籍，爱悠闲。但是世界在动。

蒙田给《随笔集》取书名时，称这是一个大杂烩，说是分不同阶段完成的，有时实在懒于动笔，中间相隔好几个月。人们所说的他退隐十年，其实只是为公众事务奔波与伏案写作之间来回转，对于这个勤劳的航手，他急于起锚，永远在观察世情，蒙特拉韦的那座塔楼只起了泊锚地的作用。

根据目前的档案材料，谁也说不出他在1570—1580年之间到底去了巴黎几次。第一次（很可能）在1572年末，开始写《随笔集》后，那时他是应查理九世召唤而去的。查理九世国王在圣巴托罗缪血腥屠杀后，把他的圣米迦勒等级骑士们召集到身边，好像要从他们那里得到即使不是同意也是安慰；那场惨案已经把他吓成一个魂不附身的行尸走肉。

米歇尔·德·蒙田也确实在前一年获得圣米迦勒骑士勋位，为此招来布朗托姆的嘲弄。这份光荣从前罕见，享有威望，而今已褪色不少。有人称它为"任何野兽颈上都可戴的项圈"。（但是世上任何一项功勋，若由新人获得，无不被原先获得者视为跟从前相比不可同日而语。）然而，对于像蒙田这样新册封的乡绅来说，这肯定是一份荣誉，他还不得不装出鄙视的神态，谈到由于该勋章的滥发，勋章在人们心目中的价值也有所贬值。

我们还是可以证实他为此感到自豪，甚至荣耀：他在各种场合都佩戴勋章，他在城堡的各个部位都命人铭刻或描绘在墙上。更有甚者，他要求出版商米朗杰对第一版《随笔集》的扉页重新设计，只因为那时市上流传的书籍没有写上他的头衔。

蒙田对这类荣誉似笑非笑地很当一回事，以后也不断地接受。从1573年开始，他发给波尔多最高法院办公室旧同事的信函，都署上"国王王宫内侍"的头衔。这个头衔是查理九世封他的，他在《随笔集》里提到时总是称他"我们可怜的查理九世故王"，可能是因为1572年在巴黎遇见时看到他那样萎靡不振，在1574年5月国王弃世而去，把王位传给他的弟弟亨利·德·安茹，即亨利三世，蒙田对他爱之不深，虽也受到他的表扬与恩赐。

事实上，他以蒙孔都得胜者的名义，不久被召到圣埃尔米纳军营，然后又受蒙潘西埃公爵的委托，前往波尔多最高法院去执行上一章提到的任务，号召他的旧同事要为城市，更确切地说要为特隆佩特要塞，做好准备，抵御胡格诺派的进攻，还不知后者是否得到英国船队的支援。这时蒙田完全介入到天主教最好战的人士一边。

但是三年以后，在1577年，他怎么又受到了新教派领袖亨利·德·那瓦尔的青睐与赏识，任命他为王宫内侍，如同他的对手瓦罗亚王族兄弟对待他一样？

这期间，发生了巴托罗缪大屠杀事件。第二天，亨利·德·那瓦尔因禁在卢浮宫，被迫改宗；后来他成功潜逃，几个月后，他又选择他的暂时敌人，也即吓得失魂落魄的卡特琳·德·美第奇的两个儿子的"王宫内侍"作为护卫，这样说来可能是蒙田帮过他的大忙，得到不同一般的照顾。

我们以后再回头来看蒙田在书中所说的"我也曾几次参与君王之间的谈判"，这使他处在三位亨利——亨利·德·安茹、亨利·德·吉兹、亨利·德·那瓦尔——之间进行斡旋，试图走出圣巴托罗缪屠杀使王国陷入的血海。

这点是清楚的，在这一片人人自危的黑暗中，蒙田的言行得到那瓦尔国王的信任，他这个天主教徒始终对自己的派别表示忠诚，然而并不赞成它的全部做法，亨利·德·那瓦尔寄希望于他的未必是他的效劳，至少是他的友谊。可是这位精明的那瓦尔不知道的是，他的新晋封的王宫内侍不久前写了一篇随笔《论信仰自由》(出版是在三年之后)，赞扬背教者朱利安，从中可以看出对于那瓦尔本人的两次背教也是一种辩护……

从而，蒙田这位"隐士"从军营到外交舞台，从攻城到谈判桌，还同时做了两位死敌王爷的王宫内侍，这足够说明16世纪80年代他在重大政治事务中扮演的角色……也是他在那时候写出了两篇随笔：《论退隐》与《论睡眠》。应该相信哪个蒙田呢？

这位幽居小室的作家，也是风尘仆仆的外交家，过着这样的双重生活，突然遭遇一场可怕的考验：在1578年——有人说是7月20日那天——蒙田庄园主遇到结石的第一次打击，在今天这个病称为肠绞痛。"我跟最坏的疾病交上了手，这是一种突如其来、痛苦非凡、可以致死和无药可治的痼疾。"

他还明确说1579年底发作了五六次。他又说："痛苦也不是那么尖锐和厉害，会使得一个心态平静的人变得疯狂和失望。"然后又像一个真正的哲学家评论这一种病痛的意义与影响："我至少从肠绞痛中得到这个好处；本来无法跟死亡取得谅解和妥协，现在肠绞痛使我做到了这点：'病痛愈是逼得我走投无路，死亡愈不叫我害怕。'"他甚至还这样写道："每次排出一块结石，迅速得到解脱，其欢乐不是所受的痛苦所能比拟的……"但是他要求病人有权利不装得像斯多葛那样忍受病痛，脸无表情，"如果肉体在呻吟时减轻痛苦……就让它呻吟……"

皮埃尔·埃康去世时年七十四岁，在此前深受此病之苦长达七年。米歇尔确信不疑，他的结石遗传自父亲，在四十四岁时得此病时要比父亲那时年轻得多。他找不到根除和缓解之药，但是跑遍了以温泉治疗而得名的疗养地，如埃格肖特、巴涅埃尔、巴尔博登、杰尔。以后他又计划在1580—1581年那次先往勃隆皮埃，再往托斯卡纳的意大利之旅，这次旅行的借口首先是治疗。

他在这些温泉里感到某种程度的舒解，有时还排出膀胱中的一块结石，他想这首先是自然之功。他对医学真是深恶痛绝，莫里哀也对医学界屡射冷箭、嘲弄不已，然而这些话在蒙田的读者看来太过轻描淡写。

蒙田庄园主虽然朋友圈里有良医，对巴黎医学大师西尔维乌斯也印象良好；他对医学敬而远之，主要矛头还是针对当时的习惯做法。外科大夫要进行可怕的大手术，不就是干脆切开病人的阴茎取出其中的结石，而且还是不用麻醉药的那种？……

至于他的那场历时弥久的意大利之旅，使他经受了各种各样的考验，使米歇尔·德·蒙田一生最后十二年过得阴暗凄凉。但是首先也要注意他这个怪病与众不同之处。尽管结肠病发作时痛苦不堪，却不像人们想象的那样，还不足以转移他对骑马的兴趣。相反地，这激励他比往常更多地跨上他的坐骑，骑在马鞍上的坐姿使他感到舒坦。他还特地说得很明确，疾病发作时他骑上十多小时也不下马。

这是膀胱得到了按摩、热气于病有益，还仅仅是注意力分散而已？事实是他热爱骑马，对于这位"结肠病"乡绅来说，竟比他憎恨的医药更有益于治他的毛病。从这点来看，难怪有人振振有辞地去证实心理治疗中心理现象的重要性。

长时间坐着写作必然加重他的病痛，然而不管如何疼痛难挡，米歇尔·德·蒙田始终是个享乐主义者，爱好生活中的种种乐趣，也善于挑逗使得大家快快乐乐——除了不久他在五十岁左右不得不放弃的天下最大的开心事。

要对蒙田阁下在塔楼与花园之间的一日生活有个概念，只需打开《随笔集》第三卷最后一章《论阅历》，那是这位认为"知道光明正大地享受自己的存在，这是神圣一般的绝对完美"的那个人的惟妙惟肖的自画像，他这样说起自己的所作所为：

……我们的生命在于运动。……我的身体能够坚韧，但是受不起突然的剧变，我从今以后要避免激烈的锻炼，四肢还未发热已经发酸。我可以整天站立不坐，也从不讨厌散步。但是从小起我就只爱骑马上街……

　　我在饭桌上不挑食，吃放在最近的一道菜，也不太愿意换口味……

　　我喜欢煮得半生不熟的肉，还要封藏过头，甚至有异味的……

　　除了甜瓜以外，我不大爱吃蔬菜色拉和水果。父亲讨厌一切沙司，我则是沙司都喜欢。吃得太多使我烦恼……

　　在许多东西上，我觉得自己的胃口与口味是在变，从白葡萄酒换到红葡萄酒，然后又从红葡萄酒换到白葡萄酒。我爱吃鱼，在小斋日大吃大喝，在大斋日又成了我的宴庆日……

　　我喜欢用小杯子喝，还高兴干杯……我在酒里经常掺上一半水，有时三分之一……

　　像我这样吃东西狼吞虎咽的，除有损健康、影响乐趣以外，还不礼貌。我经常咬到舌头，偶尔慌张时还咬到手指……

　　健康的最终成果是享受快乐……

　　我只是操办世俗之事，憎恨这种非人性化的聪明之举，要我们轻视和敌视肉体的教育。

　　这样专注于跟世上万物和谐共处的意识，当然值得钦佩，但是会不会对最无人道的不和谐欠缺关注了呢？我们等着再来评论。

第八章
大屠杀：蒙田与马基雅维利

到了晚年，米歇尔·德·蒙田还是像二十年来那样不断地手拿羽毛笔，修饰他的作品，翻到第三卷第一章，他说："公众利益需要有人去背叛，去撒谎。"这是一条苦涩的格言。一读再读后，更加苦涩了么？这些话是他在波尔多市政府和其他地方担任十年公职之后写的。从那时起，他卷入了跟卡特琳·德·美第奇、各地亲王、波尔多和巴黎联盟派的危险谈判。这些阅历非但不能缓和他直截了当的语言，反而让他说话更冲——还要添上那条可怕的增补。在"背叛和撒谎之后"，居然还敢加上"让大家去杀吧！"。

波尔多版是遗著，是遗嘱，在第三卷第一章第二页边白处突出这六个平淡无奇的词，让人禁不住要去回顾那场过去了已快二十年的昔日悲剧。这件事发生于1572年8月24

- "……让大家去杀吧"
- 8月24日血腥夜
- 国王或巴黎平民？
- "我们可怜的查理先王。"
- 这位善良的皮布拉克
- 波尔多市与耶稣会
- 马基雅维利，"这个发臭的无神论者"
- "论功利与诚实"
- "他若毫不遗憾地去做"。

日，在历史上称为圣巴托罗缪事件，实则是一场大屠杀。这确是《随笔集》作者选择的那个词，更恰当地说明这不是"普通的杀人"、"暗杀"或"执行死刑"，在这里确确实实是指屠杀，即使不是诚实的，至少是讲功利的。

经过几番深思熟虑之后，这是他对"为了公众利益而做的罪恶"所用的词，不得不忍受上帝的鞭笞。更有意思的是，他还在这些公式旁边加上"真诚的人"的一条简短评论，他急于要撇清自己："我们不该叫那些较听话、较懦弱的人去担当如此重任？"我们可以承认一个行动是有功利的，但是又不必自己为此去执行。

当然，在蒙田时代法国还有其他屠杀，瓦西屠杀（1562）系吉兹家族所为，接着是弗朗索瓦公爵遭到一名新教徒的刺杀，接着又是他的儿子"刀面人"（1588）被暗杀，第二年又是国王亨利三世遇刺。主要还是在 19 世纪，圣巴托罗缪事件有了一种象征性的意义。但是自从罗马大洗劫（1527）以后，16 世纪的任何集体罪恶还没有使用这样重的叫法。1590 年的蒙田对当时的动乱卷入太深，他对 1572 年这场悲剧的角色理解太清楚，绝不会不知道他用"屠杀"这词来称呼，意味着什么。

但是，那时蒙田又在哪里呢？在 1572 年 8 月 24 日，尤其是在波尔多 10 月 3、4、5 日这三天恐怖日子里，波尔多屠杀了将近三百名胡格诺派教徒，像在法国其他城市（如奥尔良、里昂、鲁昂、图卢兹）一样，是对巴黎人的集体犯罪做出回应？

完全有理由相信他远离卢浮宫及其附近。科利尼、那瓦尔与孔代的朋友被掐死在附近几条小马路上。在接下来的日子里，在外省有种种传闻，对他来说发表议论过于冒险，还是不说为妙。甚至10月初发生在波尔多的杀人事件他也如此对待。

在那个时期，蒙田庄园主应该关在他的塔楼里，七八个月来跟他的第一部书相持不下——这部书的开篇就动情地提到一场屠杀，马其顿人亚历山大对底比斯人的屠杀，他下令把那些溃不成军、失去集体自卫能力的勇士赶尽杀绝……他们最后都成了刀下之鬼，直至流尽最后一滴血。这难道是对近期的暴行做出的第一个有所指的反应？还是有预感？

不管有没有他的城墙与手稿的庇护，蒙田庄园主听到从十里路外传来的波尔多屠杀，还是感到骇人听闻。在遇害的负责人方面，其中有人跟他的家庭渊源很深，如夏尔·德·蒙费朗；在遇难者中间有老同事，如法院派的让·吉奥什。这次杀戮是他自己的城市的市民进行的——他曾经在这座城市里生活过，学习过，裁决过，治理过。他接触过这座城里一切代表权威的东西，活动积极的天主教派领袖——其中包括耶稣会会士——他们不是他的朋友，就是他的亲戚，以致在和与他政见相近的"温和派"站在一起时，他总受到猜疑和牵连。

这同一位哲学家明确提到了1548年血洗波尔多的日子，这件事距今确已很远，受害深度也不及；然而这说明他对于"自己老百姓"犯的罪恶，只是历年来缄口不谈，然后过了好久才忧心忡忡地承认一场屠杀（没有点名）的功利性……

他这样谨慎是由于对家人的安全操心吗？还是拒绝背弃现在或者

最近的教派主张？抑或是对国王的不弃不离？在他家的那本家庭纪事册，完全躲过群众、官方和盗匪的耳目，还是可以任意表述他的不赞成或者悲哀。他是不是只把家庭和亲友的事写在上面呢？不，几年后，他在1588年12月23日那一页上写道："亨利·德·吉兹公爵，实在是一代英豪，他在国王的私室里被杀。"这桩罪行犯在远离他蒙田家乡的布卢瓦，悼念的则是1572年8月24日圣巴托罗缪日屠杀的主要罪魁祸首之一……

至于说到波尔多的残酷镇压，在《伯特尔》里应该有更多记述，然而大家看到关于1572年10月最初几天的几页已经撕去。被谁撕去的呢？被他自己吗？害怕自己对同乡的大罪可能做出不利的判决吗？或者是哪个后代子孙撕的？要是天主教徒，会被这种反应激怒；要是新教徒（那可能是塞居尔）看了他对这样的罪行也不敢指责而引起反感。让我们看到的是，不论在巴黎还是波尔多，米歇尔·德·蒙田，这位人文主义者、温和派、暴力的敌人，对改革派不失同情，却没有留下什么让我们知道他对1572年夏天在巴黎与秋天在波尔多犯下的两场臭名昭著的杀戮罪的看法。

我们在义愤填膺以前，先来认清这个事实，这位先生在与女性所持的关系上已经阐明，他在许多领域领先他的时代好几个世纪。但是并非在所有领域都领先，他毕竟是他那个时代的人，那时有宗教裁判所，有火刑架，有罗马大洗劫，有火焰法庭，有阿尔勃公爵恐怖统治荷兰，离他时代更近的还有朗古瓦瑞领主这凶残的教士剥皮鬼。这一个时代不乏恐怖行为，那时这些恐怖行为还不像今天那么让人觉得是恐怖行为——

也不是马上清算其严重性。

雅克·德·费托是个勇敢为蒙田辩护的作家,他写道:"我们若要理解蒙田,重要的是听其言,观其行,察看他身处的环境和气候。他不是像个法官一样静静地坐在我们的桌子边上。他是其中的一个演员,他认识主要角色,巴黎圣巴托罗缪案的,波尔多屠杀案的;也有布卢瓦的,他在那里完全有机会与号称'四十五人团'的暴徒擦肩而过,这是些加斯科涅青年,他们的家庭对于蒙田并不是完全陌生的。"

要理解蒙田的行为或沉默,若不简单回顾一下历史前提也是办不到的。

1572年8月24日是这一周的血腥奇幻变化的集中表现,"血与死亡的螺旋式上升",雅尼娜·加里松这样写道,她是《玛格丽特·德·瓦罗亚》的传记作家。这位公主是查理九世国王的妹妹、摄政女王卡特琳·德·美第奇的女儿;六天以前,18日,在巴黎,她年方十七,嫁给了比她大两岁的亨利·德·波旁,他是那瓦尔国王,新教派的军事领袖。这事引起新教界以及一部分他煽动的天主教教民的愤怒。而在新郎一方,则是来自贝亚恩和其他地方几百位胡格诺派乡绅,面目狰狞。巴黎人大多数是天主教徒,还是最不讲理的一号人,看了这些不是害怕就是生气,几天来,大家感到有大祸临头,纷纷磨刀磨枪。

这场有违天命的婚姻是王太后美第奇策划的,并得到了亨利的母亲雅娜·德·阿尔布雷的同意,后者是积极的改革派,她们都抱着希望,希望婚姻的另一方在人前表示改宗，以此缝接这两个社会。事实的发展却适得其反，使矛盾全部激化。尤其是教皇派和改革派之间的关系，由于在国家领导一级发生了外交危机，更加恶化。

加斯帕尔·德·科利尼海军上将，是胡格诺派的政治领袖，成了朝廷顾问，国王对他宠幸有加，引起大部分天主教徒的极大反感。科利尼几个月来就试图把法国拉进一场远征，去解放佛兰德人，这场起义被称为叫化党起义，反对由可怕的阿尔布公爵为代表的西班牙统治。计划是高尚的，但是这么一场远征不可能不引起非常强大的腓力二世的西班牙参加战争。后者不久前以基督教的名义，在勒班陀海战中打败了土耳其人，达到荣耀的顶峰，影响力大增。科利尼的计划还充满了极大风险，那是英国的伊丽莎白女王，她不久要把教皇压迫下的一个新教部族解放，明确表示她不赞成这一计划，因为法国驻扎的营地离她的海岸线太近……

于是在7月份召开最后几场御前会议，在海军上将和安茹公爵与吉兹家族之间在言词上发生激烈冲突。海军上将的话总是让青年国王听了着迷，而安茹一派则获得王太后的加盟。后者指责科利尼拿王国去冒险，为了巩固自己的权威，要去弥合天主教与新教的两大贵族共同面对西班牙敌人。他们还提出论据说这是一个自杀性的做法。有何为证？他的第一阶段，试图去解救被西班牙人围困在蒙斯的"叫化党"，被打得落花流水，参加作战的法国胡格诺派教徒全都遭到屠杀。

8月18日的婚礼（后世称为"镀金婚礼"）是在火山口庆祝的。尤其四天后，加斯帕尔·德·科利尼在回家途中遇到莫勒韦尔，被后者一枪打伤，莫勒韦尔领主显然是吉兹公爵雇用的，不然就是受卡特琳王太后指使。

这一国家级罪行完全是定点清除（在当时可以说是"传统做法"）。是什么把这个传统做法变成了8月24日骇人听闻的大砍大杀呢？那是卢浮宫内的极端派——安茹家族、吉兹家族、孔蒂家族、比拉克家族——的怒火，由于暗算失手火冒三丈，决心一不做二不休，一枪不中打千枪，把他们统统杀光。

此外还必须寻找其中的杀机，在巴黎中心地区，对于自己娇丽可爱的公主嫁给匪气十足的异教徒愤愤不平，就像性与狂热交织一起会触动死亡的脉搏，就像后来黑人被控强奸白种女人带来私刑（我们不能够忘记亨利·德·吉兹很可能还是玛格丽特的情人，安茹恐怕也差不多……）

事情就这样发生了。让-路易·德·布尔容在他的《蒙田和圣巴托罗缪日》里有精彩叙述，强调这是巴黎各阶层人民（布尔乔亚、商人、民兵）齐心协力扮演了这个角色，凶狠地扑杀这个"异教毒虫"。

最初肇始于宫廷，后又有民众的加入而把规模扩大十倍；对于这个双重的圣巴托罗缪事件的传统做法论，那位历史学家提出另一种看法，使我们看到巴黎是疯狂进行一场事先有准备、有组织的猎人活动（幕后是吉兹、红衣主教，还是巴黎市长？），卡特琳王太后和查理九世国王因害怕而被迫与他们站在一条阵线，不致被浪潮冲走，这也是韬光养晦的策略，实际上引起蒙田说出那句天才的名言："国王为了表示自己的宗教虔诚，既然做不到他们愿做的事，那就装出愿做他们能做到的事。"

让-路易·德·布尔容还写道:"这件事被动多于主动,王国政府最后让圣巴托罗缪屠杀放任自流——反正这必然会爆发的:留给王国唯一可以周转的余地,是要知道他自己会成为巴黎这场揭竿起义中的牺牲者还是同谋犯;在一个歇斯底里的教会背后,聚集了全体武装的中产阶级,包括市政府与高等法院成员,得到吉兹家族、渴望复仇的官员和国王长久没有发饷的士兵的拥护……全巴黎动员起来获得最终的解决……圣巴托罗缪事件发生就像排犹一样那么带有自发性!有准备、有组织、有步骤!国王若要进行干涉,他自己也要遭到横扫!"

这种说法极有说服力,这也解释了蒙田为什么好几次旁敲侧击地提到;还让明眼人不仅仅在字里行间看到这个该诅咒的议题,还要说"我们可怜的查理九世先王"。

这位患癫痫病的国王让他的爱臣听任宰杀,在第三天(8月26日)要在最高法院主持御前会议,这是王国最高权力机构,会议上他在吉兹的威胁下,必须承担这桩罪行的责任。有人事前给他准备了一份讲稿,说是王国在一场胡格诺阴谋中进行"正当自卫"。杀人是为了不被人杀。……既然国王这样保证,这种说法最终让德·图(一阵惊吓之后)和拉杰巴斯东这样的明智派接受了,更不用说蒙田……

隔了不久,纪年史家、小册子作家和历史学家对于这件惨案有数不清的说法,有极端天主教派卡米耶·卡比吕比的抨击,他赞扬查理九世设下圈套,让那些异教徒往里面钻;有弗朗索瓦·奥特芒,他把查理国王比作尼禄,把卡特琳比作布吕纳哈特。历史学家米歇莱设立法庭审判双手沾满鲜血的瓦罗亚家族;德尼·克鲁泽在最近一部作品中,认为查理青年国王是犯了"爱情罪",在理想化王朝的前提下保障了民族的团结。正面的与反面的都一一形诸言表。

像蒙田这么一个同时代的人,对权力之争非常警觉,却自置于事件之外,可他对此又凭什么去评论呢?不管怎样,这里涉及的是巴黎人的情绪,从道理上来说,他对波尔多人有更深的认识,即使不是更易分析。这些消息在8月底传至居耶纳,这已经不是什么罪行,而被许多天主教徒拍手称快,即使罗马教廷也加以欢呼,格列高利十三世教皇还举行谢主弥撒,宣称巴黎8月20日之夜让他比打胜土耳其人的勒班陀之战还欢乐……

人们又很快获知,腓力二世摆脱了科利尼和他的佛兰德计划,向他的巴黎表兄弟庆贺;英国伊丽莎白女王虽为受害者悼念,其反应也仅此而已。日耳曼新教徒亲王,就是奥朗日家族也未宣称要实施反击。欧洲总的来说把它当作一件"普通凶杀事件",各地还有人甚至说,面对伦敦和马德里这些大猛兽的虎视眈眈,软弱的查理九世终于显出了他的执政才能……

我们先不问蒙田根据这些不同消息会给以怎样的"解读",还是要看他获知后的当下反应,考虑到他的脾性、思想、关系、阅读和他那时所处的交往范围,必然会对他的看法与行为造成影响。

在政治方面,没有人比前任枢机大臣米歇尔·德·洛比塔尔得到他更大的尊敬,蒙田不久前还把拉博埃西的一部分作品题词献给他。洛比塔尔的妻子与女儿都已加入宗教改革运动,他自己在圣巴托罗缪日的第二天听到消息后发出非常著名的惊呼:"把这一天抹去吧!"蒙田不会没听到。但是这在《随笔集》里没有一点回声……

蒙田庄园主的另一位参照人物,是德·图,他的儿子几年后成为蒙田的知己。他是一位优秀的法学家,这场屠杀引发他写了一首十二行诗《让这天的罪恶在记忆中死亡!》,足以媲美高乃依。《随笔集》作者能够看到吗?

大家很乐意看到蒙田也有这样的表态。从一章找到另一章,即使是引语也好,徒然而已。米歇尔也听说了这位忠厚官员坦露的肺腑之言,还对他传达了8月26日御前会议上国王对事实经过的介绍,同意他的话,这也是真的。但是大家更愿意看到蒙田也表示同样的厌恶,即使由于"现实主义的考虑"而稍有不同也行。他的那些有名望的同僚袍泽表达他们的愤慨之情时,也不见得少冒风险。

如果说随笔作家的政治界朋友至少表述了他们的保留态度,与他交往的那些文人则完全有另一番看法。不论是龙沙、巴伊夫,还是若代勒,他们都是他十分欣赏的七星社诗人和剧作家,都忙不迭地充当这桩罪行的吹鼓手。在《砍去头颅的七头蛇》和《星的颂歌》里,龙沙号召还要打杀、侮辱科利尼的尸体,说把它吊在鹰山上"飘荡"。至于若代勒,他只是对着异教徒发泄他的愤恨:

你们这些尸体发臭,
在水面上漂流,沿途

成为鱼食，进了乌鸦的咽喉……

但是当时蒙田最亲近的人，可能也是影响最大的朋友，肯定是皮布拉克，声名远扬的《致埃尔维特的信》的作者。

居伊·杜·福尔·德·皮布拉克，加斯科涅乡绅，是米歇尔·德·蒙田的知交——两人是青年时的伴侣，可能在图卢兹，更肯定在巴黎——不是一位激进分子。从前他与可怜的安娜·杜·布尔格的关系很密切。布尔格是大法学家，在奥尔良时是拉博埃西的老师，十五年前因异教原因被处死。皮布拉克一时也为了此事关过大牢。后来他代表作为宽容派象征人物的卡特琳·德·美第奇参加特鲁托教务会议，被洛比埃尔提名参加御前会议。那么多头衔才使他没有被人看成异教徒的杀手。

圣巴托罗缪事件后六个月，皮布拉克发表了《致埃尔维特的信》，用拉丁语写成，后又译成法语，为了王国"宣传"需要。这篇文章不久风行欧洲，从此成为法国朝廷为屠杀肇事者的辩护状。皮布拉克写道："只要科利尼活着，法国内外就不会有太平的一天。所以上帝让他用可恶的威胁向国王挑衅；上帝让他用无法无天的阴谋促成自己的灭亡，这是及早拯救祖国的唯一可能的方法。"

不久，皮布拉克看到自己为"良好事业"鞠躬尽瘁得到了报酬。亨利·德·安茹是8月24日那个夜晚的罪魁祸首之一，几个月后被选为波兰国王，波兰是以宽容闻名的国家，这又说明欧洲各国并不像人们想象的那样觉得这件事骇人听闻……这位未来的亨利三世选择皮布拉克当枢机大臣；亨利三世的兄弟查理九世驾崩，安茹又被召回继任法国国王，委托皮布拉克努力让他保留波兰王位，但是大家知道没有成功。圣巴托罗缪的吹鼓手，在1576年还是被亨利三世派去与新教徒谈判和约，新教的发言人则是皮布拉克的亲兄弟、那瓦尔王朝的枢机大臣路易·德·福尔。后来的内拉克和约，也是他以国王的名义去谈判的。

这么一位显赫人物，蒙田自觉与他有好几层关系，首先是一般的，通过与拉博埃西的关系，也因为彼此对公众事务有相似的观念。如果真要凑合的话，我们的随笔作家也会在这首四行诗上署上自己的名字。这首四行诗跟圣巴托罗缪赞歌给皮布拉克带来同样的荣耀：

什么样的国家你就爱它什么样，
是君主国家，你就爱君主，
是少数人统治或集体做主，
也照样爱它，因为上帝让你在那里生长。

不管怎样，居伊·德·皮布拉克首先以《致埃尔维特的信》而闻名，此文对8月24日的屠杀事件予以面面俱到的辩护。蒙田对这位为罪行张目的律师怎样评论呢？我们读一读《随笔集》第三卷第九章《论虚空》里，这四行诗后面接着的引语，提到1584年皮布拉克的死亡。

这就是善良的皮布拉克说的话。他性格温和，见解清晰，作风纯朴，不久前离开了我们。同时离开我们的还有德·弗瓦先生。这两位去世是我们王国的重大损失。我不知道在法国是否还有另外两个人，能像这两位加斯科涅人那样忠心耿耿地向国王进谏。他们的高尚心灵也互不相同，按照我们的时代来说两人都出类拔萃，各具异彩。但是又是谁让他们生不逢辰在这个时代，与我们的腐败与战乱格格不入，互不相容？

"我们的战乱"……说到这个人"见解清晰""作风纯朴"，这几乎又是对拉博埃西的赞词的再版。蒙田在写这些话的时候，是不是想到了《致埃尔维特的信》？这距离他那篇为不要求宽恕的人做辩护也仅十二年。至于亨利三世呢？他被皮布拉克照顾得无微不至，还当了四年国王，足够有时间让他安排四十五个加斯科涅汉子，用匕首把他的圣巴托罗缪同谋捅死在王宫密室内。

皮布拉克的赞词不是对圣巴托罗缪事件而发，就像黎塞留的赞词也不意味他同意处决桑克-马尔斯。但是随着时间过去，大家还是奇怪蒙田没有在这里插进一段暗示或保留态度，优秀人物都应该表态保卫国家安全。不，激动人心的赞词是毫无保留的。而事实上是不是默不作声或远远地低声赞成呢？

《随笔集》有一章不常引用，从中可以分析出这种态度：《凭个人浅见去判断真伪，那是狂妄》。这场悲剧的主题足以启发这位伦理学家和公民议论一番，大家忙着去评论蒙田的"默不作声"，而忘了去参看这篇非常奇怪的随笔，它谈到的是消息，凭消息而做出的评断，消息传播的速度与安全，它的种种说法的可靠性，这里字里行间提出了这个问题：对8月24日的悲惨之夜，人们对宗教权威的尊重，我们到底能够知道多少或相信多少？此外，这篇随笔是第一卷的第二十七章，即使不是受此事启发而写的，可能还是同时间而写的。

我们首先读到的是对这件大事的真实性和可能性提出的疑问，一切消息有鲁莽之处，都值得怀疑。"世上有多少事得到可信赖的人的证实，但都令人难以置信，如果我们不能信服，至少对它们不要遽下结论。因为判定它们绝无可能，这是一个鲁莽的预测。"……

但是是什么引起这个令人不安的疑问呢？那是教廷的权威，天主教徒的义务是对它唯命是从。

在我们的良心上，在我们所处的宗教分裂中，带来了那么多混乱的、我认为莫过于天主教徒放弃自己的信仰。他们抛下正在争论的议题留给对方去继续，还觉得自己做得很克制，很识大体……

……他们选择的那些无关紧要的议题其实是非常重要的议题。要么完全服从我们教廷政策的权威，要么完全放弃。不是由我们去确定我们应该服从到什么程度。

米歇尔·德·蒙田在屠杀时期这样写道，清楚表明他支持"我们的教廷政策"，宣称有服从的义务——因为这不是我们能够评论的。这方面，他的许多朋友公开表明赞成王宫权威和查理九世制订的预防性外科手术式行动，毫无保留地向教廷权威表忠心……这样更加陷入屠杀而不能自拔……

在这个可怕的历史环节，要理解蒙田的态度和选择，确实也相当困难，只有结合极端错综复杂的派别、人物、家庭和"宗教"关系，以及他们的流动性，才有可能做到。今天他是天主教徒，换了一天他可能信新教了。那瓦尔家族原来是天主教派的楷模人物，在雅娜·德·阿尔布雷改宗那天以后就不是了，只比圣巴托罗缪事件早十二年。夏蒂永家族（科利尼出自这家），改信新教比这稍早一些，或者还有孔代。我们还看到在同一些家族内部，如洛比塔尔、蒙田，新教徒与旧教徒朝夕相处或相安无事……

至于那些深深植根于新教派内部的人，他们的从军义务与他们的宗教信仰也可以不相符合。弗朗索瓦·德·拉努，人称"铁臂"，是最杰出的胡格诺派军事领袖，他那个时代的骑士典范，也不在乎在国王军队里服役——国王军队就是参加8月24日事件的暗杀者队伍，然而他们是王朝的合法权力行使者，拉努是在圣巴托罗缪事件后不多几年加入的。

在蒙田周围，很少有像他的弟弟马特科隆和特朗侯爵的几个儿子那么热心的天主教徒，然而他们后来都服役于胡格诺派领袖亨利·德·那瓦尔的部队里，其中有几位还在他的皇家旗徽下阵亡。变化不定、矛盾与流动，真可以说历史是按照蒙田式思想发展的……

尽管有雅克·德·费托的提醒，我们若从现代的角度来看，1572年10月3、4、5日是波尔多三个悲惨的日子，蒙田领主对此所持的态度更加令人失望。这里不存在什么王国安全受到所谓胡格诺派对卢浮宫

176

的阴谋威胁，也不存在天主教派内部要颠覆巴黎的吉兹家族大阴谋，也不牵涉到科利尼在佛兰德的自杀性冒险，有的只是一场阴险的算旧账，因为改革派同胞愈来愈得势，天主教派内的激进派担心卡尔文主义在比利牛斯、加龙、大西洋诸省取得进展。

蒙田在《随笔集》第二卷中写出《胆怯是残暴的根由》，阐释了一切罪恶的集中表现。我们知道他这人毫不胆怯，对残暴深恶痛绝。但是对于1572年10月在波尔多发生的事，这位敢于面对联盟毫无惧色的未来市长，怎么又不提出丝毫抗议呢？在他提出"公众利益需要人们屠杀"的当口，是不是至少要让人们相信公众利益处于危险之中？……

波尔多离蒙田庄园十里地，出事地点离他在罗塞尔路的家才几米远，为了证实那时情况如何，我们还是引用不知疲倦的雅克·德·费托搜寻到的文件，对当时阿基坦省城内正在搬演的政治剧有所说明。

在1572年这个夏末，说实在的，居耶纳十分混乱，两个"宗教"时有冲突；居耶纳被置于"国王摄政官"蒙彼萨权威之下，而波尔多则由总督蒙费朗治理。巴黎屠杀发生后的第二天，查理九世敦促他的总督"对于安分守己的人不许进行任何形式的压迫"。这即是说，如果胡格诺派保持平静，就不去滋扰他们。蒙费朗据此对外宣布："生活在这里的人们彼此和平来往。"

但是10月2日，这同一位总督却由人传话说，国王命令他处决"四十名新教显要人物"，要求市政官颁发异教徒死刑执行书。最高法院感到气都透不过来，召他出庭陈述；但是他已经鼓动一股暴民横穿全城。先有八十人被暗杀，然后有二百六十四名犯人被屠杀。

第一院长拉杰巴斯东，一直是温和派的领袖人物，激进派看他很不顺眼，逃进哈要塞，给国王写信说："陛下，这不像是您下令要在您这座十分祥和的城市里造成这样的震荡……这里一点没有任何类似于巴黎城内发生的事。在那里，阴谋……是那么紧急，从而不能等待正常的司法程序……但是在这座城市，从无这样的事情发生。"

我们看到这位贤良但是谨慎的拉杰巴斯东，站在国王官方的说法一边，同意巴黎发生的圣巴托罗缪屠杀，是为了更好地揭露波尔多杀戮毫无必要，接着查理九世责备蒙彼萨没有能够阻止其发生，摄政官又把责任推到蒙费朗身上，蒙费朗又指责这是耶稣会会士在捣乱……这是由来已久的诬陷，但是在这件事上倒值得仔细研究，因为蒙田与耶稣会的关系是相当好的……

提到这件事，有必要保持平静的心态，来读一读一位大历史学家的研究，亨利·奥塞1911年8月发表在《法国基督教历史社会学报》的《爱德蒙·奥杰神父和波尔多屠杀》。

爱德蒙·奥杰不是等闲之辈。他被视为耶稣会在法国初创时期的头面人物之一。他是布里亚尔农民之子，出生早于蒙田三年，在罗马结识了依纳爵·罗耀拉，罗耀拉见到这个少年爱好文艺，要他写一首短诗给自己。在耶稣会的文献上是这样写的："他性子活泼奔放，起初引起神修院神父的不快，但是他努力改正，不久就把他青春期的冲动压了下去。"他回到法国，有了罗马这段阅历的光环，到里昂去传教，凭其出众的口才，赢得"法国约翰·克里瑟斯坦"的美誉和艾蒂安·帕基耶（纯然在专业上）的尊重。帕基耶是名闻一时的反耶稣会人士。耶稣会的一位历史学家说："听了他的声音，七万异教徒回到教会的怀抱。"仅仅是听了他的声音吗？现在他动身去了波尔多。

在那里，我们见到他处在1572年秋天阴暗的时刻，他一方面跟波尔多行政官谈判建立一所学校，一方面向民众发表演说。他的口才撩人心火，都讲了些什么内容呢？这方面的报告是相互矛盾的。根据我当时查阅的资料来看，我也在我撰写的一部耶稣会人物的书里这么说，奥杰认为圣巴托罗缪是个"悲惨的"日子。亨利·奥塞的调查肯定要比我深入，我的调查在意识中认为作者属于改革派，其语调也就大不相同。

尊敬的奥杰神父在亨利三世的军队里当过布施教士，随后也成了亨利三世的告解神父，根据《星报》，这位虔诚的屠杀发明者，也卷入了他十分欣赏的奇异的鞭笞派宗教游行。他被派往了波尔多，尽管上级敦促他谈话克制，在台上他还是咆哮如雷，鼓动波尔多人要超越国王摄政官蒙彼萨，做事不能"缩手缩脚"，迅速把加尔文主义者绳之以法："在巴黎谁执行了上帝的判决？上帝的天使。在奥尔良和王国的其他城市谁执行了上帝的判决？上帝的天使。在波尔多谁将执行上帝的判决？也将是上帝的天使！"

令人惊讶的是，马基雅维利的名字在《随笔集》里只出现过两次，有一次是前后相连的。因为这件事很清楚，不管承认不承认，佛罗伦萨政治秘书是随笔作家的导师之一，他的历史书籍是"直射的子弹"，不停地从现实出发，紧抱现实不放。同样令人惊讶的是，蒙田在《论书籍》一章内宁可对吉沙尔丹和他的《意大利历史》议论很多，然而这部书里可怕的悲观主义还超过马基雅维利，简直看不到孕育希望的远景。

我们不用怀疑：要是说我们的加斯科涅哲学家参照《君主论》作者那么谨慎小心，比如说在第三卷的这一章里，仿佛就来自这位先驱者的大胆的头脑，这是因为后者在那个世纪末的法国政治版图上是激烈争论的对象，被人当作反基督者和堕落的教师。

在弗朗索瓦一世和亨利二世治下，《君主论》1513年用拉丁语出版，1539年被译成法语，风靡一时，在该世纪中叶，成为所有政治显贵的床头书，首先是作者的同胞卡特琳·德·美第奇王太后，虽然她的家庭与恺撒、波吉亚的顾问早已断绝来往。

1576年，出现了一本言辞激烈的小册子《反马基雅维利》，起初是匿名发表，后来又署名英诺森·让蒂耶，多菲内的新教论战家，圣巴托罗缪事件后逃亡日内瓦，他把"这名发臭的佛罗伦萨无神论者"钉在耻辱柱上，揭露说这部书是"王太后的福音书，她就是根据马基雅维利的学说来统治法国的"。

同时期还出版了让·博丹的《共和国》，蒙田十分欣赏这部作品，虽则对于这位法学家"追杀女巫"的倡导有不同看法。博丹猛烈攻击尼古拉·马基雅维利的犬儒主义与亵渎神明，而耶稣会士波塞万与里巴德内拉竟然敢用胡格诺派分子让蒂耶的话攻击佛罗伦萨秘书……

蒙田首先是通过马克-安东尼·缪莱，后来又是拉博埃西知道《君主论》和《演说集》的，阅读认真，也愈来愈接近卡特琳·德·美第奇，始终不表态参加"亲马派"或"反马派"的论战。自己本市内和本省内眼见为实的纷乱，他为本人朋友尽责的事，已经够他忙的了。

政治事务暴露灵魂和内心活动，尽管让他很入迷，但他犹豫不决，不敢贸然进入公众"科学"领域，因为"个人的思想摇摆不停，公众的法制与教规则稳定不变，让后者服从前者是非常不公正的"。

但是我们必须引用他用在他这位意大利导师身上的唯一一条重要引语：

……政治事件更是给混乱与指责大开方便之门。

马基雅维利提出的论点都有根有据，然而也很容易被人驳倒；驳倒它们的人也可以同样轻易再被别人驳倒。因而无论什么论点，总是可以找到理由驳斥，反驳，再次驳斥，三次驳斥，四次驳斥的，这样无穷尽的争论，会由于我们小肚鸡肠，把官司永远打下去……

这样不说谁有理谁无理，把马基雅维利、让蒂耶、博丹都打发走，使站在佛罗伦萨导师一边的人不致受牵连。所以必须强调，从定义上来说，政治人物与伦理学家是相互矛盾的——还有可能不那么明显的是要考虑到历史环境，用今日的术语来说"政治地理"，他们各自的思维与行动都是环绕这些来进行的。

在蒙田写作与行动的那些年代，尤其在圣巴托罗缪日之后，法国陷入悲惨的分裂局面，然而国家已经有一个得到承认的存在，几处结构基础，一个中心，一个通用的语言，一个占统治地位的政治哲学，最后还有组织机构……这在马基雅维利书中都被作为例子提到。

所谓的"宗教"纠纷当然威胁到国家统一和这些公众原则，它们都同时建立在天主教中央集权和普世人文价值上的。但是法国国内动荡，不能与十六世纪初马基雅维利行动与思考时的意大利局势相提并论，那时的意大利是贪婪的公国群雄角逐，其中教廷又最贪得无厌。

马基雅维利向君主提出第一条规则是保存政体，他这表达犹如暴风雨中的船夫，航行在风烈浪涌的大海上，"保存"的意思同时包含站稳与救生，生存与幸存。当蒙田使用这同一个词汇，其意义肯定是更加紧迫，但是没有那么悲惨。意大利遇到的是安那其主义，法国遇到的是七零八落的"新玩意儿"。紧急程度与紧张程度不可同日而言。从而意大利的政局更加棘手与赤裸裸，马基雅维利的言辞也更加耿直。

可是呢！要是愿意在蒙田的文章里欣赏马基雅维利，那只要引用以下几句话，除了语调稍有不同，不由得让读者心里在想，到底是这两人中哪个写的：

当一个紧急情况或某种不测变故危害到国家，迫使君主背弃诺言和信仰，或者使他无法履行职责时，他应该把这种万不得已的事看成是神的一种鞭策。这不是一种罪，他只是抛弃了自己的理性，而接受一种更普遍、更强大的理性。但是这当然也是一种不幸。因此，有人问我："有什么办法？"我回答："没有办法。"如果他实在处于两难之间，[但是他不要寻找借口去作伪誓——西塞罗]还是必须这样去做的；但是做的时候若不遗憾，也不痛苦，这说明他的良心有了毛病。

下面这一节可以看出是蒙田要对圣巴托罗缪屠杀事件说的话：

同样，在我们的制度中，有一些必要的职能，不但是恶劣的，还是罪恶的。这些罪恶有它们的位子，还竭力在弥合我们的关系，就像我们的健康要靠毒药维持。尤其这些罪恶对我们是必要的，共同的需要也就抹去它们的实质，从而也变得情有可原的了。这样的事还应该让更有魄力、更无畏的公民去做，他们牺牲了荣誉与良心，就像有些古人牺牲生命去拯救自己的国家……

大家看出他为"共同需要的服务者"给予了怎样的荣誉，他拿他们跟"那些牺牲生命去拯救国家的古人相比"——一个菲洛皮门，一个加图。

我不否认欺骗也有其用途，不然就会对人世产生误解；我知道欺骗经常也可以成全好事，人的大部分天职是靠欺骗维持与培育的。世上有合法的罪恶，就像有许多良好的或可以原谅的行动，但是非法的。

所有这些大胆的警句都取自第三卷第一章的那篇文章，篇名为《论功利与诚实》，写时蒙田已经卸任波尔多市市长一职，但是还负有政治与外交责任，那是他答应去履行的。说实在的，这些警句说是出自尼古拉·马基雅维利之手也未尝不可，除了影射是"神的鞭策"，这不完全是受他的启发，尤其还是那个美妙的句子："但是做的时候若不遗憾，也不痛苦，这说明他的良心有了毛病。"这纯然是蒙田的千古名言，这也好像看出伦理学家与佛罗伦萨经验论者的区别。但是这真的那么肯定吗？

在《君主论》里也有一些警世骇俗的箴言。马基雅维利虽然说过这样的话挑逗读者："一位君主若要保持不败，必须学习做人不老实。"但是也有好主意："能够使用的最佳方法，是获取人民对他的友谊"，"如果人民恨你，你建筑堡垒也没用，堡垒救不了你"（巴黎围困之际，蒙田给亨利四世写了最后几封信，其中有类似这样的话）。

在马基雅维利与蒙田之间有半世纪的时间差距，中间有阿尔卑斯山的地理差距，需要思考的内容也像纺织工的梭子，在"功利"与"诚实"、"诚实"与"功利"两边来回穿梭。法国随笔作家把重点放在"诚实"上，而意大利外交家则把重点放在"功利"上。

然而，《随笔集》与《君主论》两部书的不同之处，是我们可以称之为阅后从内心升起的"深邃之歌"。加斯科涅哲学家与佛罗伦萨秘书都承认罪恶是"必要的"或"功利性的"，做坏事是政治"能量"的源泉。但是《君主论》一书里的严酷教训被蒙田接过手，融合到自己的思想中，变成内容丰沛的提倡宽容、反对暴政和残酷的号召书。

我们在这里提到这些，是从圣巴托罗缪事件来看米歇尔·德·蒙田；不论有还是没有马基雅维利的提法，还是应该回到这几句话，这在我们看来总结了蒙田的最终思考，这对于1572年8月24日那个绝对的政治惨剧，既有肯定也有批评。

……还是必须这样去做的……这都是些危险的例子，在我们的自然法则中也是罕见和病态的例子。我们必须忍让，但是给予极大的节制与界限。这对良心是个极强的冲击，任何私人意图都不能这样去做；为了公利，还是要非常明显与重要的公利，那还可以。

这使《随笔集》作者针对这个突发事件作出结论说："然而我更愿意相信，国王为了表示自己的宗教虔诚，既然做不到他们愿做的事，就装出愿做他们能做到的事。"

蒙田对圣巴托罗缪事件一言不发吗？还是对这桩丑事忍气吞声后，克服了恐惧之心，慢慢地痛定思痛，一步又一步，逐渐得出了一个马基雅维利式的结论，在某些天主教人的心目中——比如他的耶稣会朋友——认为罪恶是相对的，不是这样的吗？

"还是必须这样去做；但要做得不带有遗憾……"

第九章

"骑在马背上"穿越欧洲

一年五个月又八天,骑在马背上跋山涉水,奔波在欧洲危机四伏的大路小道上,这就是蒙田在1580年6月22日到1581年11月30日间所做的事。

我们知道他不爱待在家里。但是这次,这位旅行家原本打算还要在外面逍遥一阵子,跨过他的庄园暗道时已经是个四十七岁的人了,还说自己"垂垂老矣",身子有病。那么他到底去寻找什么呢?寻找哪根金羊毛呢?

有人问他外出旅行的理由是什么,米歇尔·德·蒙田回答说:"我知道我在逃避什么,但是不知道我在寻找什么。"加斯科涅人的回答,比得上苏格拉底了。1580年的这个春天,米歇尔骑在马上朝北,然后又朝东,又朝南,肯定知道他在逃避什么,但是并不因此知道他在寻找什么,他"蹦蹦跳跳"意

- "与其说是在找什么,不妨说是往哪里躲?"
- 神秘的秘书
- 跟马尔多纳的对话
- 瑞士新教派的圣人
- 在威尼斯的两埃居
- 教皇的母骡和洛雷托的香客
- 罗马式割礼
- 结石与矿泉水
- 当选波尔多市市长!

味着什么：治病与探索文化的源头？

他逃避什么？首先是乡绅墨守成规的生活，他表示了对世事的厌倦，要投入"智慧女神"的怀抱，听命于她们吩咐，两年后发觉他依然像年轻时那么好动，见异思迁，对世界和人充满无穷的好奇心，总之爱好"带着他的哲学散步"，就像《意大利游记》第一位序言作者默尼埃·德·盖隆写的那样。

蒙田不讳言有人试图说服他留在家里，他提出的论据和反驳，足够说明这些反对意见来自何方：

> 有人认为丈夫出门会影响到夫妻间的感情义务，我不这样想。恰恰相反，夫妇的融洽关系反而会因日常过于密切的接触而冷淡，而受损。
>
> 我们在结婚时到底没有做成交易，要彼此永远系在一起，好像我们见过的不知什么小动物，或者像中魔邪的卡伦提人，像狗似的寸步不离。女人不应该过于贪婪地注视丈夫的前身，必要时就会看不见他的后身。

总之，经过十五年的婚姻和共同生活，中间几次到朝廷去完成任务，解决说不清的"草垛与鸡笼子"之争，这个世界以及它的纷争并没使他厌倦。离开弗朗索瓦兹两年，在外面东闯西荡，这将使他显得更加和善与容易相处，在他看来要比家庭琐事更少荆棘。

他要逃避的，还有"三亨利"分裂法兰西的局面：国王愈来愈腐化堕落，吉兹则煽动过激的联盟，亨利·德·那瓦尔是他拥护的，然而死守着胡格诺一派，不讲究政治策略。在"宗教"的掩护下，古老的高卢战争又死灰复燃，宗派与嫉妒交织一起：第七次"宗教"战争刚打响不久，后世人称为"情人之战"，名称虽好听，其残暴程度丝毫不减。对于像蒙田这样的和解派，时间还没有到来。

让他远离蒙田庄园与葡萄园走向远方的，还有他称为"他的不安与优柔寡断"，这是由来已久的忧郁，压制了他天生的乐观，又加上为家事、国家前途、自身健康与家庭内部纷争操心。这种做人的焦虑是他无法用写作来归纳与排遣的，反而占领了他的全身——《随笔集》第二卷的最后几章有很好描述，最后还有写给玛格丽特·德·杜拉斯的那封动人的信。杜拉斯夫人生性开朗，蒙田也像对其他女人一样怀有一定爱意。当结石病初起骚扰他时，他敢于这样写道："这幅死气沉沉的画像不但剥夺了我的生动天性，也不符合我精神焕发时的状态，我已大大失去了当初的锐气，步入暮年和晚秋。我已沉入釜底，不久将散发臭气。"

他逃避什么是清楚的。他寻找什么也不见得不清楚。首先，非常明显的是他的路程安排，从勃隆皮埃到卢卡，这一路上到处是温泉，可以舒解他的肠绞痛与从1578年夏季患上的腹泻。他走遍了阿基坦境内的温泉疗养所，病有好转，但为时不久又复发。他还是在给杜拉斯夫人的信中大声说道："荣誉，即使是埃蒙四杰的那种荣誉，对我这样一个性格的人，就是只要肠绞痛发作三次就可以换到，也是代价太昂贵了一点。"

从日程来看这方面是清楚的：他不得不承认这样远道而来，膀胱并没有多大改善，有点得不偿失，提到这点感到委屈。这趟旅行使他看到治病的效果极其有限。

那么，蒙田是不是仅仅为治病而去的呢？有许多人不同意这种说法，认为蒙田浩浩荡荡经过的城市，从巴塞尔、奥格斯堡一路到罗马，那些城市在公共事务、政治、外交和宗教上所处的地位，显然比它们的药物业要重要得多。这岂不是在治病的幌子下完成一项秘密使命么？有些迹象鼓动人们这样去猜测，然而并没有决定性意义。这位旅游者确实跟教皇、不同宗教的官员、好几位大使交谈过。蒙田是名人，对一切感到好奇，带有他的国王的介绍信，并不轻视荣誉。说话怎么能够像河面上的瓶塞子随意漂流呢？这个我们以后再说。

还有，他急于看到新奇和陌生事物，这也促成他出外旅游的欲望，喜欢跟别人交换意见、磨练思想——这是进行这次冒险的主要动机。世界是他的花园，这推动他在思想上跟随亚历山大直到印度，跟随西庇阿直到非洲，跟着他在鲁昂遇到的"野蛮人"朋友一直到巴西。他像苏格拉底一样，乐意说自己的唯一祖国是宇宙。他奔跑着去参观他在欧洲的土地。他在中学里从伊拉斯谟、图纳布斯、缪莱那里接受人文主义教育，又在罗马寻找到一个熟识的宇宙。这个加斯科涅人爱到处乱跑，他就是要发现让他惊讶不已的地平线。

从那时开始，他的天才是善于变更旅游者的日程。不再是纯然的寻找与逃避。他的目的也不再是"去发现他寻找的东西，而是欣赏他发现的东西"（福斯塔·加拉维尼）。

说够了为什么，就来说怎么样。蒙田对于会遇到什么情况早有准备，跟着他一路前往冒险的队伍，最初是1580年6月22日从蒙特拉韦的小山岗出发，接着9月5日在巴黎北郊，人员又得到增加。

蒙田身边是他的弟弟贝特朗·德·马特科隆、妹夫贝尔纳·德·卡扎利斯（妻子玛丽已死），他自己急于要把出版不久的《随笔集》样书呈献给国王，打算在巴黎得到接见。但是瘟疫猖狂蔓延（在1580年据说死者达数千人），亨利三世驻跸在圣莫尔，根据当时的纪年史册，有一家女修道院掩盖他与几位修女的荒唐行为。蒙田好像是在那里把书呈献给国王，并得到其褒扬。

7月7日，马蒂尼翁元帅已经把费尔团团围住，此城由胡格诺派占领，等待着迟迟不来救援的德国同盟军，蒙田与他的同伴那时也在那里。他作为忠心耿耿的战友参加这类战事。在两次短兵接触之间，他看到他的朋友菲利贝尔·德·格拉蒙受重伤，他是国王的宠臣，典雅娜·德·安多瓦（后称科丽桑特）的丈夫。费尔只是在9月7日陷落，在这之前蒙田早已护送格拉蒙的灵柩到苏瓦松了。

对加斯科涅旅行者来说，围困战已经结束。蒙田约定在巴黎北部莫城大路上跟旅伴相会，那是他的女友路易丝的儿子夏尔·德·埃斯蒂萨克和洛林乡绅弗朗索瓦·杜·奥托瓦，他们共同分担费用和风险，说实在的，在南部这个地区风险要小一些。旅行队共有十人，七人骑马，三人步行（两个仆人和一名骡夫）。骡夫难道是运送一大车行李的么？（由此也可想象在蒂罗尔停下修车的艰巨程度。）不管怎样，旅客后面是庞大沉重的行李箱，这使旅行速度减去不少。步行者迫使骑马的人放慢步子，每天路程经常走上七八个法国里，将近三十公里。

我们的随笔作家这样率领一支平均年龄才二十岁的青年队伍。在《意大利游记》里对他们不置一词，《随笔集》里又提到几处想法，叫人没法对他们感到自豪。他甚至不想对自己的弟弟、妹夫和朋友的儿子虚与委蛇。在《随笔集》第三卷第九章，我们读到这几句话（这不止是指这次长途旅行，但是显然也可通用在这里）："遇到一位有教养的人，善解人意、生活习惯与你相符，又爱跟你同路，这种机缘非常罕见，给人的欢悦不可言喻。我在历次旅行中极少遇见这样的好事。"这说得再清楚不过了……

马特科隆主要是到意大利去培训剑术的——那么用心练习，以致蒙田一离开罗马，他就在决斗中杀死一个人，给他的家庭和法国大使造成无穷烦恼。卡萨利在帕多瓦告别大家，假若不是有了艳遇，那可能是要在某大学进修而离开的。

我们对杜·奥托瓦或夏尔·德·埃斯蒂萨克的情况更不清楚。关于后者必须提出一桩怪事，这位青年由于贵族爵位较高，在任何接见中，处处位于蒙田前面：教皇接见他们时，埃斯蒂隆克首先入内，其次是蒙田——这是这个社会的荒谬之处，一个年仅十九岁的青年只因出生在古老的贵族门庭，就可以居于成熟的天才之前。

这支旅行队最后多了一位人物，值得大家仔细阅读，没有这位"秘书"，蒙田庄园主的长途跋涉，除在第三卷《随笔集》有若干引语提到以外，也不会有其他回响了。

这是在1769年，有一位约瑟夫·普吕尼神父，他是个博学的教堂司铎，专攻佩里戈尔地区历史，在搜索蒙田城堡的顶层时，发现一本笔记簿，有两百五十页，迅速得到确认，这本非常奇异的册子有两个撰写者，第一部分是用法文书写，第二部分主要用意大利文书写。

这部作品不是用于出版的，这点很明显，而且还非常可能不准备继续编写。这是骑马走在大道上，边走边聊的产物，而且还不能与这类读物相比，《圣赫勒拿岛回忆录》或《与艾克曼谈话录》，在那两部书里拿破仑与歌德两位伟人是显身的。在蒙田游记里都从琐事俗务入手，比《随笔集》还要缺少条理，通过另一双眼睛的折射、另一只手的书写，看出这位乡绅的性格——爱漂泊，患肠绞痛，以自我为中心，有点虚荣，热心宗教（或者宗教社会学），精通人种学，对有趣的机械原理（尤其水力机械）充满好奇。

《随笔集》的精彩补充。保尔·富尔在1948年评论此书时甚至说，"这是比《随笔集》更要真实的一部随笔"。《意大利游记》给我们展示了另一个蒙田形象。这个形象比他在塔楼里写作时写的形象更加私密，因为它写了只是供本人阅读，又由于出于另一人之手，隔了一段距离，事物发生时的即兴之作，且不是用另一种语言表达的。

这位高贵的旅客是不是预料到这场远征会产生《意大利游记》这部书，因而雇用一名"秘书"来做这件事呢？或许是这个人在旅行队里派作其他日常用途（比如记账），是他自作主张，想起跟着蒙田先生旅行，不妨做些记录呢？……还是佩里戈尔或纪龙德的一位老乡，一个穷学生，带往意大利去学习，一路上让他做些杂事作为交换呢？

这个假设是由于那个人到了罗马后就离开大伙儿。蒙田对于这次分手的原因讳莫如深，只是强调从那时起他只得自己执笔继续完成这项美好的工作，不论这对他有多么不便。尤其他强迫自己用意大利语书写。

这位无名氏文士的作用长期以来遭到忽视，然而他是那么专心关注主人的日常安宁，还善于领会与表述主人的看法与内心活动，而文笔又跟随笔作家本人一样有滋有味，随时随地提到自己时又用"我"代称，这不是一个简单的回声，而是表示自己与主人走上了不同的途径，即使不是做出不同的反应（有两次我们知道他以前来过意大利）。至于他的离去，也像《意大利游记》中的另一处沉默那样令人注目，蒙田在弗拉拉曾去探望诗人塔索，意大利诗人已经失去理智，那应该是旅途中最动人的一个时刻。蒙田在《随笔集》里提到只是说"由他自生自灭"①。

这位文士几个世纪以来真容不露，笼罩其身上的云雾终于被福斯塔·加拉维尼揭开，他给《意大利游记》一书写了一篇扎实的序言，披露了这位秘书的身份，他跟随主人的文笔亦步亦趋，要把他们两人严丝合缝的写作风貌分开，硬是一件令人精疲力竭的工作。加拉维尼女士甚至还说文士写的那部分是不是还更重要，"作家是否还不及文士那么会写"。天哪！美国大学教师克莱格·勃吕希说得还要过分，认定这部分"要重要得多"……

---

① "多少英雄志士都是毁在他们自身的力量与聪明上。塔索是意大利最明事理、最聪敏的诗人之一，作品透剔晶莹、古意盎然，长期以来其他诗人都难望其项背……当我在弗拉拉看到他时，他萎靡不振，死气沉沉，既不知自己是谁，也认不出自己的作品，引起我的愤怒多于同情。"（原文出自《随笔集》第二卷第十二章）

保尔·富尔在他那个版本的《意大利游记》中，有一条注解对这个问题提得更为恰当，那就是《意大利游记》的写作中执笔者从文士转到蒙田这个问题，他认为那时候，文章减少了事实的叙述，转而包含更多人生哲学、医学探讨和艺术思考：如佛罗伦萨只是在第二次游览时或者第二次写到时才被认为是"美人"……

这里不加入这场令人眼花缭乱的镜子游戏，只是想说那位聪敏的秘书1581年2月15日在罗马街头人间蒸发以后，谁不愿意想象他十年后在圣书院给西克斯特五世教皇叙述他的加斯科涅乡绅的怪诞行为——或者更可以这么说，他回到佩里戈尔地区，当疲劳的蒙田在写字桌边呼呼入睡时，他撰写《随笔集》第三卷第九章，以后启发亨利国王写出《南特敕文》的某些条款，促成他与肥胖的美第奇的婚姻。这岂不是一个绝妙的小说题材？

总之，在这十八个月内，他从莫城骑马到埃佩尔奈和顿雷米（圣女贞德出生在那里，她的"后裔"受皇恩册封为贵族，……蒙田只是前去瞻仰），从埃皮纳尔到勃隆皮埃（肠绞痛病人在那里水疗十天，效果不大）、米卢兹、巴塞尔（他与不同的改革派交谈）、巴登（进行五天水疗）、康斯坦茨、奥格斯堡（德国最美的城市）、慕尼黑、因斯布鲁克、特兰托、加尔达湖、威尼斯（那里只逗留六天）、弗拉拉、博洛尼亚、佛罗伦萨（起初感到些许失望），最后到了罗马，在那里这几位法国乡绅从1580年11月30日住到1581年4月19日，接受教皇接见，到教皇儿子家里过节日，参观梵蒂冈图书馆，观看犹太人在家里施行割礼，并听取了圣廷学师对《随笔集》提出的修改意见。

然后又来到了洛雷托，第二次在佛罗伦萨盘桓，在卢卡短期停留，然后在拉维拉附近多处温泉疗养所进行事前长期策划的治疗。1581年9月也是在这里获悉他当选为波尔多市市长，蒙田决定缩短旅程，不过还是觉得必须在罗马停留两周，然后打道回府，回到家乡和他的选民中间，在1581年11月30日与妻子阔别重逢，回到城堡。

有人说与其跟着这位骑士庄园主的队伍竟日赶路，还不如把这部四手联弹、两种语言写成的《意大利游记》，看成是介于《随笔集》第二卷与第三卷之间的第二卷半。那部辉煌的《随笔集》第三卷的引子，以及旅途中各章主题在旅行日记中已有简单的涉及。这些完全说明他跳跳蹦蹦，因作为旅游者感到惊奇，对治疗抱有不切合实际的想法，等等，都没有使我们的加斯科涅人放下他的哲学思考。

这样从"旅行艺术"到罗马街头神女和名媛，从政治艺术到菜园子，当然不要忘记他关心的"结石与矿泉水"，这简直是《随笔集》的微缩版（但是读者可以放心的是，文章内容那么丰富，这里面决没有刻薄与可笑的戏谑……）

一　旅行艺术

这部旅游日记既然无意于付梓出版，因而从某种角度来说，也像是《随笔集》第三卷第九章的几页摘要。第九章《论虚空》原是写实之作，

却用了这个奇怪的篇名,虽则里面也不是完全排斥虚荣的。这篇文章写在1580—1581年那次大旅行之后:

……旅行我觉得还是一种有益的锻炼。见到陌生新奇的事物,心灵会处于不停的活跃状态。我常说培养一个人,要向他持之以恒地介绍其他五花八门的人生、观念和习俗,让他欣赏自然界各种形态生生不息的演变,我不知道除此以外还有什么更好的学校。旅途中身体既不偷闲也不劳累,这种有节制的活动使人精神焕发。尽管有腹泻,我骑在马上八个到十个小时也不厌倦。除了火辣辣的大太阳,什么季节都吓不倒我……我像鸭子一样喜欢雨水和泥泞。空气和气候的变化对我毫无影响;对我来说天空只有一块。只有内心的风云变幻才会使我垂头丧气,旅途中这很少发生在我身上。

我很难心动,但是一旦出了门,就会走到底。行装大的小的我都不喜欢,也不喜欢准备了东西仅仅作一日游去探望一位邻居。我学会了像西班牙人那样赶路,一口气走完白天适当的行程;大热天就走夜路,从日落到日出。

有人对他说:

"你这个年纪走这么长的路,回不来了吧?"这关我什么事?我去旅行并未想什么回来和走完旅程这事,我高兴动身就动身了,如此而已。我为了闲游而闲游……

……我经常去旅游，不会自我向导得这么差。右边风景不佳，就走左边；不宜骑马，就不赶路。我这样做的同时，实际上看到哪个地方都像自己的家那么愉快方便。

……我若错过什么东西没看着呢？那就回头走，这总是在我的路线上。因为我不划出一条固定的路线，既不直，也不弯。

这些都是这位旅游爱好者的温馨叮嘱，可以肯定的是这不是米歇尔·德·蒙田在1580年大旅行一路上零零星星想到和形成的。这一切在那位眼尖的文士所写的篇章里已经出现：

我真诚相信，蒙田先生要是只与他自己的随从一起，他宁可从陆路朝着克拉科夫或希腊过去，而不会转身到意大利。他就是喜欢漫游陌生的国家，他觉得这才是甜蜜的乐趣，以致忘了自己年龄与健康上的弱点，他做不到让同行的人感受这种乐趣，他们每个人都只想往回走……

当有人向他抱怨说，他经常带领大家绕道不同的路径和地区，又几次回到离他出发前很近的地方时，他回答说他本人除现在待的地方以外哪儿都去，他不能错过和绕过他的路线，他的意图无非是到陌生的地方溜达。只要让他不重走老路和两次看到同一地方，他就不去改变他的计划。

啊！这些年轻人，还有文士本人呢？都已筋疲力尽，已经只想往回走，只有蒙田庄园主还不怕脚上起泡、头上长疱……大家又回到了他让同伴们心惊肉跳的目的地——克拉科夫？希腊？为什么不是东印度！——但是还是让唯命是从的文士继续说吧：

……度过不安稳的一夜后，到了早晨想到又要去参观一座城市和一个新地区，立刻就会满怀希望，心情愉快起床。我从来没有见他精神这么抖擞，也从不唠叨自己的疾患，不论在路途中或在旅店里，心思都那么专注于他将遇到的东西，寻找各种机会跟外人交谈，我相信这使他分心不思他的病痛。

二　世界是他的城市

又一次，蒙田把苏格拉底看成是参照榜样，后者"把地球当作自己的城市"，从而以此为据不外出旅行，也从那时起雅典既是赫勒斯彭特海峡，也是忘忧草的故乡……

蒙田则从反面来理解苏格拉底这句话，嘲笑那些波斯国王，他们规定自己决不喝恰阿斯拜河以外的河水。蒙田写道，这样放弃他们饮用其他河水的权利，"在他们眼里，世界其余部分是一片沙漠"。

这是美妙的形象，恰到好处地借水道来概括旅行的起源。他也不满足于以一条河流来比喻，不管是波斯的还是加斯科涅的，都说明友谊源远流长，"可以绕地球一周，把我们串连一起，尤其是这种友谊有来有往交流不断，……在法国吃饭的人也可以向在埃及的朋友敬菜。如果说宗教是建立在圣人的融洽上，蒙田则提出了普通人的融洽。

《意大利游记》是对这条原则的持续不断的说明——他赞扬瑞士的宽容、德国的卫生、奥地利的舒适、托斯卡纳的和谐、罗马的多样性。这些主题组成了这部欧洲交响乐，让人首先记得的是一个法国人，还是一个佩里戈尔人，以嗜好美食出名，而表示种种遗憾，指出蒙田在穿越德国时感到旅行准备之不足。敏感的秘书首先提到蒙田哀叹没有带上一名厨师。任何法国人读到这句话，会认为加斯科涅作家毕竟跟他一样，怎么会吃得惯这些条顿人的伙食，不想念家乡的好菜呢？但是不，要是说忘了带厨师，不是要做法国菜，而是要他学习当地的厨艺，有一天在自己家里一试身手——这对于多尔多涅沿岸的当地人，实在是最大胆的国际主义思想的表现。

走了一程又一程，他欣赏巴塞尔的井泉、巴登民居的玲珑雅致、奥格斯堡的宽阔街道和德国火炉的使用方便：

> 蒙田先生为了深入体验不同的生活习俗，不论到哪里都让人用当地的方式招待，不论这对他有多么困难……
>
> 蒙田先生说他一辈子都不相信人家对外国的衣食住行发表的评论，因为每个人都只会按照自己村子里的风俗习惯来作判断……

这是不是像这位秘书有点沉重地说的，"他在评论中总掺有对自己国家的些许嘲弄，还出于其他显然是政治原因怀着憎恨与愤怒"？他拥抱一个波兰人就像拥抱一个法国人一样可亲，这不仅是他说说罢了，他还不高兴在意大利到处是他的同胞,"在罗马的街上几乎没有人不用法语向他致敬"。认为在帕多瓦有那么多巴黎人或波尔多人,对于从国内到这里来学习的学生不是一件好事,他时时刻刻提起他对自己的生活方式已经腻烦才出外旅行,不会再去西西里岛上寻找加斯科涅人(留在老家的已经够多了)。他找得多的还是希腊人和波斯人。孟德斯鸠是蒙田作品的著名读者,读到这里也不由得做下了笔记。

三 餐桌礼仪与安寝礼仪

蒙田先生引以为憾的一件事,是没有带一名加斯科涅厨师,以便让他学习德国厨艺。这显然是吃虾上了瘾,他保证说一路上每天都不缺少此菜。他在家里并不是个讲究的食客。我们撞见他——他也毫不讳言——狼吞虎咽;他的秘书也说他中午时刻坐在马背上啃一块面包。

他酷爱吃鱼,时时说起瑞士人很会做美味的鱼,德国也有,但是在意大利则不多。以他的口味来吃,肉的味道不重,调味也不够,沙司与菜汤的花样不及德国多,葡萄酒则有淡淡的甜味。

这是德国厨艺给他留下最佳的回忆。让我们听一听秘书提到在林道的菜单:

> ……这一切在良好的旅店里气氛非常惬意,他觉得只有法国贵族家的厨艺才可相比。
>
> 他们有许多好鱼,跟肉一起吃;他们不爱吃鳟鱼,只吃它的

卵。还有许多野味,如山鹑、野兔,配料烹调与我们很不相同,但是味道至少不输于我们。我们也没有见过像他们一般提供的嫩食物。他们在上肉时也搭配煮李子、梨子塔、苹果,有时先上烤肉,最后上汤,有时又顺序相反。他们的水果只是生梨和苹果,非常好吃,还有核桃和奶酪。

以上对于一个吃面包头的人来说,是很有派头的了。他喝酒掺水,奇怪德国喝纯酒也不醉,瑞士人这个样还可理解,因为他们的酒度数不高。还有在这方面他与法国人大相径庭,法国人是以沙司的味道、烤肉的焙制和糕点的香甜来判断世界的。而蒙田对这些要求马马虎虎,正说明这是他深谙旅游之道。

蒙田庄园主其实对床比对餐桌还感兴趣;也就是床上陈设,讲究睡眠的安逸,他本人也承认他爱睡更胜过爱吃。但是也不要把他看成是个偏爱奢侈的人,他说:"我寻求的住地在舒适方面不包括排场和宽敞。他在罗马就拒绝住进租金相同,但是布置得流金溢彩,宛如国王寝宫一般的旅店。他在巴塞尔几位先生的建议下住进舒适的房间,虽则中间有些区别:

……好房子室内与墙外都装饰大量玻璃门窗,镶嵌做工良好,花色图案也丰富。他们的铁器也多,还有铁艺方面的能工巧匠,远远超过我们……以致他们房屋墙面都铺上色彩鲜艳、造型奇特的釉彩砖瓦,房间地面也是如此。

他们的厨房也用陶瓷铺得无比精致。……炉子间也就是说众人在一起用餐的餐厅，非常豪华……最普通的旅舍也都有两三个这样美丽的餐厅。门窗很多，装上花色丰富的玻璃，然而他们更关心的显然还是膳食质量。

但是房间寒碜得很，床上没有帐子，一个房间里总有三四张床连接一起；没有炉子，要暖身只有到大厅和炉子间里去……房间服务设施很不干净，谁有运气还可以得到一块白布，按照他们的习惯床头从不铺布。他们很少提供盖被，除了有时有一条脏得很的羽毛毯。……他们用以抵御夜寒与风的仅是一层玻璃窗，前面也没有挡板。他们的房屋不论在炉子间还是卧室，都是门窗很多很明亮。即使在夜里也不常关玻璃窗。

他在罗马"找到了陈设略优于巴黎的房间"，但是几星期以前在佛罗伦萨，他对他热爱的意大利说话没这么好听了：

意大利的居住条件很差；没有客厅，窗子大，开得也大，只有一块木头大挡板，你要用来挡风挡太阳，也就把光挡住了。这比德国没有窗帘更不可容忍和不可救药。此外，他们的房间简陋，天盖破旧，每个房间最多一顶，下面带一张破床。谁不喜欢睡硬床，那就会感到很不舒服。床单至少同样糟糕。

蒙田庄园主非常在乎床单。喜爱软床？怕冷？不，但是按照当时的风俗，十分注意卫生。餐桌上若有谁不熟练使用最近流行起来的叉子，不像个大户人家出身，一顿大吃大喝后留下余屑，必须立即给他扫清。

四　贵妇和花娘

我们知道蒙田庄园主在男欢女爱这些事上，从来都是直话直说，不管他已成家和垂垂老矣，决不轻视性爱，更不放弃调情，《随笔集》第三卷维吉尔的引语启发他大发议论，说得有滋有味。

大家知道旅行激起热情，新婚夫妇为此纷纷搭上火车或走上公路，主要前往意大利。但是不知道的是我们这位佩里戈尔乡绅有什么出轨的素材。在这些大家闺秀、小家碧玉、公爵夫人或街头神女面前，他让人看到的总是保持标准的法国旅客的姿态，目光微斜，与人闲谈，遇上机会抚摸一下，也注意到在浴场做丈夫的，只要一不小心就会有戴绿头巾的机会。

但是蒙田这种姿态是因为上了年纪？旅途疲劳？不适宜举止轻浮？文士不好意思记录？蒙田在他的青年旅伴面前——其中有他的弟弟与妹夫——行为循规蹈矩？

蒙田对瑞士女人没有多加描述。只是觉得她们一般都很漂亮，高挑白皙。德国女人则在两性与宗教信仰方面享受着令人赞美的平等机会；天主教徒与路德派信徒之间的婚姻中，"更爱的一方遵守另一方的规矩"。蒙田先生还在斯特钦的一座教堂里遇见一个美少女，把她当成了男学生，还问她会不会说拉丁语……

当然这是到了意大利，受压制的热情获得最大程度的发挥。从威尼斯到卢卡，其中经过罗马和佛罗伦萨，我们这个加斯科涅人把形形色色出身的贵妇人都一一检阅，评估她们的才华。他的热情是平静了，但毕竟没有熄灭，蒙田庄园主显出他犀利投入的观察家目光，虽在神父法衣与灌肠器之间有点感到不自在。

他抵达威尼斯不久，即有永久的女性显身，那是一位女诗人——说实在的从前的妓女被称为"威尼斯贵妇"（这说明这两个身份并不相互排斥）。她遣人给他送来一部她写的诗文集，蒙田赏了来人两埃居，这对跑腿是多了，这对诗文则是少了……（但是我们的蒙田好像犯了一个大错误，是不是可以算是他粗野无礼：因为根据这个城市的治安条例，这真是那时候操旧业妇女的度夜资……）

他在威尼斯总督的城市过了六天，得出以下有关花娘的结论：

他没有在威尼斯女人身上见到大家竭力推崇的绝世美貌；但是见识了以美色为职业的最高贵名妓。看到这么一个群体，有一百五十人左右，购买家具服饰出手如同公主；完全以色相维持这样水平的生活，这在他看来也实在令人惊讶不已。当地许多贵族在众目睽睽之下包养妓女。

典型的威尼斯风范？还是意大利风范？那时他对巴黎童年时代的记忆淡薄了吧？……

对佛罗伦萨的夫人们，那要等到他第二次光临才赏识她们的美妙之处。他第一次接触还是让他写下了这几句话：他受邀在大公爵家共进午餐。"公爵夫人坐主位，公爵在下"。是不是这一礼仪启发了卢浮宫或波尔多的显贵？他倒没有擅自假设，而是说公爵夫人"隆胸大奶子"，迷得公爵团团转。

这是第二次到佛罗伦萨走进美第奇家族的府邸，他的想法有所改变，终于说"不管怎样，我不得不承认佛罗伦萨确实有理由称为美丽之城"。他还这样评论城中妇女：

> 今天，只是为了散散心，我去看了那些谁要看都让看的女人。我看了最有名声的女人，但是也没有出众之处。她们都集中住在城里的一个特殊区域内，她们的房屋简陋破旧，没有一点可跟古罗马或威尼斯的妓女相比，在美貌、谈吐与举止上也相差甚远。

但是尤其在罗马，他观察了16世纪意大利各种女性不同的生存状态。第一条是赞扬的说法：在卡斯特拉诺家吃晚饭（他其实是教皇的儿子），"女士周围站着她们的丈夫，给她们提供服务，送酒和做她们要求做的事。他对这种文明的做法不予以评论，而对封斋前的狂欢节中，可以任意观赏的罗马美女说得更加起劲：

> 那几天，罗马的贵妇美人个个让大家看了个仔细，因为在意大利不像在法国，她们都不戴面具，在人前毫不遮掩。说到绝世美人，他说，并不比法国多。除了三四人以外，也很少有出众的；但

是一般来说，她们都更动人，丑女也不像在法国看到的那么多。她们的头饰梳理是法国不能相比的，腰部以下也是如此。法国人的身材更好，因为这里的女人腰带太松，看上去像个怀孕女子。她们的仪态更端庄、柔和和甜蜜。两国妇女的服饰难分上下，都是全身珠光宝气。她们不论出现在公共场所、马车上、节庆日或剧院内，从不跟男士在一起。然而，她们跟男士穿插跳舞颇为自由，那时候有机会说说话与碰碰手。

"碰碰手"？嘿……米歇尔虽把自己看得多么老朽，前面还是有不少好时光。这是说罗马贵妇的腰带太松，德操太紧，还有倚靠窗前的女人可以观赏，虽则也有大失所望的事儿。人在马上看出去更仔细，也只有像他那样的衰老头儿这样做。她们知道如何表现自己最可爱的一面……

说实在的，这其中最大的乐趣就是观看窗前的女人，尤其是那些妓女，她们出现在百叶窗前，摆出欲迎故拒的风姿，不由得我也心驰神往起来，她们实在太刺激我们的视觉神经了。我经常立即下马，受到开门相迎，这时令我欣赏到的是她们显露的比实际美丽得多。她们知道如何表现自己最可爱的一面；她们只向你露出上半脸或下半脸或侧面，戴或不戴帽子，反正做到在窗前不让看到一个丑女。男女经过那里都脱帽，深深鞠躬，顺便得到一两个媚眼。花一埃居或四埃居的度夜资，第二天额外还可公开向她们调调情。

花四埃居为了第二天让人看到身边有女伴，这真是要出风头毫不吝啬！

他后来说自己忙于寻开心，是为了摆脱对死亡的忧郁，或者其他各种焦虑。但是他有一件事觉得很不爽，有的街头神女"纯然陪伴闲聊要价同样高（我寻找的目的无非是听她们聊自己的偏门子生活），在整个交谈中她们同样也是很抠门的"。

但是，总之，意大利不光是只有腰带太松的贵妇、靠在窗前不戴面具的妓女。当他在拉维拉温泉城治疗时，这位加斯科涅领主灵机一动要开个舞会。这可不是唐璜式的舞会，我们的旅行家的创意也不少，要给当地最美丽的少女发奖，从他的话听来只是助兴而已。"……这样，我完全凭自己的眼光，一会儿选这一位，一会儿选那一位，我看重的总是美貌与温柔；这时我向她们指出舞姿美妙不仅取决于脚步的移动，还有全身的举止风度雅致娴静。"

真是谁也做不到更加温馨得体了。但是他还是找个机会"把一双薄底鞋送给了没有参加舞会的一个漂亮姑娘……"，这才是真诚的想法吧？

五　菜蔬

我们从蒙田本人那里知道，他是自己庄园内最无知、最差劲的土地管理者，不知道甘蓝与莴苣的差别……这次旅行好像使他张开了眼睛和鼻孔，他随着马步，几乎怀着行家的兴致观看了瑞士和意大利的田野。蒙特拉韦的傻大哥好像在远离家乡的地方发现了农业的窍门、选种的利益和湿地排涝的好处、农田休闲与套种的区别。

从阿迪杰河谷到波城平原或托斯卡纳丘陵，他用目测来估计葡萄的长势、麦田的成熟，对水力机械表现出极大的热情，这些水力机械有的作为娱乐装置，如在佛罗伦萨、普拉托里诺、蒂沃利，或者在拉齐奥或隆布里埃山谷用于排水。让我们来听一听他对托斯卡纳梯田上的农作物，发出植物学家布封一般的赞词。

他们环绕山坡建造大尺度的台阶，台阶上的泥土不够结实就用石头或其他植被予以加固，以此满山遍野全是耕作物，这种既添美又实用的做法真令人叹为观止。这些台阶的实土根据它的宽度都铺满种子。它的一边朝向山谷，也就是绕山或沿边都被葡萄藤包围。最后凡是找不到或做不成平整的地面上，朝向山顶都种上了葡萄。

这是一位农艺学家的抒情诗，这部旅行手册若让他的妻子弗朗索瓦兹·德·拉·夏塞尼看到，必然大吃一惊。

六　几个形象

这必然也是蒙田研究者百思不得其解的题材之一：《意大利游记》对意大利的艺术谈得少之又少。

他对不同城市，从巴塞尔到奥格斯堡，从维罗纳到卢卡，发表那些一锤定音的评论，经常受人赞扬，虽则可以对他看了第一眼，就轻描淡写对威尼斯和佛罗伦萨表示失望会感到惊讶，他必须回到锡耶纳才对圆形广场的鬼斧神工做出适当的赞叹。

长期以来，他对艺术缺乏鉴赏力已成定论。后有夏多布里昂、司汤达对意大利艺术宝藏都是极具鉴赏力的爱好者，一口咬定我们这位加斯科涅乡绅毫无美学修养与好奇心。到了我们这个时代，某些专家如理查·塞依斯等，反对这种说法，驳斥说蒙田那时在16世纪，不是后来温格尔曼、梅里美或罗斯金时代那种旅游。事实确实如此。热爱蒙田的人欣赏他对文化所作的反应，看到他在梵蒂冈图书馆怀着深刻的爱抚摸维吉尔、塞涅卡和他亲爱的普鲁塔克的手抄本，深受感动，然而又不能忍受他在参观威尼斯和佛罗伦萨的宫殿时对艺术宝藏表现的冷淡。这若是在1581年2月以前发生的事，那么那位青年秘书是否该负部分责任呢？

这完全暴露出我们没有清晰的时代观念。蒙田旅行是在16世纪末，正是提香的时代，在15世纪大师巅峰时代过后几十年，佛罗伦萨与锡耶纳学派的大师们贡献出他们令人眼花缭乱的杰作。当然那时候博物馆还不存在。但是蒙田凭其身份受到教会高官和威尼斯、托斯卡纳、帕多瓦、罗马等城邦的王爷的接待。是的，他在佛罗伦萨提到米开朗琪罗设计的美第奇家族陵墓、瓦萨里的壁画（这提及他的朋友蒙吕克的一场战斗）、勃隆奇诺画的圣洛朗的烈士。但是这里吸引他的是艺术家还是画的主题呢？

他看到过多少幅乔托、曼特尼亚、波提切利的画？那时候开始盗窃这些杰作的，只是少数法国、西班牙和日耳曼征服者，他只记住一位创作者的名字米开朗琪罗。对于其他人，只是罗列了一些主题或内容，使人看出他有良好的鉴赏力与强烈的感情——但是在造型艺术领域和古代文化中没有得到公认的一切，都言不由衷，他常去的几家宫殿，熟悉的是达芬奇这个名字。

举例说明他参观埃斯特宫后的总体感想：

《阿多尼斯》是在阿基诺主教家；《母狼》铜饰和《拔刺的男孩》在卡皮托利山朱庇特神殿；《拉奥孔》和《安蒂努斯》在美景宫；《喜剧》在卡皮托利山朱庇特神殿；《萨提罗斯》在斯福扎红衣主教的葡萄园；现代艺术有《摩西》，在凡库里斯圣彼得墓地，坐在保罗三世教皇脚边的那位美人，在圣彼得新教堂里。这些是我在罗马最喜欢的雕像。

他在卢卡，得知他当选波尔多市市长一职，他又经过罗马，参观了那里的卡普拉洛拉宫。那里令他注目的不是绘画珍品，而是发现了有关法国历史的几位大人物："人物画得栩栩如生，见过他们本人的观众一眼就可看出肖像画里有我们的法国陆军统帅、王太后卡特琳·德·美第奇和她的子女、查理九世、亨利三世、阿朗松公爵、那瓦尔王后和弗朗索瓦二世国王……还有亨利二世、皮埃罗·斯特罗齐和其他人。"这简直是度假的游客的腔调。

我们承认旅行方式不再相同，文化媒介已经变了样，博物馆已经使我们眼界一新。但是天真幼稚地说什么"这多么相像……"，"这像在我们国内……","我们的伟人他们也崇拜!",说这些话令人失望,因为蒙田到底是现代精神的创造者之一,他在其他那么多领域表现出勇气与睿智,使我们受益匪浅。

七　政治使命

米歇尔·德·蒙田是个体弱多病、热爱文化与古迹的旅游者,还是米歇尔·德·洛比塔尔、德·图和亨利·德·那瓦尔的朋友,借口漫游各地寻找温泉治病,其实负有秘密任务的使者,我们应该怎么看?这个问题经常被人提起。只有波尔多学院的前文学教授皮埃尔·巴里埃,给出了最明确的答案,巴里埃努力搜寻这方面的蛛丝马迹,从他的马队进入洛林,直到他接到"波尔多市这些先生"的信函,召请他回来当他们的新市长。

蒙田的旅行途径可以解释为悉心求医。还可以有另一种含义,他这个时代的人文主义者都有雄心壮志要朝拜古罗马的圣地,为自己的文化修养锦上添花。我们看到蒙田的好友艾蒂安·德·拉博埃西怀着极大的兴趣,从路德派的土地到天主教首都,去进行宗教考察。大家是不是也可以在这场远行中找出一个政治意义呢?

我们可以不对蒙田与法国常驻威尼斯共和国和梵蒂冈教廷的大使进行接触这件事给予过多的解读:在威尼斯总督的城市里,阿诺·德·费里埃大使是他年轻时在图卢兹和巴黎的老相识,他皈依加尔文派以后,立即成为那瓦尔国王的枢机大臣;在罗马,达班先生作为法国的代表接待一位到此观光的作家；尤其大使是个优秀的人文主义者。还有他的接班人保尔·德·弗瓦也像朋友与邻居那样款待他。较为奇怪的是他与红衣主教的关系，后者城府甚深，不久成为联盟的领袖之一，蒙田与他应该有激烈的争论。

教皇呢？对这个圣巴托罗缪事件的赞美者，他还说了好话。他们交换思想与政治计划了吗？皮埃尔·巴里埃有另一种看法："1580年，格列高利十三世教皇陷入极为严重的财政困难，法国从传统上是教皇捞钱最多的国家。此外，还有一个离奇的巧合，保尔·德·弗瓦恰在蒙田逗留期间接任当大使。"

1580年10月，蒙田在巴塞尔时，曾与加尔文信徒奥特芒有过几次谈话，伊亚戈尼采夫人对此有过评论，我们是不是也来看一下？奥特芒曾受亨利·德·那瓦尔的委托，到瑞士去执行一项外交任务。他们两人的对话涉及萨瓦与法国两国在政治与宗教方面的关系。这位军事艺术爱好者在与军事家比可洛米尼谈话时就这个问题交流很久，还对旅途中看到的碉堡提了那么多问题，这不该令人觉得奇怪吗？

这一切都没有多大结果。就像他造访托斯卡纳大公爵，像法尔内斯或卡拉法这样最具影响的红衣主教也是如此。从政治观点来看，他游历意大利最明显的结果，就是他对威尼斯共和国所谓的自由感到幻灭。他从法国大使那里知道威尼斯共和国领导人下过命令，不许与外国人有任何接触。这个国家就是这样行事，而拉博埃西这位一切奴役的死敌，曾经希望在这里"理性地"产生……

八　教派和教士

若说加斯科涅乡绅蒙田的旅行有什么意义的话，那不应该在政治方面，更应该在宗教方面去寻找（但是在那个时期真能予以区别吗?）。蒙田1580年夏天在巴黎停留时见到亨利三世；费尔城围困时，那次是法国贵族大汇合，他又遇见不少显赫人物，看来的确很像蒙田接受了任务，去探听天主教与新教各种宗派之间，以及在路德派、茨温利派、加尔文派和罗马派国家之间的关系。对于法国这个已经进入第七次宗教战争的国家，从这错综复杂的局势中有些什么教训可以吸取的呢？

很可能在出发之前并无任何准备或计划。但是旅行者在行为上完全像担负了这样的任务，具备这方面的能力、人际关系和尊严。加拉维尼女士在一篇精彩的文章中指出："蒙田……欲要指出到处存在的敏感问题，以及天主教派与改革派之间最明显的差异。他也不忘提到宗教改革中各个不同宗派的分歧……但是尽管在马丁·路德权威下产生不少争吵，神圣罗马帝国内各城邦在蒙田这位旅行家看来还是和平融洽相处一起。"总之，他向往的制度，对于法国来说，是对"教随国立"的原则的自由接受，莱茵河彼岸的国家也是这样做的。

《随笔集》第三卷第八章是名篇《论交谈的艺术》，米歇尔·德·蒙田在旅行初期就利用他高超的交谈艺术，对天主教与新教社会之间的关系、改革派内部不同宗派之间的关系，进行了一番调查。蒙田在这一系列谈话中展现的才能，得益于他旅行初期在埃佩尔内与耶稣会会士马尔多纳先生的交谈。让·马尔多纳在巴黎克莱蒙中学教哲学，几年前早已出名。教士与哲学家之间产生强烈的友谊，他们后来在罗马又多次见面，当时旁边还有另一位杰出的耶稣会会士，尊敬的托勒多；这并不说明这种一边喝香槟一边聊天，可以写成一篇调查报告，把蒙田与他的改革派谈话对象的一问一答详细罗列在内。根据文士所写的《意大利游记》那部分，他们的谈话只限于温泉的疗效问题；但是说到一位耶稣会会士，就会说表面的无辜其实隐藏许多秘密……这样的说法没有说服力。

总的来说，他们两人不是唯有蒙田在寻找跟改革派会话的机会。马尔多纳的做法虽与路德大不相同，但也在《圣经》中给陷入教条主义的基督教神学寻找重生的源泉。他是否像索齐尼派在询问基督的神性？事实是他的正统性受到质疑，这种不断探索的精神使蒙田向往不已，磨练和鼓励他的"交谈天才"。

在这条多少是共同商量后定出的路线中，巴塞尔这一段至关重要。伊拉斯谟在这座城市里逝世，城内宗教情况复杂，蒙田可以遇到改革派内不同思潮的掌门人，如格里努斯、茨温利、名医普拉特鲁斯，更有胡格诺雄辩家之一弗朗索瓦·霍特曼。这些人用某种方法歪曲拉博埃西《自愿奴役》一书的内容，为他们的事业所用。我们知道《随笔集》作者谴责这种篡改行为，但是他好像已对霍特曼表示体谅，还在巴塞尔谈话后几个星期，从意大利给他写信，像个知心朋友。

还有非常重要的是在肯普滕遇到约翰·蒂利亚努斯，他像路德一样原是奥古斯丁派教士，《奥格斯堡新信纲》的作者，对于天主教态度更为和解，还说这个信纲更接近罗马，而不是茨温利或加尔文的学说。这里面是否可以找到一条中间路线，如艾蒂安·德·拉博埃西出差阿让区后临终前所期望的那种呢？

蒙田不管受不受到马尔多纳的开导，他都不是个神学家。但是他在瑞士德语区游荡时，看到宗教人士精神上这些方兴未艾的迎合已在当地显露出来，非常智慧地与人性实行共处，倒是在那些不受加尔文主义控制的教堂里看到了不同信仰家庭的婚姻，出现日常交流的愿望。法国那时教派互不容忍、四分五裂、血流满地，我们这位加斯科涅乡绅从瑞士到德国，一路在思索教派容忍与社会亲和不断给他的教育。像他这么一个倾向的人，怎么会无动于衷呢？

从中也可看出他一旦进入由教皇管辖的国家，对天主教自有一番非常奇异的行为。蒙田是天主教徒，不是泛泛的基督徒。他遵守教规，逢时为宗教战斗，透彻理解他的领袖的行为。他忠于自己的阵营，尽管他意识到罗马是多么腐败堕落，还是把罗马看成是基督教的首都。巴黎也不是由于它有道德而居至尊地位。

这位旅客在1580年12月30日清晨进入罗马，他不停地用吊儿郎当的猎奇者、嘻嘻哈哈的不可知论者的目光来看待这个恺撒与教皇的社会，而且眼光还很尖："这座城里都是达官贵人，人人都沾宗教的光过着无所事事的日子。"谁能用更少的词说出更有意义的话？晋谒教皇、使徒仪式、信徒与神职人员的行为、跟圣廷学师的议论，在他口中无不带有轻微的揶揄；必须到洛雷托，他举手投足之间才像个虔诚的教民——还带点儿幼稚。

第一次考验：晋见格列高利十三世教皇。达班大使"嘱咐他去亲吻教皇的脚。埃斯蒂萨克先生与他坐上大使的马车"。这事开头就像伏尔泰《老实人》中的一章。接下来的文字亦复如此。

他们走入房间一两步后，不论是谁都一膝跪地，等待教皇给他祝福。教皇祝福后，他们站起，走到差不多房间一半的地方……在半途上，他们再一次单膝跪地，接受第二次祝福。这样做了后，他们朝着他走至铺在他脚下七八尺长的一块厚地毯前。在这块地毯边上，他们双膝跪下。这时，介绍他们的大使单膝跪地，把教皇的长袍卷起放到他的右脚，脚穿一双红软鞋，上面绣了个白十字。跪在地上的人跪步走至他脚前，身子俯下去吻他的脚。蒙田先生说他把教皇的脚尖稍稍抬起一点……

教皇说的是意大利语，夹杂意大利最土俗的博洛尼亚方言。他生来不善辞令。然而他是个非常有风度的老人，身材中等，腰板挺直，面相威严，一绺雪白长须，那时年已八十开外（蒙田把他多算了两岁），这个年纪精神如此矍铄硬朗更有何求，他不痛风，不腹绞痛……

这是虔诚的教民说的话？还是约瑟夫·阿瑟·戈比诺在谈论外高加索的一位苏丹？《随笔集》作者与召唤他的梵蒂冈审查官之间的对话已经有所提及。这个机构可不是好惹的，不久之后不幸的乔尔丹诺·布鲁诺就遭到天火灭顶，蒙田与他们打交道则无比潇洒。在他们对他指出书中种种不妥之处（其实这些还是他的同胞告密而来的），我们这个加斯科涅人向我们郑重说明，倒是审查官感到不好意思，对他说关于他们的批评可由他自己决定取舍……

米歇尔·德·蒙田没有向我们解释，他这么一个半吊子信徒，怎么强制自己去洛雷托朝拜。但是一旦到了据说是圣马利亚出生的房屋所在地，他的一举一动都没有令人惊异之处。他不是念起经来没完没了的香客，反而在这位皮浪派的怀疑论上产生更多的疑问：这一点后来的帕斯卡也有同感。

他在洛雷托的朝拜，冒犯了许多古今的"哲学家"，其实他在那里的行为是个普通香客，表面上装得虔诚无比，参观后自有不少看法，得出的结论也真是埃内斯特·勒南乐于接受的结论，那就是："这里的宗教氛围也比任何我见过的地方更热烈。"为了加强这个结论，他还提出一个例证，这在今天让最怀疑的人也惊讶："布施与赠予是可以的，事实上他们都拒绝不收。"

关于洛雷托及其他所能期待的神迹（其中有他的朋友治愈病腿，见载于《随笔》第三卷），最美妙的还是那句话："直到此刻为止，这些神迹与异象从未在我面前显现过。我看到世上跟我最接近的妖魔神怪就是我自己。"这写于16世纪第七次宗教战争时期！

我们是不是觉得他对待父系的宗教太过随意？那么对待母系祖辈的宗教又如何呢……他对待占统治地位、兴旺突出的宗教都带一点揶揄与漠然的态度，然而对于少数人口信奉的，甚至是被压制或遭驱逐的宗教，口气虽不至令人讨厌，但变得更加尖锐了。还有关于称为"罗马帕里奥"的仪式，那是信少数派宗教的穷苦孩子和犹太人，赤身裸体在群众嘲弄的目光下，像牲畜似的奔跑。还提到一位"被逐的"拉比，每周六在圣三一教堂给几十位老教友布道……

蒙田还提到他亲眼目睹的一次犹太人割礼，那是在罗马一条穷街私宅大门口进行的，描写非常"直白"与"细腻"，读了令人不快：

……圣师见到孩子的衣服已经撩起……抓住他的生殖器，一手把上面的包皮拉向自己，一手把龟头和生殖器往里推……这之后他一刀切下这块皮，立即把它埋到为这场奥秘所准备的一盆泥土里……

这件事看起来很费力很痛苦，然而毫无危险，伤口在四五天内总是可以愈合的。孩子的哭声跟我们的孩子在洗礼时差不多。龟头这样露了出来，立即有人把酒递给圣师，他嘴里含了一点，过去把孩子血淋淋的龟头吮在嘴里，把他吸入的血吐出来，立即再含口酒，如此者三次。这样做了后，有人给他递上一只小纸包，里面是红色粉末，他们说是龙血做的。他在伤口上撒满……

九　结石与温泉

不论这是否是某位大人物或新教有影响力的人士交给他的"任务"，或者提出的建议，让他到德国、瑞士或意大利各地探听不同教派的关系，1580年春天让蒙田毅然走上欧洲的大路，还是他自己的肾结石。

他的第一站是勃隆皮埃；最后一站是卢卡和拉维拉温泉。这中间他饮用不同的矿泉水，沐浴在不同的温泉里，对他的肾结石病况的进展，约占《意大利游记》足足有十分之一的篇幅。

普吕尼神父是《意大利游记》手稿的发现者，他向达朗贝咨询出版这部书的时机，达朗贝要他删去关于蒙田身体的"令人恶心和没意思的细节"，这是对《随笔集》的整体布局没有一个正确的看法，蒙田要对他自己有个完整的判断，不顾教会的教导，确定人体也具有高尚的尊严。第一位出版人默尼埃·德·盖隆作出他的适当反应，按照蒙田专家的意向，把"结石"与温泉处于同等重要地位。

《意大利游记》的读者从文本的第七页起，这个旅行队一进入勃隆皮埃以后就摆脱不开结石和温泉。我们知道他们在洛林浴场过了十天，蒙田腹绞痛非常厉害，在右边比平时要凶，以前在阿尔萨斯有过一次，很轻微，事后也没有感觉。这次排出在膀胱里的两粒小结石，后来有时有尿沙……

一个月后在蒂罗尔，蒙田又肠绞痛发作："……起床时，排出一粒中等大小的结石，很容易碎裂。外面发黄，粉碎后中间发白。……"上路不久，他就诉说腰痛，他说这是他跑长路的原因，认为骑在马上比在其他情境下还舒服一点。

这位加斯科涅乡绅在浴场，在旅店，在马背上跟病痛作斗争，何止二十次。他对从巴登到阿巴诺患病时排出的肾结石，及其大小、形状、颜色、硬度可以说无一不知。他在秘书参与下所作的描写，具有临床病案般的精细，以致后来他到了拉维拉，那是他怀着最大期望来治病的温泉，他一直觉得治疗不尽如人意，终于在这里可以安心一试了……

　　二十一日，我继续泡温泉，浴后腰部很痛，尿多又浑浊，总是排出一些沙。我的推断是腹内到处都是气，引起了我两腰的疼痛。这些尿是那么浑浊，使我预感有大结石要排出。我猜得太对了……
　　后来到了二十四日早晨，我排出了一粒留在尿道中的结石。从这时起直到晚饭时刻为了增加尿意没有去小便……那样我在排出之前与之后都不会感到痛苦或出血。结石的大小与长度像小松果，但是一边厚得像蚕豆，形状完全像个男性生殖器。对我来说把它排出真是万幸。以前还从未排出过大小可以与此相比的结石……

这么多"令人恶心的细节"叫达朗贝呕吐，谁若像他那样不妨把这几页翻过不阅。读一读那一页吧，蒙田在这里显出他的伟大之处，他不掩饰他的身体带来的苦恼，而是痛苦地一一审视，接受智慧的敦促，各人可以根据自己的意愿，选择斯多葛派的意向还是基督教的召唤来走完自己的路程。

　　如果说我肯定自己必然处于这种状态下死去，而死亡又时时刻刻在逼近，在到达这个关头以前又没有任何作为，以便那个时刻来临时可以毫无痛苦地度过，可能是我这人太软弱、太胆怯了。因为最终理智敦促我们愉快地接受上帝派送我们的好事。于是，为了躲避随时随地袭击人的不幸，不论是什么样的不幸，唯一的解药、唯一的规则、唯一的做法是决心本着人性去忍受，或者勇敢地和迅速地去了结这些不幸。

《意大利游记》在这几段话里，比其他篇幅更显出它是《随笔集》第三卷的草稿、最早文本。怎么能够不把这些引语与《随笔集》第三卷第四章《论分心移情》内若干段落并列阅读呢？在那一章里，重彩浓墨描写苏格拉底的死亡和蒙田本人的痛苦，督促后者要以前者为楷模："我的结石顽症，在阴茎部位更加严重，使我有时三天甚至四天不能排尿，离死亡也不远了；希望逃过一劫真是妄想，甚至由于这个病情带来的阵阵剧痛，还巴不得一走了事。"

他不同意极端的斯多葛派的看法，一直要求病人有权利呻吟，如果呻吟——或者说知心话——能够减轻"痛苦"的话。他还要求自杀的权利。但是过了五十岁以后，面对两次重大的考验，他选择保持清醒的头脑面对死亡，克服对死亡的焦虑："从全局看待死亡时，我就会以超然的态度把它看做是生命的终结；我从总体上消受它，它又从细节上偷窃我……"

其效果曾经得到众口交赞的这场温泉疗程，在拉维拉宣告结束。蒙田出发时是个病人，现在听他说来，健康状况还更差了：1581年9月1日，他在日记中写道："我开始觉得这些温泉浴不适合我。"接着他又转述当地一位老翁令人灰心丧气的话，要蒙田看到他与他在洛雷托的邻居，都不去那里朝圣进香。托斯卡纳人不利用拉维拉浴场（这也是够大胆的比喻）……还说这些浴场对浴客害处多于益处，治死的人比治愈的人还多。……

即使在接到从波尔多发来的某封信以前,这位温泉常客决定打道回府,也没有什么可以奇怪的了。1581年9月7日,当他准备这样做时,有人给他捎来波尔多一位朋友的信,那是托森先生写来的,告诉他8月1日波尔多市市政官"一致同意"推举他为波尔多市市长。

在这五百天期间,经过那么多地域,见识了那么多不同社会、不同教派、不同风景气候,从康斯坦茨湖到阿德里亚海,从蒂罗尔峡谷到切尼山,从巴塞尔寺庙到洛雷托还愿,从威尼斯妓女到托斯卡纳美少女,从教皇的拖鞋到拉维拉的理疗师,这些经历怎么会不改变我们这位漂泊的乡绅呢?

根据世界的棱角来塑造自己,接受人生的美好与乖戾,这是蒙田的天性使然。帕斯卡或黑格尔可以长途跋涉归来依然一成不变。歌德和蒙田就做不到。1581年11月,到达蒙田城堡,与弗朗索瓦兹和莱奥诺相聚,然后坐上波尔多市市长座椅的已是一个新人。

这有他的书籍为证,其中的光辉造福我们后代。这位怪才在其作品中既有深刻大胆的高见,也有平庸的老生常谈,既有对"食人部落"偏见的挑战,也有对女性怀有世俗的轻视,从德国、意大利归来感到无比的自由与舒爽。要是在十年前,他敢于写出那篇歌颂情色的《论维吉尔的几首诗》吗?歌颂马基雅维利的《论功利与诚实》吗?歌颂伊壁鸠鲁精神的《论阅历》吗?

有一个迹象是不会骗人的:第一、二卷《随笔集》受到热烈的欢迎。只是偶尔或一时遭到非议和攻击。罗马审查官也看不出不妥之处。

第三卷则令人震惊、害怕，引起轩然大波。这是可喜的信号。好学的乡绅做上了哲学家、战斗的隐士。他骑马驰骋在莱茵河地区、瑞士、巴伐利亚、蒂罗尔、意大利各邦，促成这位蒙田日后成为他这个时代的历史人物。

第十章
面对危机四伏的市长

16 世纪的欧洲处于剧变时代，波尔多的真情实况是怎么样的？当国家正在形成时，一位波尔多市市长充当怎样的角色呢？

我们还是让一位差不多是同时代的本地人回忆一下居耶纳首府的情况，当然不会不带点夸张和地方自豪感：

"波尔多城被欧洲各国认为是法兰西王国最显赫、人口最多、最著名的城市之一……在这个城区担任市长和市政官自古以来都带有摄政官和总督的头衔，在一切官方场合都列于这个省的贵族和王国其他贵族的前面……这座城市的市长都选自当地最高贵、最勇武、最干练的贵族……"

波尔多虽则受到宗教战争的阻碍，经济活动还是得到突出的发展，来自美洲的稀有金属促成它脆弱的增长。波尔多那时正经历

- 波尔多—战略要地
- 由国王钦定
- "肺与肝"
- 马蒂尼翁元帅
- 加斯科涅狐狸
- 政治人物；面对梅维尔和瓦耶克
- 官员的怨气
- 再次艰难当选
- 强的照顾弱的
- 那瓦尔与朝臣之间的缓冲
- 勇敢的蒙田
- 可怕的瘟疫

它继英国管理后的第二个黄金时代，居于殖民时期黄金年代之前。

但是波尔多城市在那时的重要性，不是因为它贸易灵活和葡萄业发达，而是由于其居于两个政权交汇处的政治与军事地位——北面是信天主教的瓦罗亚王室，南面是信新教的波旁王室。在比利牛斯山、大西洋和连接拉罗歇尔与塞文山脉的那条界线之间，正在上演决定国家未来的那出戏。波尔多居于争论的中心、行动的中心。蒙田从而有许多政治任务，经常从巴黎出发，受王太后的亲自指挥，朝着阿让、内拉克和贝亚恩频繁出使。离1572年的巴托罗缪大屠杀过去已有十年，这座城市七个居民里还有一个是新教徒，在当时可贵的还是天主教徒与新教徒和睦共处的少数地区之一，蒙田赞扬在某些讲德语的城镇内的这种做法。

这说明为什么波尔多市市长在这个世纪末，不是一个装饰性的闲职人员，或者只顾市政公务的管理员，蒙田的父亲皮埃尔·埃康在二十五年前担任的就是这个职务。从而也可以说明在蒙田前任做市长的是法国一位元帅，继任他做市长的也是一位元帅，这不是没有道理的。波尔多市市长一职，处于动乱地区的中心，变成了一个具有战略与外交价值的职务。阿尔芒·德·贡托-庇隆是未来的黎塞留红衣主教的教父，他把这座城市打造成了反胡格诺派的堡垒；但是法国王权那时希望看到波尔多扮演另一个角色。

圣巴托罗缪大屠杀带来了一个漫长的动乱时代，博里欧、然后是贝日拉克、弗莱克斯等协定开创了一个类似和平共处或者是宽容的局面。1572年的噩梦刚被遗忘不久，卡特琳·德·美第奇王太后妄想让她的宠儿安茹公爵坐上佛兰德王位——这首先要得到未来臣民的同意，也就是说新教徒的同意。但是这样一个外交转折不撤换一大批官员是办不得的。

那瓦尔国王以天主教国王的名义担任这个省区的名义摄政官，这就要引起庇隆与他之间的战略性冲突。亨利三世那时在京都没有多大威望，在奥克地区还被称为"小国王"或"我们的亨利"，被庇隆的奏折弄得恼火，在巴黎的朝廷公开宣称，只要庇隆还在波尔多主持政务，他与庇隆就决不会有默契。那瓦拉国王也会千方百计阻碍和平的进程。

因而我们要把任命蒙田当上波尔多市市长（这比"选举"两字更合适），放在这个政治氛围中来看。《随笔集》作者对我们说，他被波尔多市市政官选为市长，这是纪念他的父亲，也是对他的才能与热忱致敬。他说此话是让我们一笑置之，因为他知道这究竟是怎么一回事，为什么敦促他从意大利回来。他还接到国王不容推托的亲笔信（此事容后再议），不是写给名声良好的埃康先生的儿子，而是一位得到谈判各方信任与具有相当器局的人物，他有和平的智慧与愿望，替代庇隆元帅的反胡格诺派政策。

蒙田庄园主为这场赌局中的权势人物所熟知。特朗侯爵是当时政坛上炙手可热的邻居，弗莱克斯和约就是在他家里签订的，蒙田经过他的推荐，当上亨利三世御前骑士，后又成为那瓦拉的亨利国王的骑士；那瓦拉的亨利对蒙田特别青睐，犹如他的妻子"玛戈皇后"与情妇科丽桑特也复如此……卡特琳·德·美第奇欣赏他待人接物聪明圆滑；亨利三世爱读他的《随笔集》，马蒂尼翁元帅是法兰西宫廷在居耶纳的摄政官，受命与他在同一团队共事，在费尔围困战时对他的工作看在眼里很为满意；说实在的，蒙田的确是为这个时势造就的人物：能干、温和、受人尊敬，又是加斯科涅人……

不管他怎么说，他自己对这次委任有没有料到呢？有所准备么？根据他1580年在巴黎、在费尔与人的接触，根据他在旅途跟德国新教徒与信奉罗马教廷的亲王多少是即兴而为的调查来看，我们可以这样认为，这件事是清楚的。当他在托斯卡纳水疗期间，听到他升任波尔多市市长，他并不像人们设想的那样惊奇；在这几天前还在《意大利游记》中写道："如果那时我从法国收到我等了四个月而没有收到的消息，我会立即离开。"

这句神秘的暗示好像在指某桩政治秘密，而不是家庭私事。如果他是时刻都在等待，那是已有人说到什么事了。选举波尔多市市长，那是几个月前就提到日程上了；这次外出长期漫游，有益身心健康，可能也是调养身心，避开庇隆的政治运算，后者正在波尔多恋栈不走，或把这个职位准备留给自己的儿子。

关于蒙田接不接受这个职务，自有许多议论，有的甚至套用哈姆雷特的独白（"当市长还是不当市长……"）这些话只有他自省才有意思。在君主制度下，国王有权生杀予夺之际，一个人接到王上如下的一封信是不存在犹豫的可能。这封信送到罗马，蒙田回到波尔多后才收到。

"蒙田先生，您全心全意为我服务与尽忠，我历来十分重视，而今又愉快地听说您已被推举为波尔多市市长，此次选举顺利得到公认，还因您长期在外，过程光明磊落。

"鉴于目前情况，我的意思是不要耽误，赶快前往官府履新。我相信您必然会尽全力去完成令我称心的事,否则将会叫我很不高兴,蒙田先生,祈祷上帝。保佑我们。亨利"

蒙田就这样当了四年市长,之后他卸去公职一身轻松,在《随笔集》对于他在处理公职上的模糊关系自有一番不同凡响的论述。

……我很难全身心投入。……我的意见是为别人应该效劳,为自己才应该献身。……有时有人把我推出去执行外界事务,我答应接受,但不会呕心沥血;我负责,但不会感到如同身受。

……波尔多的先生们选我当他们城市的市长,我那时远离法国,更远离这个想法。我请辞,但是有人跟我说我错了,国王也下旨敦促。这个职位除了其职责的荣誉,没有薪俸也没有津贴,就显得格外崇高……

……到任后,我认认真真如实介绍自己,我觉得我是这么一个人:没有记忆,没有野心,没有警觉性,没有经验,没有魄力;也没有仇恨,没有野心,不吝啬,不粗暴……

……我们受事情左右摆布,就永远做不好事情;运用判断与机智的人,做得比较高兴……

"高兴"……对于一位市长来说,他不久要面对艰苦的有时甚至可怕的考验,时常还要赔上自己的性命,抱着斯多葛信念为国家竭尽忠心,"高兴"是一句赞词么?可能吧。他之前已经写道:"我很高兴为我的亲王服务,因为这不存在特殊的义务,乃是出于我的判断与理智的自由选择……"他还说过,"我们大部分的诉讼都是闹剧","市长与蒙田是两个人","重要的是分清皮肤与衬衣","抹黑你的脸已够了,不要再抹黑你的良心"。我们看到他当市长的这四年期间,遇事首当其冲,敢作敢为,除非谈到1585年7月遭受瘟疫的最后一幕——即使那件事也只是涉及对蒙田个人的道德审判,而不是他作为市长的公众责任。

他原是个讲究享乐的作家,而今成为捍卫城市秩序的长官、促进和平的助产士,这个转变的经历是很惊人的。这种"高兴的权力"的理论建立是很有趣的,其基础是区分一边是"手",一边是"肺和肝",也即区分"皮肤与衬衣"。这是扮演"不介入的演员",跟雷蒙·阿隆所说的"介入的观众"完全不一般……这样跟权力保持距离,并不是没有风险和后果的,也不减少这场赌局后面隐藏的波谲云诡。

这场有时装模作样的大戏,经常是通过王朝与教廷的竞争而演出的。我们不要忘记,蒙田接受市长的职责时,正是亨利·德·吉兹要求腓力二世给他增派援兵的时候,西班牙国王回答说将给他调去一支正闲着无用的阿尔巴尼亚部队。他遵守了诺言。居耶纳的天主教徒从这次奇怪的增兵一事占了大便宜。但不管是不是阿尔巴尼亚兵,我们这位哲学家市长身边若没有一位才干出众的权势人物,是不可能化解这次险情的,他就是马蒂尼翁元帅,被国王任命为居耶纳摄政官,不久在蒙田之后又当上波尔多市市长。

雅克·德·戈永·德·马蒂尼翁是他那个时代最杰出的将领之一,他帮助亨利三世(那时还是安茹公爵)在雅尔纳克和蒙孔都打垮了胡格诺派,然后指挥那次蒙田参加的围城战,攻入了梅斯和费尔。虽然他的家庭出身为布列塔尼,但大家都说他是诺曼底人。他做事以不偏不倚、谨言慎行为原则。布朗托姆说他"非常聪敏和狡猾"。马蒂尼翁在主要问题上与新市长意见一致,那就是关心王朝的合法性和继承程序,承认亨利·德·那瓦尔也在王朝继承人之列,称其武功文治在当时举世无双。此外他在朝廷享有无比的威望,是个得到极端信任的人[①],还有能力把计划付诸实施。

但是不要混淆市长与元帅的想法,尤其是做法。蒙田热爱和平,真正的法国南方人,宽宏大量,崇拜普鲁塔克这类历史人物,对那瓦尔国王颇有好感。他对王国忠心耿耿,竭其所能来劝和。马蒂尼翁元帅则是为国效力的大将,遇事不惜使用武力,也知道克制为宜。他不姑息那瓦尔国王,不像蒙田那么对他有好感。但是他也不找茬,不像庇隆那样,时而当他是同道,时而当他是对手,时而当他是盟友。

在这漫长的四年里,不论怎样,这两人的合作非常和谐,一个是出类拔萃的武将,为国王与合法政权效力周到的忠良之士,从表面看来毫不在乎什么宗教热忱与地方利益;一个是机敏的地方官员,熟悉当地微妙的事务,做事更接地气,但是有意不卷入太深,当他在波尔多政务缠身时向往他的塔楼,当他在书房里关得太久又外出云游。

蒙田的父亲皮埃尔·埃康当市长时夙兴夜寐,管理风平浪静,身后得到同事的缅怀,他们把这种情意放到他的儿子身上;儿子是著名人物,但是漫不经心,在主持城市排水、路政或板栗买卖纠纷的会议

[①] 他不但曾与亨利三世并肩作战,还生擒跟卡特琳·德·美第奇王后有杀夫之仇的蒙哥默利伯爵,交给她处置。(原注)

上有几次会打瞌睡。真的说来也不太平无事，虽则他任期的前半部分（1581—1583）可能令人误解他仅是做了这些事而已……

这第一、二年，米歇尔·德·蒙田的确没有遇事首当其冲。他要处理的事务（在二次当选之前），不是他在《论荣誉》（第二卷第十六章）或《论罗马的强盛》（第二卷第二十四章）里谈论的问题，而是他写在《论交谈艺术》（第三卷第八章）、《论意志的掌控》（第三卷第十章），当然还有《论虚空》（第三卷第九章）里的这些内容。

至少在一件事上，他表现出了最好的自己，那就是对待儿童问题。在其他方面，他表明自己积极维护权力、国家和地方自治平衡原则，还有这个后来使波尔多兴旺发达的自由贸易。

波尔多市政厅设在艾尔路，拱顶下悬一面大钟，那是该城市享有特权的标志。1581年12月初，米歇尔·德·蒙田刚坐上市长的座位，就要在该大厅里展开一场讨论，波尔多市必须运用它的地方威望来为王国的一项决定效力，那就是在波尔多成立一所法庭，由十四名法学人士组成，其中大多数由巴黎直派，核心人物都是天主教联盟内的极端分子，这显然是为了制衡居耶纳最高法院内的地方势力。这项决定当然引起了城内头面人物的不满。

蒙田无能为力，不管他的意见如何（我们可以认为新法庭若是抱和解的态度他是赞成的，若是对地方特权有不利影响的他又是不赞成的），1582年1月，这个不受欢迎的机构成立时由他主持会议；机构内列席的有他长期以来爱戴与尊敬的人物，都是一时俊彦。可以这么说，王国为了笼络波尔多，派出了朝廷内最优秀的人物：法院院长皮埃尔·塞吉耶、代理检察长安东尼·卢瓦塞尔、总检察长皮埃尔·皮图、历史学家雅克-奥古斯特·德·图，这些人像蒙田和马蒂尼翁，都体现朝廷提出的和解政策。

致开幕辞的是安东尼·卢瓦塞尔，篇名颇有意思：《论国王的目光与正义》，在此仿佛要说，在法律和政治上，正义必须在国王的目光下得到伸张，在这里国王的目光也就是宽厚的同义词……蒙田对此大加赞扬，卢瓦塞尔六个月后在法庭休庭会上予以答谢，在第二次发言中，他还说到波尔多市这位新市长，是历年来给居耶纳带来最大荣誉的人之一……

这次会议虽则历时不长，但是重要，它像亨利四世后来登上王位为了建立国内和平召开的贤人会。这些人"都是时代的俊秀人物，十六世纪末的进步和脚踏实地的知识分子，名义上是谈论政治，实际上要确立国家的观念，拥立一位得到大众承认的国王作为象征性代表人物，实现国内和平"。

蒙田在此风云际会的时刻，扮演了一个什么角色呢？他的朋友雅克-奥古斯特·德·图在他的《回忆录》里做出很有意义的反应，保证说他那时候"受到米歇尔·德·蒙田市长很多启发，他思想自由，不搞宗派，对于我们的事务，尤其他的故乡居耶纳的事务都有深刻的了解"。就这样，哲学家与历史学家之间建立了友谊，后来在1588年布卢瓦开三级会议时更有了深交。

由新法院和它的提倡者以王朝的名义齐心推行的和解政策，不会不引起波尔多，尤其是最高法院内的大多数重要人物对新市长产生反感。

这在以后显出了后果。但是在1583年发展到选举冲突以前，可以说蒙田在行政治理和维护集体利益方面还是获得了成功的。

有人强调这个成就是由于蒙田跟耶稣会人士保持良好关系，他从他的朋友马尔多纳身上看出耶稣会是"各方面杰出人物的"苗圃。在那个圈子里，形形色色的人才都有，据说恰是波尔多人，也就是这个城市各部门的官员，最不值得他钦佩或者结交。爱德蒙·奥吉，是波尔多城需要来一场圣巴托罗缪日大屠杀的宣扬者，不知道蒙田对他怎样想的，但是我们知道他对那些间接造成圣雅姆修道院的孩子死亡的"善良"神父采取了什么措施。

那家修道院在1573年（也即圣巴托罗缪日大屠杀后一年）交给耶稣会使用，建立他们的抹大拉学院，条件是耶稣会必须支付有关这个学院的一切费用，首先要能抚养这批孩子。耶稣会人根据某位诺埃尔·勒费弗提供的税单，借口谷物暴涨，免去抚养的职责，让那些婴儿自生自灭……总之，新生儿夭折，成为一时丑闻……

蒙田那时上任还不到四个月，召集市政官和调解人，经过讨论——据波尔多历史学家保尔·库尔托说——做出一连串决议，超前于那时代的做法许多：责成耶稣会公布慈善院的收入；乳母的薪水与物价波动挂钩；检查病死孩子的尸体，以确定死亡的责任。这些都是大胆的决议，后来俱归入社会法"慈善举措"的文本。

克洛德-吉尔贝·杜布瓦明白无误地提出，波尔多市市长的这种做法，跟《随笔集》作者的思想是一脉相承的，后者是教育家，是"儿童权利的捍卫者，即便他们是贫苦和遗弃的儿童。这些决议通过他的建议得到表决，把集体利益置于私家利益之前，在这里私家利益是指教会利益；站在微弱的贱民一边，即使疏远那时权势不可一世的耶稣会也在所不惜，这决不是一个懦夫所能做到的……"

波尔多市市长的职务还包括恢复城市从前的权利，尤其是税务上的权利，这方面巴黎的压力不断增加。1582年，他重新跨上马背，"带着准备充分的备忘录和文件"，上京城到巴黎朋友身边为这件事寻求声援。在众多要求中，他负责为波尔多争取废除"市集税"，这对市场与艺人演出是个极重的负担。他获得的成功对于他并不谋求市长一职，然而却热烈希望凭自己政绩争取连任的想法起了促进作用。

这说明为什么观察家倾向于认为，蒙田当市长的这一段历史，从他努力争取连任这场斗争来说，才有了它的全部意义。在1583年7月以前，虽则刚才提到的决议极有价值，《随笔集》作者在市府的使命从"大历史"表面看来还是负面的居多。蒙田好像只是扮演了一个心平气和的官员角色，"从不兴风作浪"，只是占了庇隆元帅这个碍手碍脚、不合时宜的人的位子。他是不阻碍和平的象征，还不是和平的鼓吹者。

但是到了1583年夏天，这个占位的变成了干事的；这个貌似傀儡式的人物投入了行动，他争取连任的竞选活动，他跟天主教联盟的斗争，证实了他具有行动家的品质，这是他的同胞、他的同时代人始料未及的，即使他的后代也没有多少人注意和提到他这方面的才华。

终于在1583年，蒙田独当一面出色担负他的政治任务，那是巴黎的战略家和温和派朋友，伙同马蒂尼翁交付给他的：极端派天主教徒在波尔多不断聚积军火，安插他们的爪牙，蒙田就是要阻止他们的势力扩张。

蒙田在悬挂大钟的拱顶下坐稳位子还不到六个月（以后还有十八个月呢），就遭到一群人的攻击，其中有"激进"派的领袖雅克·德·埃斯卡尔·德·梅维尔和瓦亚克领主。瓦亚克领主是居耶纳第一司法总管、处在波尔多市中心的哈要塞的司令官、沿河护岸的特隆佩特要塞的第二司令官，这两人的后台是红衣主教普雷沃·德·桑萨克，还得到最高法院多数人的拥护。

米歇尔·德·蒙田圆满结束第一个任期，要是他的政敌不起而反对他以及他代表的价值，是不是会争取连任呢？他不由自主地走向这场新斗争，是因为得到了他的市政官同僚的鼓励，他们都赞扬他机智仁慈。尤其是马蒂尼翁元帅，对两人的合作非常满意，更可说是两人作用的互补性，一个是代表国家的中央大员，一个是深谙本省动乱内情的地方官员。这是看到了对方对他的挑衅，才让蒙田拿定了主意，使一位和平主义者毫无惧色投入斗争。

接着不久两方阵容亮相，为了清除蒙田和保证他自己当选，梅维尔可以依靠瓦亚克、桑萨克大主教、最高法院代理院长让·德·维尔纳夫，还有这次会议中的大多数人，他们赞同天主教联盟的思想利益，也就是教会人士、当地军事大员和大多数法院派人士。

他的老同事为什么对他这样憎恨？除了政治方面或者政治宗教方面的分歧，使那么多法院官员对老顾问群而攻之，还有显然是蒙田在《随笔集》里对法官和审判，甚至对法律本身表达了惊世骇俗的看法。他这部书并不见得人人看过；但是在这种情况下，他的老朋友可以摘出几段不需要歪曲便可以伤人的语句到处流传。

这是带着宗教改革仇恨和宗派嫌隙的可怕联盟，此外还要加上纠缠不清的家庭纷争。让·德·卢普·德·维尔纳夫院长是蒙田母亲安多奈特的堂兄弟。在这里可以让这个心胸狭窄的女人扮演一个角色……

市长当然可以依靠市政官的忠心和马蒂尼翁的支持；在马蒂尼翁的身后是法国国王——还有另一个更远的国王那瓦尔的亨利，虽然提起他也会反而碍事，因为他是加斯科涅人，头脑发热，不顾后果，经常也会使他的朋友处于难堪的境地。他的教皇派敌人也利用这一点来暴露胡格诺派的一些活动。此外，蒙田经常不在市府上班，他爱待在自己可爱的庄园里，给他的《随笔集》再版改稿；同时也利用他请假之便与另一派人士接触。圣弗瓦和贝日拉克离他家才几里路，那是新教徒的地盘，那里有那瓦尔国王的朋友，也愿意倾听他的高见。

市长和他的朋友获悉激进派正在做进攻的准备，选择先下手为强。两座要塞的司令官梅维尔和瓦亚克，像傲慢无礼的武夫，捣乱河道交通，利用特权，免除他们的朋友城市值勤和劳役，市政官在1582年底给马蒂尼翁一份呈状，揭露这些不法行为。

这两名军官遭到问责后，只想摆脱干系，于是他们向一位精明的法学家多马·德·拉姆请教。拉姆是宫廷总管大臣的副手、大主教的谋士。他们针对蒙田递交了一份言辞严厉的诉状，控告他在城市公用土地上建造一幢私宅，还侵占夏特隆广场前空地，这原是作为特隆佩特要塞前的缓冲区。双重罪名：侵犯公众利益和破坏城市安全……蒙田拒绝接受这份控告……瓦亚克亲自到王宫，把他的状子交给国王本人，国王阅后不会无动于衷，下旨给马蒂尼翁，禁止蒙田任何建屋活动，亨利三世还明确说："虽然我不想对市长有任何指责。"

我们可以想象，国王虽则表面上不偏不倚，可竟会相信他把个人利益看得高于公众利益，这教蒙田感到自尊心受伤。他反应强烈，对梅维尔和瓦亚克又射出一箭，这次控告他们买通关卡，从北方运送葡萄酒进入波尔多。这次他一箭打中了靶心：要塞司令竟然背叛波尔多人奉为神圣的葡萄酒业，引进贝尔杰拉和其他地方的劣酒……这是一笔什么样的交易呢？

现在我们看到，这是一位受马基雅维利学说启发，在微不足道的琐事上略施小计，为自己扭转乾坤，居于有利地位的市长。1583年8月1日，就是在这样的氛围下，皮埃尔·埃康的儿子再次当选。市府的议事册里虽然没有提到梅维尔大总管及其朋党搞阴谋，至少记录了蒙田的对手恼火的情景，尤其是他的亲戚维尔纳夫，气急败坏，要求行政法院审查和取消此次选举结果。最高司法机关肯定这次选举的结果，但是决定市政官的选举暂停举行，最后还是在马蒂尼翁元帅个人强烈干预下才取消此项禁令。

这是一场苦肉计么？是也不是。是，因为它牺牲的是次要利益，改变的是平时做法，涉及的是次要人物（除了蒙田）。不是，因为这是连任市长将在1583—1585年间进行几场大战的预演，这涉及居耶纳的政治平衡和朝政走向——充分表明蒙田在意大利旅游时，国王、那瓦尔集团和特朗侯爵选择蒙田是有充分道理的。我们不久看到当一位圣贤要实施他的疯狂念头时，会做出什么样的事……

目前来说，这个连任的故事深刻留在蒙田庄园主的脑海中，《随笔集》第三卷中对此深表敬意:"善良的波尔多市民在认识我的前后,利用手中掌握一切大大小小的方法来拥戴我,第二次推举我时比第一次还踊跃。"

显然,1583年8月1日选举后,失败者没有放下武器,仍窥伺机会撵走蒙田。但是连任市长突然把他的工作重点落在另一个同样光荣的议题上,虽则宗教宽容这个议题更为迫切,那就是社会正义。

给论战的内容偷梁换柱,这是策略呢,还是追求正义?然而这个问题已经提过,也没有人对此有什么质疑。他刚从一场与城市大多数显贵为敌的斗争中脱身,又凭其少见的胆略敢于向国王递上一份奏疏,陈述自己的意见,而国王却是他在波尔多地盘战斗中最强的靠山。

这一篇文章应该予以大量传述,从中可以看到一位社会改革,或者更恰当地说财政改革的先驱,从此再也别说什么蒙田是个自私自利、胆小怕事的保守派,病恹恹关在他的塔楼里,享受他的特权不思改过。

陛下:

治理王国波尔多市的市长与市政官们,非常卑恭地禀告陛下,不论现在与过去,不论他们自己或是居耶纳司法管辖区的居民,都是您非常谦卑的天然臣民;他们长期请命于陛下派遣至居耶纳地区和公爵封邑的钦差大臣,陈述他们日夜在苛捐杂税下遭受的苦难与抱怨,他们相信陛下体恤下民运用慈父般的好意,予以谨慎与公平的调整，必然会使国泰民安，让王国内的居民如释重负。……

首先，陛下过去与现在颁布的法令从理智出发，一切税收都必须公平合理地分摊在大众头上，有钱的人多收，少钱的人少收；最富有的人要比生活无定、依靠劳力为生的人担负更多的责任，必须承认这是完全合情合理的；话虽如此，但是近几年来，尤其是今年，实际情况是：由国王权威制订的税则，除了个人税、财产税和法官薪俸以外，其他尚有进出口税、修建科尔杜安灯塔的专项捐税、司法部门开支、葡萄牙驻军费用、议员名额的删减以及前几年未缴的税款等，这座城市里最富贵人家，诸如全体司法官和他们的未亡人、您的财政官员、选举官员、副司法总管、副总督、副司法总管处的官员、陛下和那瓦尔国王与王后的家臣、掌玺大臣府、货币厅、炮兵部队、城堡里领干薪的军人和军需官……都被宣布为享有特权而免缴；此外，根据今年4月6日庄严颁布的议会法院法令，国王朝廷内的长官和顾问的后裔都被宣布为贵族，免缴一切税收。从而，自今以后，有什么税要缴付，一切都由城里最穷、最卑微的群体去负担，陛下若不采纳市长与市政官谦卑地建议的适当方案，这是绝对不可能做到的。……

国王依靠公义治理有方，所有国家依靠公义维持不坠，因而公义也必须无条件地实施，全力减少老百姓的负担；陛下深知民情，希望铲除主要罪恶的根源，可以颁布一项圣明的敕令，禁止司法官员的一切舞弊行为。然而由于时局变乱不定，官员有增无减，可怜的老百姓大受其害……每日都可看到，原先只要付一苏，而今要付二苏,原来付一位书记官,现在要付三位,即记录员、书记官、书记官助理,那些穷人没有办法支付那么多费用,大多数不得不放弃维护他们的权利……

这份奏章精彩纷呈,大义凛然,犹如1789年大革命时期的陈情书,表现出极为少见的勇气,要考虑到那个时代强权冲突、各不相让,各种联盟都是可能的。而蒙田那时刚刚在宗教界、财政界和司法界权势人物面前保持了连任,就提出两点完全是革命性的要求:免除贵族特权,根据收入纳税;司法免费和平等;这简直是大革命时期米拉博在三级会议上的发言了……

这份上疏之伟大、词句之美丽("有钱的人多收,少钱的人少收","国王依靠公义治理有方,所有国家依靠公义维持不坠"),不能仅仅看成是应付时局,目的在于打击他的政敌而说的漂亮话;那些人都是波尔多的大显贵,而今要剥掉这个蒙田小领主的皮……这些建议或批评我们在《随笔集》里还可以读到,虽然词句略加修饰或重组;所不同的是在司法实施方面,言辞更加尖锐,还可以说观念更加现代化。

蒙田热爱公义,还是社会改革家,这点科莱特·弗勒雷在发表于《欧洲》杂志上的精彩文章里已有阐明,杰拉尔德·纳刚看到蒙田在另外一些批注里表现得更加明白。那是他的朋友杜普莱西-莫尔内以亨利三世国王名义请他审阅贝亚恩行会提出的改革计划,蒙田在边白详加注释,每条注释都显出他的公正平等思想,不论在司法免费的原则、审判官员的多元化、诉讼各方的平等地位都是如此,蒙田在这点上最了不起；尤其他给亨利·德·那瓦尔国王的一封意见书的最后一条注释："让支持德劭仁厚之士执掌公义。蒙田"

恰是在这里——居耶纳及其周围地区——搬演着法国历史上的这出大戏，决定王国的和平和统一。大家对这位波尔多市市长、马蒂尼翁的战友，期盼他什么呢？一边是瓦罗亚家族，一边是波旁家族，他们把宝押在蒙田身上，就是要阻止吉兹家族走向"大冒险"这条路；吉兹家族一心想在法国扑灭宗教改革，清除亨利·德·那瓦尔，让本家族刀面人或者他的兄弟洛林红衣主教，再不然就是其他一名成员登上法国国王宝座。

1583 年的这个夏季，清风好像吹向和解的方向：蒙田收到亨利三世国王的谕旨，敦促他改善法国王朝与内拉克朝廷的关系，他的妹夫那瓦尔若有什么亲善开放的表示予以良好对待。蒙田在这一边鼓励他的对方采取节制态度，在贝亚恩一边，有菲列普·杜普莱西-莫尔奈做他的合作伙伴，与他相向而行。

这些人好像准备彼此谅解了，但是接连三次危机又使他们相互为敌。不过说实在的，鉴于他们在现场的地位，涉及个人、宗教、朝廷各方面关系错综复杂，很难保持这样的和谐。亨利·德·那瓦尔是居耶纳总督（虽则大多数天主教徒不承认他），他指挥的军队布置在这个地区，像豹皮上的黑斑那么密集；而马蒂尼翁，是法国国王任命的该地区摄政官，统率的武装力量显然还是为了抗击胡格诺派的武装力量而组建的。

1583年8月，这位亨利三世国王自称要与妹夫亨利·德·那瓦尔共同订立协定，却把后者的妻子（也是亨利三世的妹妹、著名的"玛戈王后"）赶出了卢浮宫，声称她与两名宫廷夫人有不轨行为，还有谣传说她在卢浮宫里生下一个属于他的孩子。亨利三世可是个仁义道德的宣传员！总之，"玛戈"灰头土脸地被送还了内拉克，那里的亨利正与科丽桑特打得火热，被惊扰了好梦，更何况这样处分他的妻子是一场侮辱，气得他大发雷霆。

蒙田是科丽桑特的好友，也是玛格丽特欣赏的对象，两位亨利国王都对他尊重有加。直认不讳的享乐主义者，聪明的谈判好手，这个时节正需要他这样的协调人，好让对立各方理智冷静下来慢慢谈。然而，一连串危机中只有这一环节听不到蒙田的声音……

……而"蒙德马松事件"却有许多传闻。蒙德马松属于朗德地区，是那瓦尔王朝的一块宝地，被天主教占领。亨利·德·那瓦尔要求马蒂尼翁把这块地方归还给他，但是摄政官以前曾与他有过嫌隙，宁愿把这块地方作为抵押品，扣留不放手。亨利·德·那瓦尔按捺不住，串通一位天主教乡绅卡斯泰尔诺伯爵，重新占领该地，以致马蒂尼翁又伸手要去占领内拉克附近的巴萨和贡同……

那瓦尔国王收回蒙德马松后，立即给蒙田写信为自己申辩。这封信遗失了，但是他最接近的合作者杜普莱西-莫尔奈的那封信没有遗失，可以作为参考：

"1583年11月25日。那瓦尔国王进入蒙德马松城市时致函阁下。当地臣民蛮横无理，马蒂尼翁元帅无限期拖延不决，使得他采取这个措施。阁下知道我们的好意也是有限度的,既然他们的疯狂不加收敛,莫怪他的耐性也会失去。所幸上帝开恩,过程中没有造成多少流血事件和抢劫……"

从此以后,蒙田在这一边,杜普莱西-莫尔奈在另一边,给两方当上了缓冲器;后者在给前者的一封信中说,他信任蒙田,因为蒙田"既不摆布谁,也不被谁摆布……"

蒙田在马蒂尼翁的要求下,前去蒙德马松,受到亨利·德·那瓦尔的良好接待。他对他的合作伙伴说:"我非常敬重这位亲王;对这第一次接触,我们没有多大期望……他无论如何要求归还……我们只听到他口口声声提到巴萨……"换句话说,你要这位亲王把蒙德马松归还,他则回答:首先把巴萨还我!

那时,蒙田的生活则变成了一股旋风,或者更可称为一名骑马信使;波尔多市市长摇身一变,成了奔走于贝尔杰拉与波尔多、蒙田与内拉克、圣福瓦与费莱克斯之间的联络官。蒙田的这些活动,从杜普莱西-莫尔奈的透露和转述来看是相当有成果的。他不久给马蒂尼翁捎去那瓦尔国王的一封信,赞赏元帅要给王国带来和平的良好愿望,他感到满意,并予以感谢。这样蒙田与杜普莱西,又在那瓦尔国王与马蒂尼翁元帅之间建立了联系。

几星期后,波尔多市市长从胡格诺区的一次商谈回来,给马蒂尼翁的一封信中,口气有所改变。这次涉及的不是几个地区私下割据问题,而是法国王位的合法继承问题。1584年6月10日,法国国王三十岁的弟弟安茹公爵死于肺结核;那些政治人物如马蒂尼翁、蒙田,还有另一边的杜普莱西-莫尔奈都要有所准备,接受波旁家族的领袖上位,据马蒂尼翁等人的想法,只有亨利·德·那瓦尔重新皈依天主教是可以做到的。蒙田在给马蒂尼翁的一封信中已有所提及,亨利三世派遣他的宠臣德佩蒙公爵,去见新王位继承人,劝他改宗,然后确立为继承人。他无功而返……

现在要靠这些大人物挽狂澜于不倒,不单是居耶纳,而是整个法兰西王国都陷入了死亡的抽搐。但是,贝亚恩王要把两顶王冠戴在头上,波尔多的和平创导者必须先把1583年8月1日选举失败者正在城内策划的巨大阴谋揭露于光天化日之下。

亨利三世由于没有子嗣继承人,早晚会把王位传给一位新教徒亲王;天主教内的战士,人称吉兹派,无论如何不会接受这一过程而不进行反击。那位新教徒亲王在圣巴托罗缪日大屠杀后被迫改宗,看来也不像会第二次改宗,不管他的天主教情妇科丽桑特如何温柔地劝导他。

亨利·德·那瓦尔要不是阻碍了亨利·德·吉兹和洛林红衣主教两兄弟的野心实施,他的宗教信仰受到的攻击也可能不会那样猛烈。吉兹兄弟选择的王位继承者是年迈的、效忠于他们的波旁族红衣主教。为了支持这位教会亲王,在1585年3月,"神圣联盟"进行庄严动员,从此在西班牙政权公开支持下,让最不宽容的天主教派战胜蒙田和他的朋友酝酿和逐渐成熟的和解方案。

在波尔多和其他地方,"联盟派伸出它的尖角",在桑萨克大主教的祝福下,选出了领袖,就是那位赫赫有名的瓦亚克领主,特隆佩特要塞司令。1583年春天"竞选活动"时,跟蒙田已经有过交锋,市长与司令官都话中有刺，毫不退让……

那瓦尔亲王、法国朝廷和马蒂尼翁之间的宗教与王位争夺战，闹到最后愈演愈烈，波尔多的联盟派更把矛头对准1583年得到连任的市长。市长毫不掩饰自己的和解任务，他努力促进贝亚恩人与法国朝廷的相互了解，也是众所周知的。大家也知道1584年11月底他在蒙田城堡接待了那瓦尔国王及其数十名胡格诺派大领主。在"吉兹派"眼里，这个阴险的叛徒是个耍两面派的老手，这只可能让敌人——内拉克"发臭的异教徒"——得益。

1585年4月初，瓦亚克以为行动时机已到，从特隆佩特要塞出发清除马蒂尼翁和市长，入侵波尔多。蒙田在1583年底、1584年初在他的市政府工作十分积极，后来又抽身回到蒙田去住。仅仅为了休息？还是自己这边的人在那瓦尔国王身边工作进展甚慢而感到失望？后者在宗教信仰上顽固不改变。

马蒂尼翁元帅风闻瓦亚克的阴谋诡计，催促市长回到城市帮助他应付眼前的危机。力量的对比不利于遵守法纪的一派；武装人士、教会和最高法院人士，都一致反对跟那瓦尔合作的政策；在波尔多这个政策的代表人物就是市长和元帅。

从巴黎传过来的消息则让人觉得，国王被联盟派的强悍做法吓着了，准备向他们作出让步，他甚至要跟他们签订《奈穆尔和约》，这会让他听任吉兹的摆布。从而瓦亚克的态度咄咄逼人，鼓动他的党徒，向吉兹宣誓给他献上波尔多。1585年春天初，波尔多市内人心惶惶。

蒙田可不是像自己所说那样"窝囊"的人，面对危机只会像兔子似的躲藏。1585年2月底，他告知马蒂尼翁他准备"跨上马背"跟他会合，但是由于"路上涨水"，他不可能在一天内抵达波尔多，将在波顿萨克停留，在那里等待他的指示。——并且还明确提到那瓦尔国王在居耶纳全境调兵遣将，"格拉蒙夫人处境为难"，这对温和派是个坏消息，因为格拉蒙夫人即是科丽桑特，她是王位继承者的情妇，要劝说他回到天主教内，她是温和派最好的同盟者。

马蒂尼翁现在在蒙田的辅助下，准备对瓦亚克明目张胆的企图展开反击。这位赢得费尔围困战的大将在4月21日（或是22日）的出击，被保尔·库尔托说得绘声绘色，他要让人知道，一项行动的伟大并不在乎参加的人员众多或者场面浩大，而是要当机立断，速战速决。

第一幕：马蒂尼翁与蒙田共同出面在总督府召开会议，要求市政官和社会贤达、各级法院院长和官员、国王任命的官员、城市各级的官员出席——其中当然包括瓦亚克大人，而且他居然敢于出席。当然他对自己那么有把握！当大家进入会场，元帅给一个名叫隆代尔·奥托维尔的卫队长下命令，关上官厅大门与封锁所有出口。

这时候，元帅以国王的名义，向混杂的与会者宣布城市处于危险之中。他转身朝向瓦亚克，宣布他"对国王有异心"（然而他还是准备跟联盟派签订奈穆尔条约！），命令他把特隆佩特要塞交到自己手中。联盟派的各级领导都大吃一惊，他们中了圈套，只是有气无力地抗议这样免职是"一种羞辱"。

"羞辱"？马蒂尼翁尽管为人谨慎，从不轻举妄动，但这次干脆把话挑明，瓦亚克要是不交出要塞，将作为叛臣处理，"当着全营士兵的面砍头"。可是考虑到全城武装力量哪头占优势,他这条命令发布容易执行难。但是瓦亚克已经落入罗网,这是在总督府内进行较量。联盟派领袖束手待擒,解除武装,在重兵押送下,到了特隆佩特把要塞移交给马蒂尼翁的人。

蒙田高兴之至,当晚给那瓦尔方面发出一封函,那瓦尔国王大喜过望,在24日就给马蒂尼翁写信说:"我的至亲,我很高兴收到您通过蒙田先生告诉我的消息。我请他代为向您致以满腔友情……"蒙德马松一事过去已久。在危机面前和衷共济,才是良好的纽带。

联盟派只是打败一仗,没有打输战争。失去的只是特隆佩特要塞,不是波尔多城。接下来预定在5月份将要举行部队检阅,这时看出力量是在哪一边。恰在那个日子,马蒂尼翁元帅被国王叫到阿让,因为那里骚乱又起,以致在5月中旬,波尔多的武装人员,其中包括被联盟派渗透的市民连,都要集中操练准备部队大检阅。蒙田那时必须独当一面去维持城内秩序。

他作为公众人物的能力可能从来没有经过这样的考验。马蒂尼翁缺席的情况下要不要取消这次险象环生的阅兵典礼?他脑海中依然保持着不幸的总督遇害的记忆,特里斯坦·德·莫昂1548年在同一地点不敢勇敢面对愤怒的群众而惨遭杀害。他决心采取相反的做法,去面对他们,这段情节他在《随笔集》第一卷有所叙述:

有一次大家决定举行各个部队大阅兵(这其实是秘密复仇的理想之地,要干的话哪儿都没这里顺利),种种迹象表明,负责检阅的主要人物恐怕有大麻烦……于是大家提出各种方案。我提出他们首先必须避免显出惊慌的样子，要混在检阅队伍中，昂首挺胸，不要删去任何阅兵内容……反而要他们队长通知士兵不惜弹药，向观众致敬时把礼炮放得好听欢快，这对于那些受怀疑的部队是一种礼遇，自此推动双方有益的相互信任。

啊！这个"昂首挺胸"，啊！这个"把礼炮放得好听欢快"！我们这些《随笔集》的忠诚读者，多么喜欢读到这几段话。蒙田意志坚定，睿智清醒。这里——据说——表现出"他最佳状态"，是个苏格拉底式的马基雅维利，智勇双全，既有细腻心理，也有刚强性格……

联盟派得到了警告，一点不敢造次，也没有对他们憎恨的、自愿送上门来的市长下毒手。这次检阅只不过是应一时之急。联盟派的做法愈来愈大胆，也到处在招募增援。他们的两位头领马延公爵和德·埃尔伯公爵走近波尔多。这一次，马蒂尼翁还是在麻烦不断的省内奔波。1585年5月22日，米歇米·德·蒙田给他这位上司写了这封信：

> 有谣言说战船正从南特向布鲁阿日驶去……我们都忙于看家与守卫，在您不在时尤其要注意。我不但是为了保卫这座城市，也为了保卫您而担心，我深知敌视为国王服务的人意识到您是个举足轻重的人，没有您一切都会恶化……
>
> ……直到目前毫无动静。隆代尔先生今天早晨见到我，一起研究了他那个地方的安排……拉古布领主对梅斯蒙主席先生说埃尔

伯先生在昂热这边……正在向下普瓦图而来，带了四百名步兵和四五百匹马……谣言还说由曼恩先生来带领在奥凡涅为他们收编的部队，他将穿过森林地带向鲁埃格和我们这边也就是说向那瓦尔国王而来，这一切都是冲着他来的……

……我把我听到的，还把我觉得不像可能的街头谣言随同真相都告诉了您，这样做是为了让您看到听到一切，同时我非常谦卑地恳求您事务允许的话速回；我向您保证我们会不遗余力，如果需要会不顾生命，服从国王去保卫一切……

这就是自称办事不力，不会全心全意为他人尽力的一个人！……

这时候，我们的市长腹背受敌，保持警惕，5月27日他写信给马蒂尼翁：

瓦亚克先生的周围地区警报频传……我每天夜里巡逻，穿过武装戒备的城里或者深入城外的港口，接到您的警报以前，有消息说一艘满载武装人员的船只要进港，我已经监视了一夜，我们什么也没发现……

我希望您回来见到的城市还是您离去时的状态。今天早晨我派了两名市政官向议会报告目前流传的谣言和我们知道在这里的明显的可疑分子……

我没有一天不去特隆佩特要塞……我也天天看到大主教府。

外部战线，内部战线（我们现今称为"第五纵队"）：这位市长经历充满危险的战斗……为了马蒂尼翁回来时交给他一个原来模样的城市。当1585年马蒂尼翁元帅接替蒙田担任波尔多市市长时，波尔多人都为城市保存良好而感到骄傲。

市长最后结束任期以前，还在外交战线取得一次决定性成功：他在马蒂尼翁耳边喋喋不休要求他与那瓦尔国王见面，元帅这个诺曼底人有时也就是"犟"，顽固地拒绝了。蒙田最终获得元帅同意6月份在马尔芒德一边加龙河畔跟那瓦尔国王会见。这样蒙田不仅在他的波尔多市内挡住了天主教联盟，他还在法国国王一方与那瓦尔国王另一方的和解铺设道路；这件事在四年后天遂人愿，双方也就合成为一方了。

加斯科涅人爱夸夸其谈，蒙田则相反，大家还说他更倾向于把自己说得比实际更软弱、更拿不定主意，在许多世俗事务中浅薄无知。他在《随笔集》中谈到他担任市长一职时的所作所为，使用的语调是防御性的，几乎语无伦次，仿佛请求原谅他政绩平庸，这叫不止一人感到奇怪和信以为真。

> 有人说我在工作中缺少魄力，做事慢条斯理；他们这话离开表面现象不远……至于我天性慢条斯理，不要从中得出这是我无能的证据（因为不着急与不关注是两回事），更不要认为这是我对波尔多市民的漠视与忘恩负义。他们在认识我的前后，利用手中掌握的一切大大小小的手段来拥戴我，第二次推选我比第一次还

踊跃。

　　我愿他们一切都称心如意，当然任何时刻我都会尽心尽力为他们效劳。我为他们就像为我自己竭尽忠诚。这是善良的人民，慷慨好义，也能服从并遵守纪律，若善于诱导必成大事。有人还说我在职时一切既不突出，也无痕迹。这是好事，当大家都在兢兢业业工作时，自然会嫌我没事好做的了。

"一切既不突出，也无痕迹"？这番评论的荒谬性也不用多说了吧？可能"休战"的说法更为恰当。或者当别人都忙于添乱时，自己少添乱就是值得赞扬的。但是事实并不只止于此。蒙田在波尔多没有竖立一座凯旋门，也不建造一座要塞、开辟一条林荫道、筑桥梁或改变河道……但是他改变了事物的进程。

　　波尔多城在那动乱年代里，若由埃斯卡尔或瓦亚克掌控，必然成为吉兹派进攻那瓦尔（不久即为亨利四世）及其人员的大营盘。我们不妨来估计由此产生的后果！那时候西班牙国王只是等待着联盟向他们发出求救的信号。为了西班牙王国强盛壮大，波尔多是一座天赐的桥头堡……

　　以致蒙田在波尔多当市长的政绩非常出色，在精神上主张正义与和解，在事实上做到波尔多保持合法与和平；若不是发生一件意外事使这桩历史功绩遭到忽视，一言以蔽之，那就是此刻发生了瘟疫。

米歇尔·德·蒙田的公众生活，在19世纪下半叶以前很少为人提及，一旦把它暴露在光天化日之下，大家对他当年的辛劳和风险都是一片责备声，这使研究作家生平的人的确大为丧气。是的，但是要说他在大闹瘟疫时抛下他管辖的子民……仿佛这是铁定的事实……再说他历尽艰辛、不顾风险，让波尔多躲过一场内战或者保持王国和平与统一，也都没用……

大部分蒙田研究者都不同意这样的责备，用两条理由来驳斥这份纠缠不清的公诉状：一，蒙田领主已经完成了他当市长的任期。二，他同时代的人，包括政治负责人和纪年史家，在这件事上都不曾对蒙田有丝毫责备：他那个时代觉得正常或可宽恕的过失，却有19世纪的蠢人不合时宜地打抱不平，这未免有点小题大做。

我们不使用这个论点。蒙田是个大人物，不能单以他那个时代的风俗习惯为标准，而对他做出评价。当一个人在公义、宽容、种族主义和殖民政策方面领先于时代几个世纪，人们也可以不以时代或常规标准来审视他。

1585年6月，蒙田市长任期结束前两个月，被不久前度过的几周悲惨生活弄得筋疲力尽，回到了庄园。这时在波尔多又出现了瘟疫的症状。这个港口城市有来自世界各地的船只靠岸，每年到了夏初都出现这些现象，尤其在一块湿地的周围，卫生情况格外糟糕；考虑到当时举措和设施粗陋简单，要一位做了四年的市政官来解决……

当瘟疫在波尔多冒头时，《随笔集》作者在蒙田庄园也不会快快活活过上几周的轻松日子：传染病威胁到多尔多涅山谷，有几股流寇抢劫这地区内独居的住宅；波尔多市市长也是一家庄园的主人，有几十人生活其中，要依靠他来供养。

7月中旬，蒙田得到消息，传染病正在加剧：不多时传说一座才五万人的城市，死了一万四千人。市政官拉莫特先生跟他说："小百姓像苍蝇那样死去。"

马蒂尼翁还留在原地，写信给国王："这座城市里瘟疫猖獗，除非弃走他乡，否则无法在此生存。到了今天留在这里的只有为王国衷心服务的最高法院院长大人和古尔格大人。我在此看守着瘟疫已经入侵的几处城堡，哈堡和市政厅以外，也实在无暇他顾。"

7月25日——蒙田第二任满期前一周——留在波尔多市政厅的六名市政官中有两名，写信给他们的市长，要求他回来，把他的职权交接给他的继任者。这时大家已知道，他的继任者是马蒂尼翁，把摄政官与市长的权柄都集中在他一人之手，在这样的情境下，瓦亚克没有再敢来与他争权……

7月30日，蒙田给他们写了一封回信，这恐怕是这位大人物一生中大家唯一不愿读到的文章了：

先生们，我在这里从元帅大人给我的消息中偶然得知你们的一些情况。我不惜生命和其他一切愿为你们效劳，由你们做出判断，我出席下一次选举能做什么，是否值得我不顾城市目前的糟糕局面冒险回城，尤其对于像我这样从空气新鲜的地方来的人而言。星期三我会尽可能走近你们，也就是说到弗依亚，如果瘟疫没有先我而至的话；如我在给拉莫特先生的信中所说的，我在那里将荣幸地接待你们中间的一员，领受你们的指派，推辞元帅大人要我陪伴他身边的好意；我谦卑地向你们请教，并祈祷上帝赐先生们长寿与幸福。

自利布恩，一五八五年七月三十日
你们谦卑的仆人与兄弟
蒙田

不声不响恐怕还更好些……这两位勇敢坚守岗位的市政官是这样想的吗，既然他们不作回答——还是弗依亚的约会没有实现？

谁又能自作主张在这方面"审判"蒙田呢？谁又能知道"面对瘟疫"该怎么做呢？这不是提一提民间做法或时代风俗，就可以回避这样可怕的问题；也不能说8月1日他的任职将满，他在7月15日就"差不多可以"交差，不负责了；……也不可较真地为他开脱，说瘟疫蔓延，他在波尔多城外，他没有"逃离"瘟疫，只是"不进瘟疫肆虐的"波尔多，不向着火山口跳下去……

这里没有一条论据是站得住脚的，假使我们把蒙田看成是塞涅卡、普鲁塔克和苏格拉底的门徒的话。假使我们把他的态度与德·图相比较的话，他在巴黎人民陷于瘟疫威胁之中时，他毫无职责与义务，却留在城里与大家共患难；或者像国王执法官德勒，他在类似的情景下坚守岗位，却因此死亡；或者不提别的，只是蒙田在波尔多……

有人提出，蒙田不是一位英雄，他也不想当英雄——仅是为了出席一场可以看作是装样子、出风头的礼仪活动，而挤到得了瘟疫的人群中间去。英雄主义，《随笔集》作者并没有瞧不起，但是更值得称赞的还是在敌对双方之间积极主动，不遗余力去当"宽容"的战士。此外，二十年以前，友谊已经为他提出坚定的良好榜样，他的朋友艾蒂安得了同样的传染病，他侍奉在病榻旁直到最后时刻，不顾弥留者再三劝他离开，害怕会把病传染给他。他作为朋友做得那么出色，作为市长就不是这样了么？

其实为蒙田的这种睿智辩护，最好的论据莫过于说米歇尔·德·蒙田是个高贵出奇的疯子，他宁可牺牲生命也不会放弃撰写他的《随笔集》第三卷，那是他什么都不可替代的美丽篇章……如果有一种英雄主义会剥夺我们去阅读这些鸿篇巨制，人们会怎么想呢？我们要一个参加祭礼的蒙田，还是颖悟世事的蒙田，作为哪一种楷模更有意义呢？

米歇米·德·蒙田对波尔多市市长的评价又有点不同。大家知道他竭力把两者分开："市长与蒙田一直是两个人，一目了然。"但是《随笔集》第三卷作者的三分之一人生，来自他个人阅历，尤其来自他当市长和公众生活的阅历么？撰写《论意志的掌控》的那个人是这位蒙田，还是市长、当市长的蒙田，或者是作为人的那个人？他从1583年到1585年7月初（除了最后几天）如此出色地完成了这项艰巨的任务。蒙田与市长确是两个人，但是这两人创造了《随笔集》第三卷作者这样丰沛的综合人性……

最后我们让这位作者总结发言，他对市长的评价是相当严厉的：

我只求事物的维持与存在，这都是无声无息、悄然进行的。革新引人注目，但是目前迫于形势，抗拒新兴事物，革新也就遭到了禁止。悠着做有时跟做一样高尚，但是悠着做就较少公开。我能贡献的绵薄之力也差不多在这方面。……

……我也曾苦口婆心向大众说到我才疏学浅难以担当这项公职。比此更糟的是我并不嫌弃才疏学浅，也不思改变这才疏学浅……我对自己的政绩也不满意，但是当初对自己定下要做的事差不多都做了，对别人许愿要做的事远远超过……我要肯定自己没有留下冒犯和憎恨。

"没有留下憎恨？"天主教联盟日后会让他看到他没有留下憎恨，但他引起了别人的憎恨……

第十一章
参加三亨利的赌局

- 瓦罗亚、波旁和吉兹
- 跟着亲王们去谈判
- 吉布林党还是盖尔夫党
- 跌入陷阱
- 王太后伸出援手
- 热爱法兰西
- 库特拉，蒙田与科丽桑特

三位历史人物，碰巧都取了同一个名字——瓦罗亚的亨利、波旁的亨利和吉兹的亨利。在他们之间，长达十五年之久，从1574年到1588年，刀光剑影，玩弄着法国王朝的命运，——这是一场赌局，米歇尔·德·蒙田还是作为大胆的赌友参与其中。

神父、牧师、军官、财政家、庄园贵族、"佞臣"、宠姬、刺客、外国君主（还有更可怕的王太后卡特琳·德·美第奇），他们煽风点火、运筹决策，四处出击。这一切全是围绕着这三个亨利而转：法国亨利三世国王，正统合法；人称"贝亚恩人"的亨利·德·那瓦尔，胡格诺派武装力量司令，"南方新教联合省"的领袖；还有是亨利·德·吉兹，人称"刀面人"，战斗天主教徒的魁首；在他们中间争夺一件大宝，那就是法国的王冠。

亨利三世，如同他的兄弟，都没有合法后裔。当他的弟弟阿朗松公爵（后为安茹公爵）在1584年死于肺结核，亨利·德·波旁成为合法继承人；他是圣路易国王第六个儿子罗贝尔·德·克莱蒙的后代，当今法国国王的表弟（第二十八级继承人……）。继承的规则排除女性和私生子女，但是不排除异教信仰者，不管天主教教廷官方发言人做出怎样的声明，还得到天主教联盟创造者亨利·德·吉兹和洛林红衣主教强大的武装支持。

亨利·德·吉兹不被看成"王族"——尽管他自称是查理大帝的后裔——不能自封为王位接班人。但是为了排斥波旁家族的那瓦尔国王，他推出同一家族的波旁红衣主教作为竞争对手，这位红衣主教在1572年还曾给亨利和"玛戈"主持婚礼。此外，"刀面人"自吹跟笃信天主教的西班牙国王的交情不同寻常，后者的黄金货币和正规或非正规的军队可是这场豪赌中的大王牌。

在这三位禀性各异的人物之间，那些谋士施展才能、献计献策，这些人主张超越宗教分歧或古老封邑，只集中讨论合法性这条原则，这决定了那瓦尔国王是王位继承人；持这个主张的人有德·图、庇布拉克、皮图、卢瓦塞尔和米歇尔·德·蒙田。

法国国王亨利三世是亨利二世和卡特琳·德·美第奇的第三个儿子，在1574年，圣巴托罗缪日大屠杀两年后，继承查理九世哥哥坐上王位。大屠杀时他是安茹公爵，也是策划阴谋的负责人之一。后来也曾当过几个月的波兰国王。

他在历史上的名声目前还有待重新评价。倒不是由于他的操行或者残酷。他好像是双性恋，此外还患有不育症；他的残酷表现在他参与了1572年大屠杀，在雅尔纳克暗杀孔代亲王或在布卢瓦掐死亨利·德·吉兹；评估的不是这些，而是他优柔寡断、浅薄，还有人所共知的怯懦。

至于国王宠爱嬖幸，有另一个先驱者给他做过平反工作，那是大仲马。1828年他在《亨利三世和他的朝廷》一书中，把国王写成像个荒唐透顶的人物，"软弱幼稚，偶尔又勇气十足"。二十年后（这也是他的一部书名）在《四十五》这部书里，由于他博览群书，读到了皮埃尔·德·勒图瓦的日记，才又提到他天性中有一种奇异的诗人气质，散发着"皇家气派"。

现代历史学家对他采取一种更为平衡的看法，重点研究他的文化修养，即使在文艺复兴时代，也令人惊讶。我们看到他祝贺蒙田的《随笔集》。他是诗人学院的奠基人，他的位子居于龙沙与奥比内之间。奥比内恨这位国王，把他看成是个"女人气的暴君，无论心地、动作与习惯都是个婊子"，然而对他的情趣、评判眼光和诗才则说："这个时代很少作家会予以否认的。"

在军事上，大家把天主教军队在蒙孔都和雅尔纳克获得的胜利归功于他；在政治上，他有现代国家的意识，这使他铺下治理的基础，后来使亨利四世坐享其成。他是不是很早便觉察到有必要向那瓦尔沟通，毕竟后者是最能干的王储？这是肯定的，他憎恨吉兹更甚于贝亚恩人，他装腔作势的虔诚可能只是为了掩人耳目，但是他的行为实在令人捉摸不透……反正蒙田尽管是忠诚的保王派，但是看不起他，把其他两位亨利看得比他重。一旦谈到他出身瓦罗亚家族，他跟他的朋友庇布拉克只是反复说："当然希望有个更好的亲王。但是像他那样，也可以当了。"

那瓦尔亲王则是另一个样，就像焰火，点燃一簇又一簇，闪亮不绝。他的语言，他的姿势，他的花招，他的胜利，他的爱情，在考验中保持坚定，在凯旋后表示宽大，他的一切无不让他成为众人眼中的唯一君王，后来大革命时期激进的无套裤党对他也颇有好感。

这位青年王子九岁时，因父亲安东尼在鲁昂围城中（1562年）战死而被扶上那瓦拉王位，随同他的母亲雅娜·德·阿尔布雷皈依新教（他母亲据阿格里帕·德·奥比涅的说法，只有性别是女的）。他在十九岁时被迫娶玛格丽特·德·瓦罗亚为妻，就这样被抛进了圣巴托罗缪这只大火炉，只是宣伪誓叛教后才保全了性命。在卡特琳·德·美第奇的牢笼内过了四年人质的日子，二十三岁时变成行为诡异的汉子，抛下"玛戈"而寻欢作乐，语言不合就动刀动枪，全身臭气，满口粗话，趾高气扬，终日面对加尔文派的道德教育、受骗的情妇们的谩骂、妻子的不满和岳母的诡计，在一连串哄吓诈骗、风月艳事、讨价还价和兵戎相见的道路上，朝着王位直奔而去。

亨利就像西班牙斗牛，挑动斗牛士到它们的避难所来搏斗，他选择居耶纳做他的地盘，做他的大本营，虽然四周多少受到包围，行为谨慎的市民禁止他进入省会波尔多。他在1587年取得库特拉决定性胜利以前，势力也很少走出这地区，只是不断地与米歇尔·德·蒙田交叉而过，既得到好处，也有所要求。

这位那瓦尔亲王与蒙特拉韦领主，同样都是加斯科涅骑士，吃栗子和葡萄长大，容易对女人钟情，他们之间倒是意气相投，蒙田有时还称他"我们的亨利"。以我们看到波尔多市长怎样玩贝亚恩人这张牌，他真是费尽心力不让这张牌给法国朝廷或者天主教联盟撕碎——尽管那瓦尔这人也会激动和出言不逊。

从1585年到1589年，蒙田即使不是抱恨不已，至少也是极不耐烦地等待着亨利·德·那瓦尔做的一件大好事，那就是他的朋友要获得完全合法继承权，必须重新皈依天主教，这是不可回避的。贝亚恩人出尔反尔，含糊其辞，长期拖延不决，使蒙田失去信任；蒙田对法国国王并不待见，心里暗忖"真命天子"莫不是那第三位亨利。

"刀面人"亨利（这个外号来自他在战争中受的脸伤），名声并不比"嬖幸国王"好。在《亨利三世及其朝廷》中，大仲马把他写成一个粗暴无知的人，用铁皮手套折磨妻子。他是弗朗索瓦公爵的儿子，《随笔集》说他是一代英豪，在后世人面前，对1572年8月24日的大屠杀负有主要责任，如果把这场大屠杀说成是大人物设下的阴谋，或者是国王事后所设定的民众起义的话。在这两种情况下，吉兹都逃不过是个凶残的中心人物。后来又酝酿成立天主教神圣联盟这个极端组织，对后世提倡宽容绝无好处可言。

他这人性格粗暴，但也不应忽视他的豪迈。大家很少见到他陷入狂热。他手段灵活，善于作出重大决定，天性高尚，使蒙田为此受益不少，蒙田不但在他遇害后第二天，在家庭手册中对他表达敬意，在《随笔集》中更有明白的表述。他在书中批评一位领袖遇事迟疑不决（无疑是指那瓦尔国王）以后，写道："我还认识另一位，他听取了完全相反的意见，意外地一切都很顺利。人们急切追求勇武行为的光荣，需要时勇武是无处不可以表现的，不论穿民服还是穿戎装，不论在书房还是在兵营，不论举手还是垂手，都可以干得同样漂亮。"

卡特琳·德·美第奇把刀面人说成是"漆成铁杆的芦苇"。然而我们看到有时候是她在这根假铁杆面前扮演真芦苇的角色……他可不是一个平凡的煽动家，国王派了四十五个加斯科涅人把他用刀捅死在宫内，看着他的尸体说："死了恶兽也没了毒液。"——这事一下子倒成全了他，毒液在他死后还留着……

我们如果不记得这三个亨利的关系如何密切，人际交往如何盘根错节，使他们时而是同谋，时而是敌人，时而结成同盟，时而相互杀戮，就不知道三亨利之战罕见的复杂程度，足智多谋的蒙田居然没有迷失其中，值得赞赏。

我们在内韦尔的《回忆录》中读到，（16世纪）60年代末，在那瓦尔中学，"亨利·德·波旁跟安茹公爵和吉兹公爵是同学，安茹公爵过了一段时期当了国王，吉兹公爵也尽力想要当。这三位亨利后来有朝一日成了不共戴天的仇敌，在那灿烂的青春年代则来往密切，有共同爱好，有共同玩乐，彼此与对方保持一种少有的好意，以致他们在中学时从未有过任何龃龉……"

圣巴托罗缪日之夜，安茹与吉兹可以说是亲手掐死了那瓦尔的朋友们，那瓦尔本人向查理国王与他本人妻子的告饶后方逃过厄运。奇怪的是他们的联系并未因此完全断绝。那瓦尔在卢浮宫内差不多当了囚犯，亨利·德·瓦罗亚到波兰去当国王，吉兹对那瓦尔百般讨好，阿格里帕·德·奥比涅在《回忆录》中是这样提到的："这两位亲王睡同室，食同桌，一起参加庆祝、芭蕾舞会和骑术表演……"说不出这是传说还是八卦。几乎是同时代的历史学家还肯定有这种奇怪的来往："大家看到他们在卢浮宫里住同一个房间，他们去打猎、玩网球、赌骰子，去探望夫人们，那瓦尔国王还让吉兹公爵骑在马背后在巴黎招摇过市……"

但是，皮埃尔·德·莱斯图瓦勒按他的习惯，作出细腻的稍有不同的描述："那瓦尔亲王跟吉兹公爵玩网球，场子上的人不把这位俘虏国王放在眼里，动辄对他传出尖酸刻薄的话，把他当成王府或朝廷的侍从下人。令不少仁厚的人看在眼里，心里大大不忍。"

说来是这几年公爵—狱卒与亲王—囚犯怪异的同居期间，米歇尔·德·蒙田经常受到召见，在暗中进行斡旋（1576年在桑里斯狩猎时，那瓦尔成功潜逃）。不管怎样，1572年年底，可能是10月初，波尔多开始它的圣巴托罗缪式大屠杀后，蒙田盘桓在巴黎。在这场有时虚晃一招、有时心狠手辣的决斗中，是谁想起请他来做中间人、仲裁人、调解人的呢？让-弗朗索瓦·帕扬是19世纪后蒙田资料管理员，据他的说法，是卡特琳·德·美第奇和亨利·德·吉兹，他们选择这位南方乡绅来给年轻的贝亚恩人疗伤。罗杰·特兰凯是当代最有真知灼见的历史学家，他说可能是另一边提出这样的要求。事实上，对这个奇怪的任务有两个版本，一个是《随笔集》，一个是雅克-奥古斯特·德·图的《回忆录》。

在《随笔集》第三卷第一章，蒙田提到这些模糊不清、与事实有所出入的活动，他说："我也曾几次参与君王之间的谈判……"以致大家相信这是指卢浮宫内阴谋密谈那个时期。蒙田参加积极外交活动，那是1586—1588年间，因而说这些话时还未开始，他说什么"我知道的总比我想要知道的多"，这显然是指一些私密个人的往来，而不是指有步骤的奉命外交和特殊任务。他在1572—1576年所说的，也就是受托扮演一位中间人、一位亲信、一个"缓冲物"的角色；也就是雅克·奥古斯特·德·图《回忆录》中那么说的，他转述了1588年布卢瓦三级会议时他的加斯科涅朋友对他说的悄悄话。

那瓦尔亲王与吉兹公爵在宫廷时，蒙田提到自己曾经充当过他们之间的调解人。蒙田确信吉兹公爵为了得到那瓦尔国王的友谊，对他嘘寒问暖，殷勤周到，但是不管公爵如何百般讨好，对方对他"总有一种刻骨仇恨……"因而，蒙田对德·图悄悄说："两人中不死去一个，就消除不了这个恨。只要那瓦尔国王活着，公爵及其家人就觉得自己绝不会安全。而另一个则这么认为，公爵在世一日，他绝不能够实施继任王位的权利"。

蒙田知心话中最奇怪的一点，是整个事件中的宗教方面。

> 两人在这方面大作文章，这是很好的借口号召本派的人跟着走，只要不触动他们的利益就可以。那瓦尔国王害怕回到他祖父信奉的天主教，只是因为担心被新教徒抛弃；而公爵不远离他的叔父洛林红衣主教嘱咐他遵守的《奥格斯堡信纲》，只因为他这样做不损害到自己的利益。……

蒙田向德·图透露的内情，前半部只能说可能而不是真的；这是说到从前圣巴托罗缪事件后两人在宫廷（1572—1576）的那些日子，这说明屠夫努力安抚幸存者，而牺牲者的朋友则竭力抗拒，他毕竟有一切理由避嫌和提防……

后半部分应该涉及较后的年代，那时那瓦尔又一次被迫发誓弃绝（前一次在1572年，圣巴托罗缪事件后在卢浮宫内强迫下所为），吉兹想得更多的显然是时态发展的政治方面……因而蒙田在这里提及"参加君王之间的谈判"是这后半部分。第一阶段只是含含糊糊地假定在圣巴托罗缪日和博里欧条约（1576）之间，其形式也只是在吉兹与那瓦尔之间传话劝解。吉兹身上还沾有那瓦尔战友的鲜血，试图花言巧语来安慰这个囚徒，有时还盛气凌人伤他自尊心。而年轻的加斯科涅国王则气愤、迷惑，还焦虑不安——据他的妻子玛格丽特在她的《回忆录》中提到会有第二次圣巴托罗缪大屠杀。……

1586—1588年间的谈判（与《随笔集》的撰写是同时的）更为特殊。主要内容是谈到那瓦尔的发誓弃绝是继任王位的必要步骤。蒙田是那瓦尔国王的御前侍从，受到王太后卡特琳·德·美第奇（也是那瓦尔国土的岳母）、玛格丽特·德·瓦罗亚（那瓦尔的妻子）和科丽桑特（那瓦尔的情妇）等人的器重，蒙田本人在他身边颇有威望，他若提出某些建议，贝亚恩国王不可能不加考虑便拒绝。但是不拒绝与同意，这之间的差距是挺大的，在加斯科涅尤其如此。

1586年初，波尔多市市长任职满后六七个月，米歇尔·德·蒙田肯定还没有当上国家命运的仲裁者。他兴致勃勃地重新投入《随笔集》的创作，写出了第三卷的最初几篇鸿文：《论功利与诚实》《论悔恨》《论维吉尔的几首诗》……厄运始终窥视着他，有时是瘟疫，有时是战争蔓延到了他家门口。第三卷第十二章《论相貌》读来令人心乱，他亲历过其中的考验。

直到那时，他是个身份公开的天主教徒，在家人眼里他是个忠于国王权威的支持者，在新教徒眼里他是宽宏的名人，尊重他们的信仰，有一个弟弟、一个妹妹和许多朋友都参加了新教派，因而在战争中并未遭遇多少风暴。《随笔集》第一卷里前前后后都有一些关于战争的述说，看出他的两面性：他乐意随同天主教一派进行远离他的庄园的军事活动（从普瓦图到法兰西岛），尤其是较为平和的那种会影响到他的家族前途、房屋和亲人的活动。

在那瓦尔国王的推动下，加龙河谷和居耶纳新教运动得到进展，蒙田作为市长时也曾同意。现在他害怕，自他回到自己的城堡后，看到四处受到威胁，西面是卡斯蒂荣，东面是圣福瓦，北面朝向贝日拉克，都被新教派军队包围。这个处境令他很不痛快，他时时刻刻心惊胆战："我在躲避，但是令我不快的是更多依靠的是运道，甚至是我的谨慎，而不是我们的法律；令我不快的是处于法律保障之外，受惠于非法律的保护。事实就是如此，我大半还是受别人之赐……"

到了1586年7月，情况骤然变得严重起来。一年前通过奈穆尔条约，亨利三世跟天主教联盟结盟反对那瓦尔，这对蒙田市长协同马蒂尼翁执行的王国政策是个急转弯。马蒂尼翁无论如何必须执行国王的命令，不得不在1586年初大肆逮捕胡格诺派教徒。同盟关系破裂后的第一次大规模区域剿杀活动，是由马蒂尼翁和刀面人的弟弟马延率领的天主教军，攻打蒙田附近的新教徒要塞。

这次，战争打到了家门口。从蒙田城堡到卡斯蒂荣不到两里路。在守卫这座小城的胡格诺派教徒中，蒙田有几个像蒂雷纳这样的朋友。在攻城者中，有他从前的同僚、继任波尔多市市长的马蒂尼翁元帅，他为了打这个仗，还张贴告示，动员居耶纳贵族参加，当然也不会不关照蒙田。蒙田借故推托，这件事使他后来得不到某些人的谅解……

更糟糕的是，8月底，在这座被包围的城四周爆发了瘟疫（是随着攻城者从波尔多传染过来的么？）。这也是说已到了蒙田领地的近邻，直至利多瓦河边，那里驻扎着居耶纳的人马。当地庄园主的处境实在不堪忍受，不论从物质上还是从政治和心理上来说。

只有阅读了《随笔集》第三卷第十二章那些凄凉的章节，才能窥探到其中的内情！

我写下这些话的时候，正值一场酝酿了几个月的动乱全面爆发，而我首当其冲。一方面是大敌压境，另一方面是有人趁火打劫——更坏的敌人……还要同时遭受一切军事损失。……

魔鬼的战争；其他战争都在城内肆虐，而这场针对自己的战争用本身的毒汁自我腐蚀瓦解。这场战争性质邪恶，到处破坏，疯狂般地打得你死我活，最后一同消亡。……双方都毫不遵守军纪。为了制止到处出现的暴乱，严惩违抗军令，结果自己开了违抗军令的先例；军队用于保卫法律，却自己违反法律参加了叛乱。

这已经是孟德斯鸠的说话口气了——对法律的腐败感到痛心疾首。我们怎么能够不回顾这些感人肺腑的话呢？

除了这个冲击，我还遭到其他的冲击。在这类时代病中我讲究节制也会招来麻烦。我受众人的虐待，吉布林党说我是盖尔夫党，盖尔夫党说我是吉布林党。……我家的地位、我跟邻里的来往表现我的一个方面，我的生命与行动表现我的另一个方面。正式的指责倒也没有，因为到底也没有把柄……这是无声的怀疑，私下悄悄流传，在这兵荒马乱的时代从不缺少嫉妒无能之辈抓住表面做文章。……野心家碰上了我身受的种种事会悬梁自尽，贪婪者也会如此。……

  随后还有一桩更大的灾难降落在我的身上。我家的屋里屋外，传染了瘟疫，比其他地方的瘟疫都要猖獗……

  看到我的房子会不寒而栗，而我又不得不忍受这种荒唐的情境……我一向好客，却很难为我的家庭找个栖身之地，投奔无门的家庭，令朋友与自己都害怕……

  如果我不用为其他人的苦难担忧，不用千辛万苦给这支骆驼队当向导，那么那些事对我心头的冲击就会好得多。

  他这一生光彩夺目，有冒险，有官差，潜心写作，敢于担当重任，稍有清闲后却遇上1586年这个残酷的夏季与秋季，这趟痛苦与屈辱的举家漂泊，是他五年前带着年轻旅伴从洛林到托斯卡纳的悲惨翻版。蒙田又骑上了马背？但是这次不是在红衣主教和朝廷大臣面前得到口彩的快乐骑士，而只是躲避瘟疫的难民，带着他的妻子、女儿莱奥诺、几个手下人艰苦漂泊，他的邻居与朋友，不论特朗还是弗瓦，都要他们明白，不妨带着他们的臭气与病菌到别处碰运气去吧。

  瘟疫过去后，虽然他的近亲中没有人死亡，但是扑灭了他对朋友义气的某些幻想。在卡斯蒂荣，被围的人受流行病的打击比围城的人还大，把城市放弃给了天主教徒。但是"魔鬼的战争"在蒙田四周始终不停。还有人说马耶纳要去围困圣福瓦。蒙田庄园主拒绝加入国王部队，愈来愈受责备。他原来差不多持中立态度，现在成了被征服一方的朋友，到处漂泊，没有朋友收留……还失宠？

来自顶层的风向还是有了转变。跟吉兹和天主教联盟结盟不久在宫廷内出现不良的后果。亨利三世日益感到他在这次买卖中得到的是一匹跛脚的马：让刀面人在北方和东部省份与城市中安心巩固他的霸权地位，而他是国王，却要在南方和西部挑起打击胡格诺派的沉重负担，尤其在佩里戈尔和夏朗德。因而内战又打了起来，出钱的是国王金库，得益的是洛林的天主教联盟。

卡特琳·德·美第奇和她的儿子明白自己走错了棋子，决定向贝亚恩人靠扰，至少要在那瓦尔和洛林之间保持一个平衡。这也因为他们看到联盟的事业由于领袖们的飞扬跋扈，还因为1585年9月罗马教廷犯的错误而变质：西克斯特五世教皇庄严宣布反对贝亚恩人作为候任国王，被法国天主教徒斥为干涉法国内政。

同时，各方武装力量的对比也起了变化。亨利·德·那瓦尔被逼至内拉克和拉罗歇尔的大门口，已向德国新教徒亲王求援，他们已为那瓦尔把一支骑兵集中在莱茵河畔，他们的干预迟早会在天平上占很大分量，因为王位继任人还没有清除……

既然必须谈判，就由卡特琳·德·美第奇王太后一手安排此事：圣巴托罗缪日一案，胡格诺派把主要责任归于她，毕竟已经过去十四年了。这个事件没有完全忘怀，但是不见得就可以认为这位手上血迹未干的王太后不是合适的和平使者。跟天主教人谈判，可以。然而跟这个女人呢？那瓦尔要人恳求了几个月没有接受。最后他被两条理由说服了。他这次新出现的合法继任权必须跟现任国王直接接触，也就是跟国王的家属。国王不就是他的大舅子么？卡特琳不就是他的岳母么？此外他另一方面也风闻吉兹家族对此事不满意，他们竭力阻止这次会见：凡是叫刀面人发怒的事那瓦尔都会开心去做。

那瓦尔可能从谋士那里——一边是他的顾问杜普莱西-莫尔奈，另一边是蒙田——知道除了极端联盟派与极端胡格诺派，舆论上都等得不耐烦了。法国人不想别的，只盼望和解。罗杰·特兰凯引用一篇出色的演说辞，"在王太后前往与那瓦尔国王谈判前使用"，里面描述战争造成的痛苦，每天有无数名门望族遭到毁灭……沦落乞讨为生，王国内所有城镇经受了瘟疫与饥荒的肆虐。

在天主教阵容内，谁都不及蒙田处于那样有利的地位，可以与"我亲爱的亨利"深入对话。在内拉克城堡前竖起一尊那瓦尔的铜像，四周是当地几位名人像，泰奥多尔·德·贝兹、叙利、杜普莱西-莫尔奈、拉努、巴尔塔，都是胡格诺派，但是其中也有《随笔集》作者的头像。……

不论在意大利之旅之前还是之后，当波尔多市市长之前还是之后，《随笔集》作者跟亨利与他的顾问还是有其他谈话内容的。贝亚恩人跟蒙田聊天不像听美第奇王太后训话那么烦，后者不停地劝他用天主教的忠诚，来交换法国王冠。

这两人要比其他人更加诚恳探讨，这些所谓"宗教"冲突的真实性。这两人都有一种加斯科涅人的感情，推动他们要把居耶纳这块由

271

那瓦尔亲王当外王的地方，作为法国统一的基石。他们走遍了这些土地——有肥土和瘠地，有葡萄园和禁猎区，有栗树林和燕麦田。从内拉克到卡斯蒂荣，从贝日拉克到利布恩，他们拟就一张讲奥克语的法国草图，日后可成为最终要建成的法兰西国家的熔炉——现今当权的瓦罗亚家族已经耗尽元气，再也回天乏术。

乡土气浓厚的贝亚恩人和创造现代思想的多尔多涅小地主之间的对话，我们只有些零星与非直接的迹象。谁也不敢有这个胆量去编造！不过对于这一类的对话，我们还是掌握了一封美妙的信函，那是亨利身边最有影响的顾问菲列普·杜普莱西-莫尔奈写的，他在1585年这些即将谈到的重大谈判开始前夕发给亨利的。这封信可与蒙田的思想匹配，好像就来自《随笔集》作者向要上大位的人的进言："每个人的目光都注视着您，您是为大众而生的，必须顾忌道德名声，行事必须谨慎……这些爱情消耗您那么多时间，若一旦暴露对事情甚是不利。陛下，现在是把您的爱献给基督教教会，尤其是法兰西的时候了。"

的确，是时候了。

1586年底，蒙田还是一个人在苦思冥想，与第一阶段的会谈是脱节的。但是我们可以肯定他指天誓日要完成这位阴郁的美第奇托付的任务。他对她也不由得很钦佩。蒙田过完这个对他噩梦不断的一年，就启程去了居耶纳，寻找他热切盼望的和平。王太后日夜用尽心机，贝亚恩觊觎者则四步一登，走向王位，然而并不因此肯定屁股可以坐上去。这是两者之间最后一次见面机会吗？当然不，机会总是有了还有的。但是抓住这一次，可以省去许多废墟和家破人亡。

这是1586年12月3日，在科涅克附近的圣布里斯城堡内，三位国王的年迈母后和她的女婿那瓦尔国王面对面。那瓦尔国王亨利可以表现得讨人欢喜，但是他面对他的岳母即使没有失礼，也很粗鲁，希望发泄内心的愤愤不平来掩盖他相对和暂时的弱势：在整个阿基坦地区，他的老对手庇隆元帅，他的昔日合作者马蒂尼翁（失去蒙田的温和影响），根据法国国王的命令通缉他。那么王太后又要做什么呢？（他知道，但是他有意用不信任作为武器……）

从13日到16日谈了三天，以失败告终，但是没有完全破裂：宣布暂时休会来掩盖分手。亨利从这次令人恼火的见面会上只得到一个想法：瓦罗亚家族是要他做后备军抵挡吉兹家族的挡箭牌。这方面他低估了卡特琳的打算。

王太后惯于施展诡计，这次她不是运筹帷幄、耍弄伎俩，她要进行王储的正名工作，这就是让他皈依多数教派。十八个月以前，埃佩农公爵曾两次以国王的名义向贝亚恩人提出同样要求，遭到他的拒绝。卡特琳有意忘记公爵吃了闭门羹，她相信儿子的宠臣得不到的东西，或许对她可以有商量余地。白费心一场。

但是这位生育了三个国王的女人固执成性。她试图重开谈判，召用一位比她更容易引起贝亚恩人同情心的人从中斡旋——米歇尔·德·蒙田。她知道他，还知道很久了，据蒙田研究者认为，《随笔集》中深邃的含义正是王太后平衡政策的辩护状，最终达成和解。这的确是想得够远的。

我们已经在自问卡特琳是否在1572—1576年之间，曾经把蒙田召进宫内，为了充当她的胡格诺女婿与这位吉兹之间的缓冲器。（吉兹在她的女儿玛格丽特嫁给那瓦尔以前曾是她的情人）。这个问题是得不到解答的，但是卡特琳器重蒙田那是肯定的。因而在12月31日圣布里斯会谈暂停后两周，王太后口授了这么一封信：

> 拉乌尔·费龙先生，财政顾问和总税务长，我写信给蒙田，嘱咐他与他的妻子前来见我，我命令您，除了您这几天已经给他的埃居以外，再加给他一百五十埃居，为了更换他的一匹拖车的马，支付旅途上一切额外费用和购买他们必要的衣服……

有人表示过怀疑，这个蒙田是不是我们那个蒙田。在王太后身边另有一位也姓蒙田的，其名字是弗朗索瓦。而且这些衣服对于国王侍从武官来说也是够寒酸的……这是我们忘了1586年年底蒙田庄园主所处的窘境，还有这辆大车已够说明他经过如何失望的漂泊，同时也象征了他的妻子以及全家陷入的悲惨境地。

这段话是他当时处境的最好反映，可惜我们不知道蒙田对此作出怎样回复，但是还是可以设想其中经过一段时间的拖延——他要照顾全家和下人——王太后又给他发出一次新的召唤，更为迫切，而且酬谢比第一次更为丰厚，还在1587年2月18日把此事禀报她的国王儿子："国王吾儿，我根据您的旨意，命令马利科内先生向蒙田传达您希望他做的事情，我对此也像对您的一切事情都会竭力效劳。"

有人提请我们注意，《随笔集》作者那时不希望充当卡特琳与那瓦尔之间的中间人，并不是他认为王太后的倡议不妥当、他对那瓦尔国王不再寄予同情，而是不相信——他是讲究实际的人——他的内拉克朋友在这个时刻可能改宗皈依天主教。何必把自己的威望浪费在一次无望的尝试中呢？

这种否定的说法是站不住脚的。蒙田当然不会看不到这件事极其艰难，其难处不是王储是否有充分理由承继王位，而是割不断其个人与卡尔文社会、武装部队和文化背景的密切联系。怎么从一个团结、热气腾腾的环境过渡到一个充满潜在的间谍和杀人犯的环境——如1572—1576年的卢浮宫？他从卢浮宫潜逃，从桑里斯到内拉克骑在马上一路奔驰，受到贝亚恩同门教友的热烈接待，回到了新教世界，这自有千种理由把他看成自己的英雄。

但是米歇尔·德·蒙田也在想，王储把自己登大位看成是人生目标、存在理由，也意识到自己受到天意的召唤——这个天意令他下手要重、刺刀要尖……他深知从南希到巴荣纳，百分之八十的法国人信奉天主教，不大分得清这是对国王的留恋，还是对教会的忠诚。《随笔集》作者尽管十分欣赏贝亚恩人，并不深知他登上宝座能不能解开宗教信仰这个死结。

我们可以看出他对"我们的亨利"的欣赏是有条件的。蒙田曾对一位人物有过描述，语带批判，长期以来大家认为他影射的是他所不喜欢的亨利三世。然而经蒙田的朋友弗洛里蒙·德·雷蒙提醒，从此以后大多数蒙田专家看到这是指亨利·德·那瓦尔："我认识一位君主，他生性好武，敢作敢为，天天有人进谗言要他相信；他要跟自己人抱成一团，绝对不要跟宿敌和解，与人疏远，不管对方做出什么承诺，诺言对他如何有利，不要信任比自己强的人。"

从这几句话可以听出他对圣布里斯会议失败的失望语调，以及谴责那瓦尔的顽固态度，拒绝以改宗打开王位的道路（有的人把此称为忠诚）。不管大家怎么想的，那时候蒙田的观点跟卡特琳·德·美第奇与她的政治朋友是一致的。1594年，贝亚恩人改宗接受王位，有一句名言据说是他说的，"值得用一场弥撒来交换巴黎"。那一年这位加斯科涅哲学家应该叹气说：怎么为了几首赞美诗而拒绝王位与和平呢？

"圣布里斯行动"的后续工作，米歇尔·德·蒙田的加入程度有多深，我们知道的不多。但是唐纳德·弗莱姆对于《随笔集》作者的政治或公众活动，一般都很保守，这次却是这样写的："几乎可以肯定，卡特琳召请来试图说服迟疑不决的那瓦尔的那个人，是前波尔多市市长，她认识他已有多年，理解他与信任他。"

我们无论如何要记住《随笔集》作者的这句重要的私语，没有日期，但是显然与上述这段历史有关：

> 很久以前，我劝诫自己要依靠自己，要摆脱外界的事；然而我还是时时眼睛向旁边看，有人行礼、大人物一句美言、一张和颜悦色的脸都使我心动。……我还不皱一下眉头听着人家劝诱我进入商界，而我那么有气无力地推托，看起来更愿意给人争取下海似的。

这一小节文章转弯抹角，又看出写得四平八稳，有意说出一个"受人劝诱进入商界"的米歇尔，那是进入刀山火海，他是那么"有气无力"地推托，看来更愿意给人争取"下海"，就像当年当上波尔多市市长似的。

区别在于这次亨利三世没有像1581年那样强制他。相反地，国王要母亲当机立断：如果那瓦尔要做异教徒，让他死心待在内拉克或拉罗歇尔吧，他要把战场留给吉兹家族也只得由他了……

圣布里斯会议以失败告终，女婿与她女儿"玛戈"的关系日益恶化，甚至要进行战争，使王太后怨恨不已。她对国王发这样的脾气，蒙田不是没有同感。他偏爱那瓦尔，意识到他的优势，还是不禁要想亨利这次可能会错过他的机会。他若选择在内拉克当个新教领袖，而不是在巴黎当天主教国王，那样命运可能会青睐亨利·德·吉兹。

大家不要忘记罗杰·特兰凯的那条假设，他说蒙田也受到做事果断的联盟领袖的迷惑，虽则他对圣巴托罗缪日杀人犯另有想法，至少后者知道抓住机会不放。但是我们也知道蒙田对恶事也是相对来看的。不管怎样，在圣布里斯会谈失败后，在那瓦尔秋季反攻进行前，《随笔集》作者经历了一个"吉兹季"，他在自己的书中记录了许多他对"刀面人"的想法，第二年又在家庭纪事册上写下那条赞语，可作为对他的悼词。

有人或许会说，没有在吉兹与那瓦尔之间的这番斡旋工作，蒙田还会是蒙田么？他厌恶"新玩意儿"可能导致他对联盟派持宽容态度，联盟派不是现存秩序的捍卫者么？他对普鲁塔克笔下英雄们的倾慕，也让他看到铁掌热血"刀面人"身上的豪杰气概？宽容发展到极端，宽容就会不宽容么？那时，这场赌博不值得走得那么远，必须迅速找到对话台阶，找到综合平衡。

1587年6月的一封信，证实蒙田庄园主跟胡格诺派恢复接触，又在内拉克朝廷与他在波尔多市的接班人马蒂尼翁元帅之间传话。8月，元帅告知朝廷，根据他的一位乡绅的说法，那瓦尔国王现在乐意恢复和平工作。蒙田是那位乡绅么？大家愿意相信是的。……也只是愿意而已。不管怎样，蒙田又回到原来位子，不论称为中间人，还是调解人或者传话人。

但是要在三位亨利之间实现和平，不齐心协力准备是实现不了的。1587年底，形成这样的局面，那瓦尔在"他"在居耶纳的地盘上，受到国王的大臣惊扰，由于圣布里斯会谈失败，王位一事陷入了困难。他看到自己与科丽桑科暴风骤雨般的爱情也有了麻烦，那时他又与拉罗歇尔的一位埃丝特·德·伊桑贝尔勾勾搭搭，她是城内一位布尔乔亚的女儿。而这时他的妻子"玛戈"则把家庭纠纷上升到战略高度，鼓动阿让反对他。……他好像日暮西山。

吉兹则如日中天，自从奈穆尔协定签订后，他对于朝廷中的事有了决定权。但是他没有明白，亨利三世和卡特琳只是被逼得进行防卫时才最可怕。控制住巴黎，好像还可以长期保证他们在这场事关宗教信仰、全国各省和朝代划分的赌博中起到仲裁作用。

国王对自己的优势非常明白，突然尝试打出他手中的牌；在南方击溃贝亚恩人的军事力量；在北方，让吉兹的军队跟为胡格诺王储服务的德籍雇佣兵去交锋；当后者的兵力被他的宠臣安娜·德·茹瓦约斯指挥的大军征服，而前者跟德国骑兵打得不可开交、大受煎熬时，那时必然由他瓦罗亚的国王来决定胜负了……

但是事情不如预期的那么进行。亨利·德·吉兹不但没有被德籍雇佣兵弄得焦头烂额，反而在1587年10月26日打得他们大败，几星期后被逼投降。但是国王同时从居耶纳传来的消息更加残酷，他在联盟传教士的恳求下，派遣他的宠臣安娜·德·茹瓦约斯前去支援，抵抗胡格诺，还特地封为法兰西大海军元帅。这位宠臣得到指令，进入波尔多地区跟马蒂尼翁元帅联系，对马蒂尼翁慢腾腾的答复（据说是有意的）极不耐烦，不等他的援军到来，就向新教军队直扑过来。1587年10月20日在库特拉，国王的宠臣被打败，本人阵亡，贝亚恩人获得他第一场大胜仗。

亨利·德·那瓦尔对这场胜利的处理，使他在世人眼里看来是个高风亮节的将帅。他拒绝把失败者赶尽杀绝，反而举行一场天主教仪式，面对茹瓦约斯和他的弟弟圣索弗尔的尸体隆重悼念。他接着骑马直至他的根据地贝亚恩的那瓦勒，把他俘获的胜利军旗献给"科丽桑达"，她是他的情妇，不错，此外还是国王身边最显赫、最有影响的天主教女战士……这是把香闺床头变成了和平祭台……这是对他取胜后表示宽容和解的第二个信号。

接着他还放出第三个信号，这让我们更感兴趣：库特拉一役后三天，还在前往那瓦勒之前，亨利到蒙田要求庄园主接待——这是第二次。但是这次跟三年前1584年那次接待不同，米歇尔在他的家庭纪事中对那瓦尔国王再度莅临蒙田庄园只字不提。这证明这次驻跸是高度政治性事件。他已有足够丰富的阅历，知道这方面的事不说为妙。

雷蒙·里特尔写过一部关于科丽桑特的好书，里面透露那瓦尔国王在库特拉一役第二天就作客蒙田庄园，向庄园主人道谢。因为他深信马蒂尼翁元帅当时在不远的波尔多，迟迟不出兵驰援困在库特拉的茹瓦约斯，是因为蒙田说服他的老友不要插手……

这里只是猜测而已。但是有件事是可以确信的，庄园主跟客人的谈话，必然会重新提到圣布里斯会谈的失败——亨利·德·那瓦尔重新回到他祖先的信仰。他在库特拉的胜利给他的改宗带来一个新的风范：1572年他那时是俘虏，是被征服者，委曲求全而改宗，而今是个征服者，这样做岂不光明磊落？

总之，那瓦尔是去找科丽桑特了。他没有乘胜追杀库特拉的败兵，然后又迟迟没有回到内拉克，传出了他已死亡的谣言。以致亨利·德·吉兹也将信将疑，到亨利三世那里去打听消息。据皮埃尔·德·莱斯图瓦勒说，当公爵向他提出这个问题，国王正在炉边烤火。他笑了起来："我知道这里流传的谣言，也明白您为什么问我。他像您一样死。他身体好着呢，正跟他的婊子在一起。"

这两个亨利，究竟哪个更懊恼？当然是国王啦，他笑得不自在，仿佛这是一个微不足道的挑战，贝亚恩人在库特拉打败了茹瓦约斯，"刀面人"又在洛林打得德国雇佣兵落花流水。而他则夹在狐狸与狼之间。刀面人在南希张榜为联盟招兵买马，吉兹派随时可向亨利三世提出要求。在这1587年底，事情已很明白，亨利三世国王和贝亚恩人若不达成协议，刀面人将会独家通吃。……

为了避免这个不幸的结局，为了抢救合法继任的机会，为了挽回法国经过八次宗教战争还不至丧失的和谐局面，米歇尔·德·蒙田在1588年最初几天开始进行他一生中最伟大的政治任务，这使他成为了公众人物。即使他书中讲述的道理没有为人接受，至少由于他的调解，人间少了一些暴力。

第十二章
1588 年的重大使命

菲利普·杜普莱西·莫尔内是亨利·德·那瓦尔最言听计从的谋士，1588 年 1 月 24 日，他从胡格诺派的第二中心蒙托邦，写信给留在内拉克的妻子："蒙田前往朝廷。有人对我们说，我们不久要通过中立者寻求和平。"

"前往朝廷"，这里显然是指亨利三世和他母亲卡特琳的朝廷。"寻求和平"，这场两位国王之间大谈判，就像接力赛似的，从萨韦顿到帕米埃（中间人是埃佩衣公爵），到圣布里斯（由卡特琳主导），如今又恢复，牵线的是《随笔集》作者。

我们将看到此次会谈的主题或许不是什么改宗问题。贝亚恩人说过一次又一次，他讨厌这种流程。但是亨利三世与他的妹夫的对话变得那么紧张，以致蒙田在这场使命中，始终有他的朋友马蒂尼翁的儿子、高级军官

- 蒙田再度跨上马背跌入森林中的埋伏
- 给王太后捎个信
- 爱德华先生和唐贝尔纳蒂诺
- 蒙田遭遇失败
- 玛丽的出现
- 《随笔集》关进巴士底狱
- "刀面人"？
- 不，国王
- "死去比活着更伟大！"

奥代·德·托里尼伯爵陪伴左右：这个阵容是五年前拯救了居耶纳和平的谈判团的翻版。

至于说到"中立者"，这说法含义甚多——杜普莱西-莫尔内熟悉和尊敬蒙田，知道这究竟指什么：前波尔多市市长不是"中立"者，他虽是天主教徒，但是深信在瓦罗亚家族与波旁家族之间，必须撇开宗教纠葛不谈，寻求和平与团结。

那么，这位卷入公众事务的哲学家，这位大军事领袖，他们肩负什么样的使命呢？奇怪的是，这些天主教使者却从胡格诺派的地盘出发，去跟这位那么拘泥于罗马教皇教仪的国王谈问题。这即使不是在意义上，至少在步骤上弄反了吧。

一切表明（但是缺乏证据）蒙田是先见了那瓦尔国王后，才策马前往巴黎的。在离蒙托邦不远的莫瓦萨克，杜普莱西-莫尔内发出信，贝亚恩人可能也在此驻跸。如果说《随笔集》作者穿针引线，也必然从下家做起，可能还是应那瓦尔国王的要求；如果说他有行事谨慎的元帅的公子陪伴在侧，这肯定是得到朝廷各级的同意，甚至授权后这样做的。亨利三世和卡特琳自然欣赏蒙田，但是没有完全控制他的把握。

但是谁又向谁要求什么呢？鉴于1587年底的最近事态发展（亨利在库特拉的胜利，但是他的德国同盟军的失败，贝亚恩人向天主教阵容做出和解姿态），蒙田是不是也受命告诉亨利三世，他的新教徒妹夫也不完全排斥朝着改宗的方向走去？不管怎样这点是清楚的，蒙田的旅行在胡格诺派这一边传出这些谣言，即使不充满焦虑也是扰乱人心的。也说明在内拉克君王最不妥协的战友中间引起了强烈不安。他是不是会对教皇派的要求作出让步呢？

这类的惊慌是不必要的，或者说过于提前了。一切都让人从反面来考虑，在这 1588 年初，那瓦尔要办的事不是发誓弃绝。尽管有库特拉献旗的插曲，他对科丽桑特的热情已经褪色，倒不只是因他与埃斯特的勾搭——她让他在拉罗歇尔有机会与最严格的卡尔文派打上了交道：你若要犯罪，至少要在改革派中间犯罪……蒙田是了解这种思想状态的。他若有疑问的话，在莫瓦萨克（或蒙托邦）的会谈中会弄清楚的。

蒙田在朝廷要完成的任务，不是要他 10 月份的访客在宗教层面上投降。但是，可以作为他们会谈或称意见交换中的主题的，那是当今国王与胡格诺派领袖的关系为一边，当今国王与刀面人的关系为另一边。自从茹瓦约斯在居耶纳溃败，吉兹战胜德国雇佣兵以来，亨利三世难道不会想到天平严重倾向联盟派？他难道不觉得自己太弱太孤独，不想方设法与妹夫结盟，去压制气势日益嚣张的吉兹？那瓦尔亲王太精明了，不会不明白这一点……

这可以是蒙田伟大使命的目标，双方缔结军事同盟对付吉兹，取消《奈穆尔条约》，这些要比宗教问题更为可能，尤其那时根本还不是时候。我们将看到事后的发展显得这个假定是靠谱的，至少从远景来看。此外，在这位哲学外交家身边安插一位军人，也倾向于说明这个猜测不是空穴来风。从圣巴托罗缪大屠杀事件发生到他担任波尔多市市长，从他跟巴塞尔新教徒接触到与那瓦尔交谈，蒙田接受过许多任务，这是不是最重要的一次呢？不管怎样可以这样说，在档案文件中也说得很清楚，是最具有历史意义的"一次"。因而我们接着看到这次外交旅行中，屡次三番接到大使们的信函,听到不同背景下外交官的私下谈话。

我们相信可以把这次官差的起源定在莫瓦萨克,蒙田在那里与那瓦尔国王,即便不是本人,至少是身边的谋臣,有各种不同的接触;还与马蒂尼翁商量,让马蒂尼翁派儿子做他的护卫,然后在1588年1月23日准备启程前往巴黎。他好像26日或27日在蒙田庄园停留,那是在杜普莱西-莫尔内把蒙田要完成的任务告诉他的妻子和内拉克朝廷之后(但是没有告诉巴黎的那瓦尔派人士,不然他们会感到受了侮辱)。

从2月1日起,《随笔集》作者与托里尼骑马走在去巴黎的路上,英国大使爱德华·斯坦福爵士自然跟新教方面有联系,给他的部长弗朗西斯·华辛汉姆写了如下一封信:"今天有消息传到这里说,马蒂尼翁元帅的公子随时随地会到达这里,跟他一起来的还有一位叫蒙蒂尼(原文如此)的先生,那瓦尔国王身边非常智慧的乡绅。我自己也从来没有听说过这个人。"从这点可以看出,当时当个勤奋的外交官,不需要对当代的文化生活有所了解。我们看到早在七年以前,1581年到意大利旅行之际,他的那部作品已经在当时的显贵中间受到颇为广泛的阅读。况且,蒙田还曾两次担任波尔多市市长,这可不是对英国人无关紧要的一座城市。……

这封英国外交文书还有两个其他要点:这位"蒙蒂尼",居然没有人怀疑他是《随笔集》作者,既然把他说成是那瓦尔国王方面的乡绅。至于还要说到把亨利三世熟识多年的人向国王介绍,这决不是托里尼先生领受的一项任务。

总之一句话，这趟差使引起最重要的外国观察家的密切注意。但是对此感兴趣的不只是他们这些人；从居耶纳出发后不多几天，蒙田给马蒂尼翁写信说：

> 大人，您知道在维尔博瓦树林里，我的行李就在我的眼皮下遭到抢劫……因为我的钱柜里有钱，暴风雨就落在我身上。我什么都没能收回，大部分文件与衣服都在他们手里……
>
> 国王派了贝利埃弗先生和拉吉什先生去见吉兹先生，请他到朝廷来。我们将在星期四到达那里。

这样说来，蒙田与托里尼是中了埋伏？盗贼的埋伏？虽则他的钱财与衣物扣在抢劫者手里（这是耍个花招么？），可以肯定这是胡格诺派布置的埋伏，不论是不是获知上京者的使命。在那封信里要说的是，蒙田向马蒂尼翁报告托里尼与他在孔代亲王干预下被放了出来，孔代是胡格诺派的领袖之一，那时驻扎在离此不远的圣让-当杰里；这说明是当地宗教派别官员的失误，或者过分热心反对敌方的这些旅客。无论如何勒索天主教派是在做善事。

从蒙田的信中还可看出，两位骑士中有一位还到奥尔良附近的蒙特莱索绕了一圈——那是茹瓦约斯公爵家族所在地——向库特拉一役失败者的家眷致哀。这可能是一种政治姿态，目的是安抚天主教教徒，且不说是联盟派，其实那位不幸的国王宠臣毫不掩饰自己是联盟派的同情者。

将近 2 月 20 日，蒙田和托里尼抵达巴黎，那里的气氛不适合实行他们的计划，对贝亚恩人十分不利，群情汹汹，拥护联盟派。蒙田已有好几年不曾在首都住过，看到这种情景好像吃了一惊，像罗杰·特兰凯在书中所说："一种暴动的氛围，热烈拥护联盟派，对吉兹家族达到崇拜程度。"

蒙田一到，不会不去觐见王太后，他们已不是初次交谈，这次见面并不使他安心。刀面人的影响在卡特琳身边不断增强，尽管国王唯一幸存的宠臣埃佩农公爵引起人们的反感。这位加斯科涅领主凭其独力也可使天平倾斜，因为他是可怕的"四十五人团"的奠基人和领袖，正在等待他的时机来临……

总之，蒙田和托里尼是在敌视的氛围中完成巴黎使命。尤其他们的真正目标本来就是推翻原有的联盟，要两位国王废除《奈穆尔条约》，重新订约一致对付吉兹家族。此外，对法国事务干涉与出兵最多的两大强国——英国和西班牙——也都对计划中的联盟抱有怀疑态度。英国伊丽莎白女王把贝亚恩人皈依天主教看成迟早会成为英国的长期威胁，而西班牙的腓力二世看出这个做法至少取消了他与联盟的合作与义务……

蒙田这次重大任务由此带来的外交信函，引起人们前所未有的兴趣。人们首先看到宗教战争时期列强在法国的政治赌博，其次是职业外交官使用的伎俩，最后是外国观察家眼中的蒙田性格。

蒙田与托里尼抵达巴黎的那天，爱德华·斯坦福爵士一直窥探着他们的行踪，写信给财政大臣伯格莱爵士，伯格莱爵士是他在伦敦朝廷内最强有力的朋友：

"我在一封密件中对（华辛汉姆）秘书先生说到有一位蒙田先生来临，他受那瓦尔国王的派遣，同行者有马蒂尼翁的儿子，那瓦尔国王在此地的大臣又多么嫉妒这人的到来，因为一方面他没有拜访他们，另一方面他们不知道他出差的目的；还有那人是吉桑伯爵夫人的知交，据说那瓦尔国王对那位夫人言听计从。这是个非常危险的女人；在全世界败坏那瓦尔国王的名声，因为她完全把他迷傻了。他们怕，我也怕他瞒着宗教界的所有人，是来跟国王处理什么要事的。因为是的，没有人知道什么，大家相信即使杜普莱西-莫尔内、蒂雷纳子爵、这个教里的其他人都未必知道一二。

"此外，这人是天主教徒，非常能干，一度当过波尔多市市长，他决不会接受任何会引起国王不快的任务。马蒂尼翁元帅决不会让他的儿子作为扈从，如果确切知道他这趟使命会令国王不悦的话。我不会毫无目的地写这封信，我怕那瓦尔国王由不得自己而去满足国王的要求；我还可以这么说，王太后不会不知道事情的来历，她不会对这样一件事置身事外。"

这位大使尽管对文学一窍不通，对自己的工作还是很在行的。虽然他认为杜普莱西-莫尔内不知道此事，这点我们知道不对，他担忧这趟使命是涉及贝亚恩人的改宗，这就够聪明、消息够灵通的了。但是除了这点以外，爱德华爵士熟悉自己的世界，凭其聪明智慧，把这堆乱麻的大部分线头理了出来。他不仅认真，还属于这样的一个人，办事精细有条理，确立英国情报的优势地位长达几个世纪。

仅仅五天后（2月25日），西班牙驻巴黎大使唐贝尔那迪诺·德·

门多萨就写信给他的国王腓力二世：

"今天我收到从埃拉克①发来的几封新信，说贝亚恩人跟蒙莫朗西举行过会议。会议的结果是贝亚恩人在三月底前不可能发表他的决定，参加会议的还有波尔多市总督马蒂尼翁先生的两位贵族信使，带有官方公函，会后透露亨利三世与贝亚恩人的秘密会谈还将继续。到巴黎来的人中还有蒙田先生，他是天主教乡绅，在马蒂尼翁领导下跟随贝亚恩人。由于替贝亚恩人办事的大臣不知道他因何而来，他们怀疑他负有秘密使命。"

谁若对英国与西班牙信函那么巧合感到惊讶，必须告诉他一个细节，那就是英国人把情报卖给了西班牙人。不可思议的是，在那个时期这两个王国关系已经紧张之极，西班牙不是企图以"无敌舰队"来征服英国吗？不管是不是叛徒（或者善于经营自己的才能），英国外交官向西班牙对手索取重金，卖给他认为已经不是秘密的情报，反正不管怎么说，早于他向伦敦传递以前。

以后的事情说明门多萨没有很好利用这些二手消息。2月28日，他从巴黎发给腓力二世这封函件：

"我在25日的函件中，有一封提及蒙田先生，他是个明白事理的人，虽然有点颠三倒四。有人对我说他操纵吉桑伯爵夫人，这是个非常美丽的夫人，寄住在贝亚恩人的姐姐家里，因为她是贝亚恩人的情妇，蒙田跟这位亲王有来往。大家据此推测他负有使命，法国国王要利用他

---

① 疑为内拉克之误。（原注）

在那位伯爵夫人面前说项，借此劝说贝亚恩人去迎合国王的心意。

"胡格诺派说得非常肯定，亨利·德·那瓦尔与蒙莫朗西的会谈中，重新肯定他们缔结的协定，他甚至还对此起了誓。"

最后这一条是错误的，蒙莫朗西偶尔遇见他的邻居那瓦尔，但不明确是不是在这个时候。亨利·德·那瓦尔改宗换取订约，共同对付联盟派的说法又被笨拙地提起。蒙田最初接受任务起，这条消息就从卢浮宫高墙中传了出来，国王当面对他的妹夫提出这个要求，显然不是（或者还不到？）时候……

事实上，哲学家与武官的这项使命到头来是失败了。亨利三世虽对气焰嚣张的刀面人痛恨入骨，自己还是受掣于母亲、宠臣和忏悔神父，不能在"不改宗、不联合"这个宗教问题上独行其是。即使贝亚恩人暗示（这点不肯定），一旦吉兹战败，他会乐意承认罗马天主教的教义……

不管怎样，蒙田5月份到巴黎，很快另有一名信使在月底从卢浮宫出发前往内拉克，向贝亚恩人宣称，国王拒绝在他的妹夫改宗前接受军事联合，然后再就宗教问题进行协商。那位信使3月5日在内拉克。

我们不知道为什么不派遣几位信使从宫廷给贝亚恩人回信，难道国王与王太后体恤蒙田，不让他干这个"苦差使"，捎一封叫朋友感到失望的信？他们是不是重新上路太累了？蒙田已经五十六岁，据他的朋友皮埃尔·德·勃拉赫的说法，那年结石病之外又患上了痛风。

这次使者是弗朗索瓦·德·孟德斯鸠，圣库伦布领主，那瓦尔国王的知友，不但负责向他自己的主人说，改宗是与朝廷结盟的先决条件，同时还又一次在内拉克国王身边强调，这一切全取决于他。

那时在那瓦尔朝廷内又传说，亨利受到周围天主教大臣的催促，其中当然包括科丽桑达，倾向于接受，然而他的胡格诺派谋臣最后逼迫他改变主意，以防被众人抛弃——科丽桑特就是用这点让亨利明白，不少天主教徒与他本人阵容里的天主教徒对他同样"忠诚"……

贝亚恩人给他的情妇写过一封信，日期是3月8日，正处于风暴中心的日子，里面表述他陷入的困境：

"魔鬼挣脱了锁链。我处境可怜，但幸而没有被桎梏压垮。我要不是胡格诺派，就会去做土耳其人！啊！严酷的考验探测我的脑袋！我差点儿立刻变成疯子或者剽悍的人。……一个人所能遭遇的一切苦难都在不停地考验我！"

在那同一天，圣库伦布领主孟德斯鸠给亨利三世捎去一封口信，说那瓦尔国王感谢卢浮宫君王的"好意"，重复提出由蒙田传达的建议，"帮助他打倒联盟，给国家带来和平"，结论中强调他不能"抹煞他的良心"。孟德斯鸠为此询问巴黎，如果谈判可以重启，朝廷有什么新的指示。

千句并一句，蒙田平生最光彩的这项使命以失败告终。信使在《随笔集》里带着某种苦涩来评论这次失败。表面上他对包围着亨利三世，尤其是卡特琳王太后的联盟派表示宽容，把主要责任推卸在那瓦尔国王四周的胡格诺派身上："那些大臣劝君王对人严加防范，表面是劝他们注意安全，其实是劝他们走向毁灭与耻辱。高尚的事无一不是冒着风险去做的……"这句震古烁今的格言也可能是针对卢浮宫内幽禁瓦罗亚家族继承人的那些人而言的。

一次失败？当然是。但是加斯科涅领主比谁都明白，公众生活中的风险是多种多样的；这人走进议会当主人，可能身中数刀被抬着出来；今日是流放犯，明日当上了皇帝；唯一重要的是面对命运的风险、权力的捉摸不定，保持心平气和，宠辱不惊。

因而可以说，他到巴黎来的目的，并不是单一的改变国王与亲王们之间的联盟关系。要说的是，米歇尔·德·蒙田首先是《随笔集》的作者——日后谁敢写《随笔集》第三卷？他若在目前的健康情况下跨上马背穿越王国全境，就不仅仅是作为和解的信使，也是作为作家，监督他的书在巴黎朗格里埃出版社的出版工作（代替原先波尔多米朗杰出版社，那要身份提高许多）。他增添了十三章，收入独立的第三卷，读者可以不时地阅读到这位加斯科涅乡绅写的内容，竟可以在《君主论》《思想录》《忏悔录》《墓外回忆录》里找到成长的思想。

文人？蒙田在这次旅行中，看到自己心灵升华到这个角色，文人的气质提高了——尤其在法国——作家的地位。一位年仅二十二岁的青年女子对《随笔集》作者崇拜得五体投地，犹如日后几世纪，其他人跪倒在夏多布里昂和雨果面前。

玛丽·勒雅尔·德·古内在文学史家面前名声并不好听，除了英国历史学家伊斯莱，他是《文艺复兴的女儿》的作者。唐纳德·弗莱姆则称她是"徒有虚名的才女"、"天生的老姑娘"，遇到已近晚年的名人纠缠不放，带着她引人起疑的引语，随同他一起进入坟墓……她竟被人说成这个样。

她的唯一一幅被人认为忠实的画像上，她有一个尖鼻子，肤色苍白，额头高，目光冷峻：已是一个爱争辩的小投石党人，精通语法胜过其他，对事物热情有余品位不高。一位已垂垂老矣的加斯科涅人受到怎样的热捧呢？他刚到巴黎，就收到玛丽自称是弟子的那封信，他平时遇上这种场合面对面会尴尬，这次却不，他马上就去找她。他考虑后认她为义女：这个关系名正言顺，从《论维吉尔的几首诗》的作者来看也很得体。

《随笔集》中对玛丽很少提及。除了这条惊人的引语，事后这位勤奋的崇拜者再怎样细心修改也无法削弱其效果："此外我见过一个少女，为了证明誓言的真诚与坚定不移，她从头发上取下簪子，在胳膊上扎了四五下，扎得皮开肉裂，鲜血直流。"

蒙田生前出版的版本里没有提到这个"女儿"。这是在身后一个版本中，玛丽·德·古内明确说到蒙田在庇卡底遇见这个女儿——这里肯定是指她——1588年秋季，蒙田在她古内阿隆特的家里住了几个星期。

相比之下，对蒙田友谊更深而又不声张的，倒是皮埃尔·德·勃拉赫，波尔多诗人，在那个秋天即使不是从波尔多到巴黎，至少在巴黎与鲁昂之间经常骑马结伴同行。

我们通过皮埃尔·德·勃拉赫，知道1588年夏天在巴黎，蒙田经历了可怕的健康考验；那时候，"医生对他的生命感到绝望，而他只希望了结此生。蒙田表示出坚定的勇气来安慰最害怕的人……他体力衰弱决不影响他灵魂坚强"。皮埃尔·德·勃拉赫说到这种普鲁塔克式的精神："他用保证来蒙蔽死亡，死亡又用康复欺骗他。"

随笔作家到底生了什么病，他自己说是"一种痛风"。我们知道这个病很痛苦，尤其结石又时时要复发，但是还不至于带他去敲死神的门。对于这个病的临床问题不追根问底，只要记住我们这位乡绅自身生不如死，又面临一个新的艰难阶段：巴黎发生巷战，国王骑马逃出京都，作战略性撤退；国王出尔反尔，发生宫廷革命，这一切最后的下场是蒙田被关进巴士底狱（唔！是的……），刀面人亨利在布洛瓦城堡国王寝宫陷入致命的埋伏，最后与卡特琳的告别仪式。

4月，在苏瓦松会议上，吉兹气焰汹汹，向国王提出他的条件：在全国各省绝对禁止宗教改革，恢复宗教裁判所，他当王国总摄政：这是征服者的通令。亨利三世不由得大怒，再也不想屈服，于是下令禁止刀面人进入首都。不到一周以后，那是5月5日，联盟派领袖在巴黎，市民予以夹道欢迎。5月10日，巴黎堆起街垒，王朝奄奄一息。国王只有两条出路：投降，今后处于一位强有力的权势人物支配之下，或者撤至一个忠于他的城市。

他选择的是后一条出路。罗杰·特兰凯这次有点失算，认为这是他一贯采取的"可耻、不冒风险的做法"。"可耻"吗？撤退，这是从恺撒到戴高乐这些大人物常用的做法。在皮埃尔·德·莱斯图瓦勒这个杰出的历史学家笔下，亨利三世是个有远见的战略家。吉兹派和联盟派布置在街垒四周要他屈服，然后又追逐他直至卢浮宫宫门口，亨利三世身边只有七八个贵族,钻过他们的指缝,快马加鞭逃至夏尔特尔——蒙田不久后也到那里去朝觐他。

如果那位国王是"可耻的",他既是逃亡者,又看不到希望,而且还不叫蒙田喜欢,这时我们这位加斯科涅哲学家非但不回到庄园过日子,把他撇在一边,反而去追随他,图的又是什么呢?有些人认为他是受王太后之托这样做的,在王太后、吉兹和国王之间保持一种联系。让我们不如相信,《随笔集》作者不久前看到,国王只要不让自己受辱,宁可外逃也不愿做傀儡,最终说明他还有统治的能力;而在内拉克,那瓦尔国王听说在巴黎上演的这出戏,从他的绿色卧床上惊跳起来大叫:"他们还没有抓住贝亚恩人呢!"蒙田看到这场赌博的牌依然在牌桌上,没有变动。

吉兹赢了巴黎这一仗,但是就像以后17世纪投石党反对马扎然,他的敌人出逃了。不久在夏尔特尔,马蒂尼翁前来追随他,后来在芒特,在鲁昂,国王昂然接见巴黎派来的两个代表团:一个是由王太后率领的,他冷冷地打发她走,因为她臣服于联盟派;另一个是亨利·德·吉兹自己率领的,他留下吉兹一起进餐。席间,国王跟把他逐出首都的人碰杯,还向"我们在胡格诺派一边的好朋友"敬酒,向"我们在巴黎筑街垒的好朋友"敬酒,还嘲笑他的征服者脸上的表情。这样看来这个人是真的长大了……

亨利三世就是这样接受在七月跟联盟签订"联合敕令",任命刀面人为全军总摄政,为他恢复法国陆军统帅军事审判权。不过,就像勒图瓦耶说的"这是给他一束光环"……为了显出王冠没有戴在别人头上,他9月份在布卢瓦召开了三级会议。这位被征服者在布局……

蒙田追随国王到了夏尔特尔，然后从芒特到鲁昂。我们在那里可以看到蒙田在公众生活面前作出的最冒险、最有意义与最令人钦佩的姿态之一。他欣赏吉兹做事大胆磊落，可能从他身上看出是个未来的赢家。但是他对合法这条原则看得比什么都重。他站在国王一边不动摇。这点大家都看在眼里，米歇尔·德·蒙田以为又能够回到街垒造反者控制的巴黎，这里到底还是王国的首都。这次他失算了……

7月10日，他已经因脚痛卧床，痛风病开始发作，把他折磨得死去活来。蒙特韦尔庄园主那时住在圣日耳曼近郊，突然来了几个吉兹的人把他抓走：

> ……我是在鲁昂告别陛下回到这里的。我骑在自己的马上被带到巴士底狱。王太后听到老百姓中间的流言知道了这件事，她正在与吉兹亲王会谈，坚持要他答应把我放回，他给那时管理巴士底狱的监狱长下了一道书面命令。……当天晚上八点钟，王太后的一位御厨总管带来了指示，我得到前所未有的恩宠出了狱……这是我生平第一次坐牢。……

蒙田事后听说，这次他入狱是联盟派在他身上实施"报复权利"，著名联盟派头目埃尔勃夫公爵的一位亲戚被关在鲁昂监狱。"我生平第一次坐牢？"可惜这方面的真相没向我们透露，不然蒙田写《巴士底狱一日记》，必然是篇好文章，会脍炙人口。……

总之一句话，我们这位温和的哲学家跌进了飓风的风眼，联盟派即使不拿他当人质也是当靶子，幸而得到了王太后和吉兹"前所未有的恩宠"。他怎么样也不能置身事外了，还必须为这出悲剧的最后一幕作证，那就是亨利国王在布卢瓦召开的三级会议。这次会议也是以麻烦不断而闻名，亨利三世兴之所至事前作出惊人之举，一下子辞退了所有的部长——维勒鲁瓦、贝利埃弗、舍韦尼、皮纳尔——实际上这些大臣都是王太后的人。跟这些人物统统决裂只说明他对目前推行的政策作了一番全面的回顾。他原来接近联盟派，与圣巴托罗缪一案的老同谋勾结，而王太后十五年以来则尽量与他们疏远。这样出现了一个新亨利三世，缺乏行动，丧失意志。这个心灵阴暗的人打出他的牌，吉兹事后才知道怎么一回事。

很难知道蒙田对于他认为软弱的一个人居然下此毒手，是怎么想的。惊讶？这是当然的。看到他尊敬的人失宠感到失望？可能吧。看到合法的国王不顾富有经验的王太后的意见，向命运挑战，贸然投入这样的冒险行为感到焦虑？当《随笔集》作者从古内回来，11月份到布卢瓦时，起初是和平的三级会议，已进入交锋状态。

他看到整个城市人心惶惶，城堡里传出可怕的谣言。没有一天不在暗地里传说，不在公开场合传说，两个亨利都想消灭另一个。刀面人的姐姐蒙潘西埃侯爵夫人在城堡的廊道里散步，腰间明显插几把金剪刀，还大声说，"要给国王剃发然后关进一座修道院"。吉兹那里也收到小条子，警告他要提高警惕，国王正在给他设埋伏。他接到这些警告只是冷笑几声："他还没那个胆量！"

1588年秋季在布卢瓦召开的三级会议，是1789年那次以前最重要的三级会议，如果说蒙田肯定是参加的，但不知道是以什么身份。以居耶纳贵族代表还是第三等级代表？他的名字没有出现在名册上。他的最初的传记作家之一则肯定他决不是代表，也决不想做代表，"他参加部分讨论"。但是这两个人只是等待机会看谁首先拔剑出鞘，这中间还有什么要讨论的呢？讨论用什么武器吗？

这里必须提一提阿方斯·格伦说的话："蒙田在布卢瓦可能是成了某桩阴谋的对象，而不是工具。吉兹公爵与他结识很久；欣赏他的价值，知道他的忠诚，即使不是对国王，至少是对王国；吉兹公爵可能试图拉他加入自己的事业；因为他总是竭力拉拢国王身边的大臣。可能那时他在蒙田也像在德·图身边那样用功夫。德·图说尽管公爵甜言蜜语，他还是早早离开为妙。他不能够同意公爵跟陛下无休止地争吵；此外吉兹公爵身边的那些人都是王国最腐败的官员……"

蒙田在布卢瓦的身份，可能应该称他为这些最伟大的观察家之一：他们是历史学家、外交官、法学家、作家、纪年史家或哲学家，他们出入一切领域的宗教评议会、议会，精通专业，善于提供建议与消息，活跃于咨询或调解场合，有时自己扮演角色。在这些历史性日子里，他身旁总有一位德·图或帕基耶，他们都是水深火热中的法兰西的良心与见证人。

说国王没有胆量，蒙田会同意吉兹的这个看法吗？这位人物长期以来被自己和他的朋友认为意志缺乏和行为荒谬。这位瓦罗亚自从逃出巴黎以后在周边施展花招、重组内阁，都可以让人看出这个人性格上没有主动的一面，却有反动的一面。亨利三世会不会发奋图强，达到命运对他的要求？这对于宫廷顾问则是一个良好的话题。他们被帕基耶描绘成这么一些人，绕着布卢瓦城堡的院子兜圈子，预测这场战斗的前景——目前看似明争暗斗，而在这些精读塔西佗和马基雅维利的读者眼里已经逐渐展开。

这时候，《随笔集》作者告诉他的朋友说——据德·图的转述——在圣巴托罗缪日之后，他在吉兹与那瓦尔之间斡旋，吉兹有意讨好，那瓦尔蓄意回避，两人都向对方提到他们的宗教信念是灵活的——那瓦尔称自己也受天主教义的吸引，吉兹则承认路德派在奥格斯堡的宣言促醒了他。

当宫廷谋士在城堡院子里踱来踱去时，那些疯子则在王宫走廊里准备死神的祭礼。

12月23日一大早，国王召见亨利·德·吉兹和他的红衣主教兄弟到他的"老屋"里来。公爵穿着灰色紧身衣一个人先赶了去。他走进国王住的地方，表现出了不耐烦，皮埃尔·德·莱斯图瓦勒一般不说损人的话，把这归之于跟一位夫人夜里过得太累，这在王宫里也是常事。国王四十五刺客团中有十二个成员躲在一张门帘后，他跨进门槛，就向他扑了上来，刺得他全身窟窿，然后把他的尸体抛在一块旧地毯上……

国王从他的小室出来，对着可怜的死者的面孔就是一脚，就像吉兹公爵在圣巴托罗缪日向科利尼海军元帅做的一样……注视片刻，国王高声说："我的上帝，他那么高大！他死了仿佛比活着还高大。"（皮埃尔·德·莱斯图瓦勒语）。洛林红衣主教，国王最初好像想要放过他，把他关在小室内，第二天才刺死。莱斯图瓦勒如此评论道："这位红衣主教竟是这样的下场，他只为战争难过，喘气吐出来的只是血。"

蒙田虽则坚决站在国王这一边，也不禁为刀面人遇刺而哀叹。他在家庭纪事中向刀面人致敬，把刀面人看成是他这时代的"一代英豪"。蒙田后来在《随笔集》写了一篇非常庄重的悼词：

有的人死得幸运及时。我认识一个人，正当年富力强、青云直上时生命之线戛然中断，结局那么悲壮。可依我之见，他的雄心宏愿反因不能继续而显得更加了不起，他提出了目标而壮志未酬，留给人们的景仰要超过他的预期与希望。他的陨落要比他走完全程获得更大的威信与声誉。

现在我们回到"功利与诚实"这个论题中心。在这位哲学家的思想中，他对国王的感情或许难以自圆其说：他讨厌他，但是又为他服务，因为他认为这样做是为功利但不诚实，他对吉兹远远要敬重得多，更因结局那么悲壮而被神化。

蒙田是继马基雅维利之后的政治实证主义发明者之一，他急切倾向于认为明白事理的基础是理智的运用，而今却被事态发展逼入了墙角，看法也有点违心，吉兹强烈的性格使他感到迷惑，这位普鲁塔克的读者从他身上看到恺撒或苏拉的特征。这引起罗杰·特兰凯写出这样的句子："在整个1588年，前波尔多市市长身上存在两个人，一个是理智、谨慎的人……另一个是参加行动的诗人，他不断地提到古代大人物，偶尔也混淆了现实的政治和历史的抒情。"

蒙田理性智慧，吉兹公爵的"奇妙"令他吃惊和不知所措，在这些插曲中，国王的行为何尝不是叫他如此。他为国王服务，到了犯罪的程度，一直认为他荒谬，想入非非，"不可预测"。由于他尤其看重"理解"的艺术——"理解"，从这词的一切意义来理解——他不能原谅国王这种无迹可寻的复杂性；为了使人家摸不透他的做法，也让细致入微的蒙田犯了不少评断上的错误。不是做法错误。如果说"这位政治学家"那个时期在分析和预测上犯了错误，可他作为公众人物对国王的忠诚和对和平步骤的执着，未尝有过犹豫。

蒙田离开布卢瓦和它的死亡陷阱，在1589年初回到居耶纳（可能带了国王给马蒂尼翁的口信），不断地在默想"功利"与"诚实"的关系。他当然明白，令人恶心的布卢瓦陷阱很有可能对于他所称的"大众"是有用的，但只是一时而已。

朝廷的远景原本受洛林家族的挟制，现在好像松开了。联盟派尽管受此打击，在刀面人的弟弟夏尔·德·马延公爵的领导下，斗争的强度并未稍减。

在暗杀者横行的血腥日子里，唯一依据的原则是王朝的合法性，然而接着的几个月里，其本相赤裸裸地暴露无遗。尤其在亨利·德·吉兹遇刺后几天，卡特琳·德·美第奇也离世而去。

亨利三世，摆脱了吉兹——是不是还该说还有他的母亲？——以为终于能够单独统治。但是联盟派的军队从此归马延公爵率领，抱着报复，即使不是复仇的心理，在都兰的方草地把他团团围住，以致他找不到其他解决办法。除非与亨利·德·那瓦尔联合，一年以前蒙田与托里尼向他提过这个建议。

1589年4月30日，两位国王在普莱西都尔见面，签订了军队与权益联合协定。这样他们就能不久后向联盟派展开大反攻。天主教徒与胡格诺派并肩向着巴黎推进，巴黎城里已经组成了一个街垒党政府。瓦罗亚与波旁打算一举攻下首都。但是巴黎被联盟派煽动得热火朝天，誓死不低头。不得不围城。

8月1日上午，圣克卢的贡迪家里住着国王，多明我修士雅克·克莱芒要求觐见亨利三世，国王那时还穿着睡衣。"让他进来吧！我要是拒见一名修士，巴黎人会怎么说？"修士一走进房间，拔出一把刀"直刺国王的小腹"。国王弥留的时间长达二十小时。

濒死的国王指着亨利·德·那瓦尔，对着床四周拿着武器的贵族说："这是你们的国王！"贝亚恩人立即在军内被宣布为国王。但是埃佩农公爵——他是遇刺的国王的最后一名宠臣，国王选他去跟那瓦尔商讨跟改宗有关的一步步正常化步骤——离开现场时，没有卸下盔甲，高声说："为了一位异教徒国王，他的那把剑不可能锋利。"

谋杀第二天，巴黎那时还在联盟派手里，流传一篇短文，《反对两个亨利》：

> 两个都是脏东西，好色，乱伦。
> 罪恶都打上教皇的印记，
> 一个要掩盖，另一个要张扬，
> 一个死于修士之手，另一个
> 则由屠夫操办，还给他戴上皇冠。

布卢瓦的杀人犯、圣克卢的刺客，再怎么做，也不足以成就一位国王。然而对亨利·德·那瓦尔来说，道路是打开了。但是要有一位合法的国王使他的加冕合法化。通过武器么？当然，1589年9月起，他在迪埃普附近阿尔克打了一场大仗。但是也要得到像埃佩农公爵这样的人同意，他的宝剑还不能够"为一位异教徒国王变得锋利"。

留给政治谋士的任务还是万分艰巨的，这其中有亨利·德·那瓦尔的诤友的任务，也有德·图、卢瓦泽尔或马蒂尼翁的任务，以及蒙田的任务。

第十三章
向国王告别

米歇尔·德·蒙田在自己的塔楼里，没待几个月——只够喘口气，在他那部书的边白写上几百条增补。

1589年年末，法国处于风雨飘摇之中，很少事情是可以肯定的，许多人的行为摇摆不定。但是有一件事令人感到安慰，我们的随笔作家又一次应召参加国事商讨。像玛丽·德·古内和历史学家德·图所写的，再不是以市长或1588年外交家的官方身份出现，也不是像个高瞻远瞩的谈判者、两位国王的中间人；而是一名专家和贤人，向马蒂尼翁元帅提供协助和意见，马蒂尼翁现今已不仅是元帅，还是波尔多市市长、国王派驻居耶纳的摄政官——现今这位国王是亨利四世。

对这位国王众说纷纭，使他备受煎熬。

- 处理波尔多家务
- 向国王进谏
- 梦想当国王谋士
- "我们的亨利"召唤蒙田先生……他敬谢不敏！
- "他失败比他胜利更荣耀"
- 最后的增补
- 最后的时间
- 无声的死亡
- "把我交给大家，不要有任何保留。"

不是仅有三分之一的王国归他统治么？他把图尔作为临时首都。他从贝亚恩骑马到诺曼底，这个圆圈的面积要比他的前任控制的省份大。但是巴黎落在联盟内的街垒派手里还要五年，街垒派自己也受掣于由亚历山大·法尔内斯指挥的一支西班牙军队，保卫巴黎反抗合法国王。

1589年11月，亨利四世写信给科丽桑特，他打算在三个月内进入巴黎，他这人非常现实，但是对于1590年3月在伊夫里要击败的军力估计错误。尽管他打败马约这一仗非常漂亮，但是这只是一个阶段，效果很慢的一步。联盟派的根基还是相当雄厚的。

王国的命运并不仅仅取决于都兰、法兰西岛或诺曼底的战场，也取决于每个省内的战场，这里面的冲突有动武的也有不动武的，这些人可以称为"那瓦尔"派（新教徒与天主教徒愈来愈混杂）和联盟派。联盟派失去威风凛凛的领袖元气大伤，再加上西班牙主子只为自己谋利造成的压力使它处境艰难。

在天主教堡垒与"南方新教联合省"之间，波尔多与居耶纳一直是两大赌注；从阿基坦到朗格多克，贝亚恩的胡格诺与马蒂尼翁、蒙莫朗西-当维尔的天主教徒，即使在最兵荒马乱的时期，彼此也和平相处，实在可为以后的王国重建者起借鉴作用。

波尔多这座轴心城市、见证着城市的掌舵者是王国大忠臣马蒂尼翁，他为亨利·德·波旁这位新的合法国王服务，跟他为最后的瓦罗亚王室服务一样，做到既睿智又充满活力。那时最著名的城市纪年史家让·达纳尔，在自己的《波尔多市纪年史》中赞扬他说："那位领主做事谨慎聪敏，波尔多城得到他的拯救。"

居耶纳的省城大多数是天主教，全体都是正统派。但是一支联盟的派别煽动民众反对"异教徒"国王，阴谋迭起，局势永远不能平静，犹如1585年蒙田面对的那样，不忘随时进行颠覆：其中有大主教、议员、忠于顽固的瓦亚克的那些军官。

普雷沃·德·桑萨克大人什么都没有忘记，吸取的教训更少。大家看到他反对胡格诺派激动万分，拒绝承认被罗马逐出教门的异教徒为合法国王。尽管达菲院长是忠于王权的，隆布里埃宫最高法院大多数法官都处于精神分裂状态。至于瓦亚克，他收回了特隆佩特要塞，还从那里挑战合法权威。

马蒂尼翁面对那么多麻烦，希望能够听到蒙田的意见。1589年底蒙田又回到他身边，不知道什么身份、什么条件。但是我们知道由于弗朗索瓦兹·德·拉·夏塞尼善于理家，蒙特拉韦庄园主物质上很宽裕。他要是为国王服务，并不祈求做官发财，他也为此立刻毫不客气表白一番。对于这位哲学家来说，能够应国王的邀请做个参谋，贡献意见辅国定邦，是多么荣耀。虽留在幕后，但还是充满凶险。

总之一句话，这两位拍档——或可称两位同谋——在16世纪80年代面对着高层僧侣集团、高等法院多数派、瓦亚克的军官们展开了讨论。大主教顽固拒绝在伊夫里给国王的胜利唱《谢主经》，让他进入夏尔特尔，马蒂尼翁没法让他屈服，就把在波尔多为联盟派做宣传的耶稣会会士逐出城外。

蒙田尽管亲耶稣会，又是马尔多纳的朋友，决不想出面为他们说情，因为他们的行为对于地方来说有害于社会治安。那么他有没有因而建议让安分守己、遵从正统的斐扬派来讲道呢？两年后，不管怎样，蒙田安葬在波尔多市斐扬派的教堂里，这显然出于他本人的要求。耶稣会则落选……

为了控制最高法院里的投石党，马蒂尼翁使用另一套策略。隆布里埃宫的大人们拒绝给予胡格诺派国王正式的合法性，元帅就用亨利四世的头像打了一枚印章，换下波尔多官员一直在使用的遇刺国王的头徽，这些官员一下子接到新头徽的公文报告……也只能批准1590年1月20日的决定，不得不违心随大流在居耶纳完成了新国王的合法工作。

蒙田从1577年起就是亨利·德·那瓦尔国王的侍从骑士，两人之间的关系反映了一种深刻的思想契合，即使哲学家并不赞同这位亲王的某些方法方式，"国王不认做王太子时候欠的人情债"。《随笔集》作者不能不为贝亚恩人爱情上的朝三暮四而厌烦，这也是实情。贝亚恩人那时又疏远了科丽桑特，开始跟加布丽埃尔德·埃斯特雷纠缠不清。

有意图重叙友情的是国王还是作家呢？这时期的书信已经散佚，但是一切表明是蒙田采取主动，写信表示愿为国王效力，然后才去波尔多协助马蒂尼翁。他的书信中有一句话让人觉得他还重提过几次。可惜1589年11月30日亨利四世给他的回答已经散佚。我们只是知道他催促蒙田到图尔找他。

结果怎么样？为哪一项任务呢？长久的还是临时的？我们只有随笔作家的答复。这是蒙田作为公众人物时写的最美丽的文章之一。大家都不断地摘引其中的名言，里面信息丰富，时时令人想到作家与国王妙不可言的关系。

信函开头是传统的写法，可以认清是臣子写给君王的谏言。

陛下：

　　按照王权赋予的责任，在您随时随地为各种人和各种事鞠躬尽瘁时，知道挺身为平民百姓效力并解除他们的负担，这比处理您的那些重大国事更为重要与紧迫。蒙陛下重视我的这些信函，还降旨予以答复，我更愿意这是出于天性的宽仁，而不是灵魂的强制。

但是，接着作家－外交家提高了声调，回顾历来的业绩，面对不同危情所冒的风险，言外之意马蒂尼翁与他本人在波尔多为国王事业做出的贡献不亚于国王在战场上的胜利：

　　很久以来，我看出您生来是坐在您当前这个大位上的人，还记得在我必须向神父告解时，从来都是看好您的历次成功。现今我更有理由与自由满腔热情地拥护它们。

　　那些成功在北方助您建业，又在这里使您扬名，业绩与口碑同样深入人心。要说服民众与收拾民心，什么样的言辞也不及您的事业的正义性那么强有力，也不是我们宣扬您的战功所能奏效的。我还要陛下放心，这个地区出现对陛下有利的新动向，因为您在迪埃普的可喜结果，及时激发了马蒂尼翁元帅的坦率热情与缜密心思，我还相信，您每天得到那么多良好与明显的服务，不会不记得我做出的保证与期盼。……

由于现在与过去的这些功劳,蒙田才敢于向国王提出这些谏言,几乎像是塞涅卡当年教训尼禄皇帝。

……老百姓的情绪有起有伏;一旦向您有利的方向倾斜,自会顺势一泻到底。

我多么希望国王士兵的个人利益得到满足的必要措施,并没有使您——尤其在这座主要城市①里——漠视善意的劝谏。获得大胜之际,要比他们的保护者更加宽厚善待反叛的臣民,让人家看到您把他们视同自己人,不是出于假惺惺的权宜之计,而是出于一种真诚的父爱与皇恩。

要推动您手里的这些事,必须使用不同一般的方法,从而看到那些无法用军队与武力做到的困难的征服,可以用宽宏慷慨去妥善完成,那才是引导人们走向仁义正统这一边的高明策略。若不得已使用重典与惩罚,那在局势控制之后也应该予以撤销。从前有一位伟大的征服者自负地说,他给予归顺的敌人和自己的朋友同样多热爱他的机会。误入歧途的城市比您治下的城市做法粗暴,相比之下,我们觉得它们得到的印象已显出良好的预兆。我祝愿陛下洪福齐天,减少风险,受民众的爱戴,而不是民众对他诚惶诚恐,必须把自己的利益与他们的利益相结合,我乐于看到陛下节节胜利,这

---

① 指巴黎,当时亨利四世尚未包围巴黎,但已进行零星的攻击。国王士兵的个人利益,指战胜者的掠夺权。(原注)

也是朝着更为顺利的和平局面前进。

  陛下,您十一月最后一天的来信我只是才收到,已超过了您驻跸图尔时乐意我去晋见的日期;我这人碌碌无能,对陛下更出于情义然而无以效力,陛下却让我感到他乐于赐见,对我实在是一种殊恩。非常可喜的是陛下在仪表风度上提高到新职位的需要,而内心的善良与随和则丝毫未变。您不但尊重我的年龄,还照顾我的愿望,体贴周全地指定在日理万机之余稍事休息的地方接见我。陛下,或许不久后可在巴黎相见,那时不会有事务或健康问题阻止我前往了。

自蒙田,一月十八日
您的非常谦卑和恭顺的仆人与臣民
蒙田

  令人吃惊的训诫文章。他全心全意祝愿这位国王,虽则"很久以来"这词用得有点过分,还是用"十二个月以来"更为恰当;其实这段时间也足够说明他为贝亚恩人效力的长久,在波尔多化解种种风险,旅途劳顿,直至最后被关进了巴士底狱!——这位哲学家兼国师就这样给人评分,好的坏的都有,毫不拘谨,责备国王士兵粗暴对待受困的巴黎人,其凶残程度不亚于在首都城里作威作福的联盟派。

  亨利是个正直的人,有自己的骑士风度。但是从佩里戈尔的土皇帝摇身一变成为波旁王族的首领,虽是非常虔诚的国王,毕竟还信过新教,与他平等对待还以师生相见,还是带有风险的。蒙田的《随笔集》

里就有这篇宏文,作者把自己想象成为给君主出主意的谋士:

> ……我说:我什么都不擅长。……但是我会对我的主人说真话,他若接受还可规劝他的品行。不是笼统地用教条……而且利用一切场合亦步亦趋观察他,用肉眼一桩事一桩事地评判他,简单自然,绝不同于对他溜须拍马的人。让他看到他在大家眼里是怎样一个人。……我必须有足够的忠诚、判断力与自由才能做到这点。这将是一种没有名分的效劳;不然就失去效果,也不够磊落。……
>
> ……我在这项工作上要安排一个乐天安命的人,小康人家出身,一方面他有胆量狠狠打动一位君王的心,不怕仕途阻塞,另一方面由于是中产阶层,跟各行各业的人都容易沟通。

他这样画了一张细腻的自画像——理想谋士,给他尊重的君王出谋划策,与恺撒·波吉亚身边的马基雅维利大相径庭。大家禁不住要奇怪的是米歇尔·德·蒙田晚年居然没有随同国王大军战斗在阿尔克,攻入伊夫里。

《随笔集》另有一个段落,把他作为一时的谋士与国王之间的关系提得更为明确。

> 复仇是一种大快人心的情欲。我看得很清楚,虽然尚无亲身体验。最近,为了要一位年轻的亲王打消此意,我不跟他说有人打了你耳光,你要把另一边腮帮伸给他……也不跟他说诗歌中这种情欲

引发的种种不幸事件。我不提复仇,而是饶有兴趣地要他体味相反去做会有多美的前景:宽容与善良会带来的荣誉、恩惠和好意。我要他不要迷恋野心。结果就是这样做成了。

费奈隆对路易十四当王太子时就是这么说的;但是蒙田与贝亚恩亲王之间的关系更为微妙,他随着狡黠的卡特琳、颠三倒四的亨利三世或不拘小节的刀面人陷入历史的汹涌波涛。当《随笔集》作者谈到复仇或者野心,在这里即是指各人眼前的生存或者正在建立的王国的未来……

因而这两个加斯科涅人,以天才对天才,以随笔回应凯旋,从内拉克到蒙田,始自邀请,终未能共襄大事。不过哲学家这方面的愿望很明显,在国王身边提供这个没有名分的效劳,光明磊落,又充满他书中和信中所写的凶险,但是这个愿望还是会被他本人压下去,毕竟他要操心自己年老多病,要享受观赏河边丘陵的美景。接着一连串不顺利的事、迟到的函件、战事突变、赶路打仗,这一切拖延了或者取消了国王提出又被蒙田接受的邀请。当一人在图尔时,另一人又在波尔多。当这人在巴黎城门下战斗时,那人受马蒂尼翁之托奔波在利布恩与圣弗戈之间。

1590年7月20日,国王写信给他的朋友,这次不是与他确定哪天约会,生气总是找不到蒙田与他都可闲下来的时间;而是催促他要马蒂尼翁元帅更加积极参战。确实,在居耶纳,国王的计划由于他的军队在巴黎城前趑趄不前而遭到挫折。联盟派得到西班牙愈来愈多的支持,在某些城市里力量都有所起色。马约的将官在南方狂热不减。佩里格已落入他们手中,有一支西班牙军队已入侵朗格道克。

国王的信非常"就事论事"，也可以这么说，不像前几封那么亲切：这在蒙田心中产生一种破坏作用。因为亨利国王平时做人有点"吝啬"，把人家为他效劳看成是理所当然，要蒙田列出为他服务的各项费用。我们知道蒙田与金钱的关系是非常没个准儿，时而受到先人经商的影响斤斤计较，时而又像爱享乐的庄园主出手阔绰；这次一听突然冒火。

他回信中先说自己患了"间日疟"，他几次向马蒂尼翁提出到波尔多去找他，但都没有成功，蒙田不久觉得这件事伤了他的自尊心，以后就无限期地拖延了国王与他的联系：

……陛下，万望您相信我在不惜生命的时际自然不会舍不得钱财。国王的慷慨赠予不论是什么，我历来接受的礼物不会超过我之所求与我之所值，为他们效力也从来不计报酬，这点陛下也应已有所闻。我能为陛下的前辈所做的事，今为陛下去做更是心甘情愿。当我在巴黎侍奉陛下用空我的钱袋时，我会大胆向他陈述，陛下若认为值得把我留在身边多待一阵，我也会比他最低级的官员消耗更少的官饷……

一五九〇年九月二日

脾气发得出人意外。其实只是出差费用，蒙田好像以前收到过卡特琳·德·美第奇的赠予，情况更险恶，任务更危急，更不明确，也可能更"不合法"。我们可以想象，贝亚恩人读到这封高唱官员道德的信时，会竖起他的两条浓眉。接着蒙田有没有建议以后在巴黎会见——巴黎对于他们两人都已阔别很久了——反正没有后文，因为《随笔集》作者在此时期已与世长辞。

他这样向国王告辞，在不协调的或不和谐的氛围下结束，让我们看不到这样的历史盛会：《随笔集》作者积极参加《南特敕令》的起草工作。其实只是为了一张账单而办不成，这有多么可笑！波旁王朝的第一位国王的伟大政策早已发芽，这也是真的，那是1584年到1587年他们在蒙田的几次相见，建立了关系，表达在后来的交流与书信来往中。从圣巴托罗缪大屠杀到1598年发布《南特敕令》这段血腥的道路上，蒙田英气风发，骑马走向那个还只是那瓦尔王的身边，像他所写的那样，共同把复仇思想转变成高贵的建国大业。

会不会有一天出了一位杰出的蒙田专家，从一篇随笔到另一篇随笔，来拼凑出这么一幅普鲁塔克式的肖像，亨利·德·那瓦尔如何变成为法兰西国王——但是这幅肖像经常是暗示的，需要挖掘的，对照强烈，但很少卑躬屈膝，偶尔还露出杀机，憎恨自己软弱、疯狂、伤风败俗，不是这样么？对于这个性格复杂的人，虽有上述种种缺点，值得赞赏的还有这两条：

> 我还认识一位君王，当大家为他卖命打仗时，他宁可挨打也要睡大觉，看到别人在他不在时立下了汗马功劳又嫉妒之至。
>
> 他对待大事跟常人一样，但是对于无可挽回的事他果断地下决

心忍受；他命令作好必要的粮食储备后——他思想敏捷可以很快办成——就安静地等待事情的发生。说真的，我看见过他做事，处理重大棘手的事情时行为举止与脸部表情都满不在乎，非常洒脱，我觉得他在逆境中比在好运中还更有气魄，更干练。对他来说失败比胜利、死亡比凯旋更光荣。

战斗国王与乡村哲学家组成的"团队"，其内聚力来自他们目标一致，而不是共同阅历。从此他们两人表面上走在不同的道路上。米歇尔·德·蒙田在最后几个月内作出了一个非常有意义的新贡献，在王国内使大家的情绪和行动平静下来；这么一个王国在1591年还是谁都不敢想的，那时由于联盟派的种种作为，法国正滑向西班牙，蒙田在《随笔集》里是这样说的："还有叫我心事重重的是，迫在眉睫威胁着我们的痛苦，不是强壮的身子整个消失，而是慢慢消蚀腐败——这叫我不寒而栗！"

他的老朋友特朗侯爵，也是他公众生活中的真正导师，在16世纪60年代受西班牙教会党人的诱惑，于弗莱克斯和平时期转向勇敢的理性主义（弗莱克斯是城堡的名字，1580年曾经在里面设计一项全面和平计划），他不久要离开人世。《随笔集》里说到他气愤万状，"法国最明智的导师……像个被遗弃的孩子"，由于家庭一连串的死亡，他的儿子、孙子都一个个在战争中丧亡。

对于这位怒气冲冲的老人，必须让人知道他立遗嘱的时候到了——但是他也只能委托别人来完成了。特朗侯爵夫人为此事向三人求助：若弗鲁瓦·埃康·德·布萨盖，蒙田的堂弟，倾向联盟派；雅克·科蒙·德·拉·福尔斯（胡格诺派）；第三人是死者的邻居与知己，《随笔集》作者米歇尔·德·蒙田。

他那时候写道："我这人来日无多，乐意把处世谨慎的经验传给后来者。"这时候又启发他写下这几句话，在罗杰·特兰凯看来更像是给自己，而不是给特朗写的遗嘱："……他的子子孙孙必须是天主教徒才可以作为继承人，为国王执戈披坚，当陛下的忠诚良民，毫无二心，不管君王的宗教信仰与政见是什么，为他尽忠效劳……"

在蒙田的心目中，私法是受罗马宗教限制的，但是公法则不然，他已经成功说服了他坚信天主教的堂弟布萨盖。蒙田热切期望、耐心要求贝亚恩国王改宗，但是他的继承合法性不取决这个改宗。那时候，蒙田在新教徒拉福尔斯和天主教徒布萨盖的双重监督下，让特朗写下：亨利是合法的，应该得到阿基坦地区内最高贵的贵族家族的承认。而这个贵族家庭在二十五年前，则是支持波尔多城内的激进派，攻击拉杰巴斯东的温和派……这样，合法性原则在公众面前战胜了天主教派为先的原则。

现在让我们回顾阿尔贝·蒂博代那篇精彩的文章："蒙田生活的那个时代，必须作出选择，必须押宝，不存在政治皮浪派和两头端平的天平。我们现在享受行动自由与创新的条件。蒙田不顾他的神父，不顾他的宗教里的神父，要做一个保王派……亨利四世与蒙田这个法国式组合，代表了整个一个时代、一种观念、一条世系、一种家族思想。蒙田若不认定亨利四世是蒙田的国王，他也会那么坚定抵制宗教界的压力么？"

米歇尔·德·蒙田在他的塔楼里，这次是真正住了下来，这座塔楼他二十多年来经常辞别，为了发现世界，为了效力国家。

"世上只要还有纸"，他就会对自己的那部书修修改改，精耕细作，在1588年完成了第三卷。从一条增补到另一条增补，他从1588年到1592年写了一千多条，他还有东西要坦露。现在内容更丰富了，经过意大利之旅，四年波尔多市市长任期，跟德国新教派头面人物的交流，随着卡特琳和其他世纪人物谈判，从三亨利的重要任务到所有曾在历史长河中留下痕迹和光辉的男女人物的知心话——洛比塔尔、科丽桑特、马蒂尼翁、德·图、"玛戈王后"、帕基耶、"刀面人"和他1584年的访客"我们的亨利"……

这是第一个启蒙时代战乱不断、用鲜血结晶的智慧，被他全部移植到他最初完成、较少创见与睿智的两卷本上。在第五版（被他误写成第六版）的封面上，他敢于借用维吉尔的那句话："他愈走愈有力量"，荒谬的挑衅？不，文本在那里，证明他是对的……

病弱的老人还在第一版《随笔集》的边白上加注，不断地提升自己，无论在观察内容、语调自由、人性理解，还是勇敢剖析，自己各方面都如此。他在1572年还有自命不凡的贵族意识和知识精英思想，二十年后他变得悲天悯人、清醒宽仁。他重生了，他成为人文主义者。

在他的《家庭纪事》上，不再提到公众大事（如从前那瓦尔国王访问或吉兹公爵遇刺），只记些家庭琐事，如：

"一五九〇年六月二十三日，一个星期六，一清早，天气酷热，我的女儿德·拉图尔夫人离开此地，被迎送到她的新家。"

"一五九一年三月三十一日，我的女儿德·拉图尔夫人生下一个女儿，她的第一个孩子。由丈夫的叔叔圣米迦勒领主和我的妻子给她行洗礼，我的妻子给她起名为弗朗索瓦兹。"

他接待少数朋友——诗人皮埃尔·德·勃拉赫、讲道神父皮埃尔·夏隆，还可能有法学家弗洛里蒙·德·雷蒙，跟感情炽烈的玛丽·德·古内和荷兰人文主义者朱斯特斯·利普修斯通信。还可能跟未来的红衣主教奥萨，他后来比谁都接近，可能除了勒内·伯努瓦，人称"菜市场教皇"，促使亨利四世回归天主教，这也使哲学家的历史与国王的历史更密切，使蒙田正式参与法国的和平工作。

结石始终折磨着他，间或还有痛风和强烈的偏头痛。但是要他送命的倒不是这个。1592年九月初，离他六十岁生日还有几个月，他的喉间长了一个肿瘤，或者是蜂窝织炎。

这最后时刻还得要借用艾蒂安·帕基耶的说法——他也不是当时的目击者，但是他是历史学者，从各处搜集情况：

"他死在蒙田的自家房屋里，致其于死命的是舌头上长的水肿，所以他在最后三天神志是完全清醒的，就是不能说话。他不得不用笔来表达最后的愿望。由于他感到末日来临，他在小本子上要求妻子召唤邻近几位贵族过来向他们告别。他们一到，他要人在他房间里响起弥撒声；当神父在做举扬圣体礼时，这位可怜的乡绅好像奋不顾身，要两手交叉坐起在床上，这下坏了事，最后的动作使他咽了气。这对他那部书的内容是一面良好的镜子。"

让·达纳尔在他的《波尔多编年史》中写道，蒙田庄园主感到死亡来临，"叫人召来全体仆人和其他受遗赠人，把他在遗嘱中留给他们的赠金都付给他们，因为他预见到他的继承人未必会轻易这样做。……"

蒙田的遗嘱已经遗失。

我们也不知道亨利四世国王对他的逝世又说过些什么。

玛丽·德·古内在七个月后，才从朱斯特斯·利普修斯那里听到消息。

他的妻子弗朗索瓦兹在全心全意协同玛丽·德·古内和皮埃尔·德·勃拉赫出版《随笔集》的定本以前，把丈夫的心放在蒙田（地名）的圣米迦勒教堂，把他的身体葬在波尔多斐扬派教堂。

她后来给他造了一座气派十足的骑士陵墓，这显然是在履行丈夫曾经表达的一个愿望，这终于让他实施军队骑士的天职——是一名骑士，然而他的铠甲绝对束缚不了这颗最自由的心。

铭刻在这座坟墓上的墓志铭，有希腊语，有拉丁语，非常美丽。最为得体的是从《随笔集》第三卷第十章中摘取的那句话：

> 我可以做到处理公务而丝毫不改变自己的本色，为人效劳而不亏待自己。

"不亏待自己"？失去的即使一丝一毫，我们认为这也是不可弥补的。但是我们在这段话里要明白其中的丰富与厚泽，对于集体，对于他，也就是对于我们自己，是"为人效力"。